2024年版

パーフェクト宅建士

一問一答 Pocket

住宅新報出版

〈右ページ〉解答・解説

❺『パーフェクト宅建士基本書 2024 年版』対応項目

参考
基本書　第１章　民法総則
❶ 民法の基本原則
❷ 制限行為能力者制度

答1　○　（『パーフェクト宅建士　基本書』P.3）
損害の公平な分担という見地から、損害を賠償した使用者Ａは、被用者Ｂに**信義則上相当と認められる限度**で**求償**（民法715条）できる。

❻解答
赤シートで隠しましょう。

答2　×　（P.4）
乳児は胎児とは異なり出生しているので、**自然人**として**権利能力**があり（３条）、不動産を所有できる。

答3　×　（P.4）
意思無能力者の法律行為は**無効**であり（３条の２）、無効な法律行為の取消しはできない。

答4　×　（P.8）
被保佐人が保佐人の**同意を得ず**に不動産を購入する行為は、**取り消す**ことができる（13条）。

答5　○　（P.5）
2022年４月から**成年となる年齢**が20歳から**18歳**に変更された（４条）。

権利関係　第１章 ❶　民法の原則・制限行為能力者制度

3

❼『基本書』参照ページ
復習する際、読んで欲しい『パーフェクト宅建士基本書』のページを記載しています。

❽チェック Point
この問題の肝となる部分に赤線を引いています。

最大限に！

学習効果をアップするには

本書はお手持ちの各種テキストとあわせてご利用いただけますが、『パーフェクト宅建士基本書2024年版』をご利用いただくと、より効果的に学習を進められます。ぜひお試しください！

学習のすすめ方

問題集を使うとき、まずいきなり問題を解こうとしていませんか?
それで解ける人はOK! どんどん進めてください。
でも、それでは上手くいかない、解けなくて嫌になってしまうという人はこちらで紹介する「まずは“読む”」学習のすすめ方を試してみてください。ご自分のペースに合わせて使いこなしてください!

Step 1

① まずは先に1問目の解説を読みましょう。

その解説の赤線が引かれたキーワードを確認しましょう。

② 今度は同じ問題の問題文を読んでから、解説を読んでポイントを覚えましょう。

問題文の赤線は問題を解く時に読み落とさないでほしいフレーズです。どの部分がポイントか、分かりましたか?

③ そのまま10問分、読み進めましょう。

読み進めて近い論点を確認しましょう。似ている問題や、問い方は異なるけど、同じ知識で解ける問題もあります。

④ 1問目に戻って、今度は右ページを隠して実際に解いてみましょう。

正解できた問題にはマークをつけてください。解けなかった場合は赤線に注目して、もう一度①②をやりましょう!

⑤ 10問解けたら1セット終了!
次の10問でまた、①〜④を繰り返してください。

おつかれさまです!ちょっと休憩してもOK!

Step 2

⑥ 20〜30問解いたらまた1問目から解いてみましょう!

今度はどれくらい解けましたか?正解できた問題にはマークをつけてください。

⑦ **マークがない問題を確認します。**

マークがひとつもついていない問題は、どこかでつまずいているのかも。テキストを改めて見直しましょう。

Step 3

⑧ **以上を１回にやる分量として決め、ご自分にあったペースで各章・各編を攻略していってください。**

１度完走したら、繰り返し解きましょう。最終目標は95%以上の問題に正解マークがつけられるようになること!

ポイント

○ **いきなり解かなくてOK!**

最終的に解けるようになればいいのです。まずは「どういう問題がでるか」をざっくりと確認するつもりで読み進めましょう。

○ **テンポよくやろう!**

問題文を丁寧に読むことは大切ですが、「試験中、1肢にかけられる時間は25秒くらい」とも言われています。つまり、「読んだらすぐに判断できなければいけない」ということ。最初はゆっくり読んでもOKですが、1分以上悩むなら、さっさと解説を見て、次で解けるように覚え直しましょう!

○ **自分にあったペースで進める!**

今回紹介した使い方をアレンジする場合は左の③を調整してみてください。
10問単位で進めると全然正解できない場合は③を5問に減らしてみましょう。逆に理解が進んでいて、「楽勝!」という人は③で読み進める問題数を増やしてください。「できなくはないけど、1～2割は間違える」くらいの状態を維持しましょう!

目次

第2編 宅建業法

●パーフェクト宅建士シリーズ読者特典●

下記のコンテンツはすべて、無料で専用ページからダウンロードできます。

https://www.jssbook.com/news/n54784.html

＊特典1＊ **電子書籍　パーフェクト宅建士基本書+一問一答 Pocket おためし版**

シリーズの人気タイトルの一部を無料でご覧いただけます！
ぜひこの機会にお試しください。（2024年2月公開予定）

＊特典2＊ **重要統計データ**

2024年度の宅建本試験で出題される可能性が高い最新統計データを掲載します。（2024年8月公開予定）

ミニ 宅建試験ガイド

1 宅建試験とは

不動産のスペシャリストである宅地建物取引士（宅建士）になるための試験のことです。毎年20万人以上もの受験生がチャレンジし、合格率は17％前後。試験は例年10月の第三日曜日に実施されます。

2 宅建試験とは

年齢・性別・学歴等の制限はいっさいありません。

3 直近5年分の合格ラインと合格率

年度	R1	R2(10月)	R2(12月)	R3(10月)	R3(12月)	R4	R5
合格点	35	38	36	34	34	36	36
合格率（%）	17.0	17.6	13.1	17.9	15.6	17.0	17.2

4 試験実施機関

（一財）不動産適正取引推進機構　試験部

〒105-0001　東京都港区虎ノ門 3-8-21　第33森ビル3階

URL　https://www.retio.or.jp/

詳しくは、受験される住所地にある「宅建試験協力機関」にお問い合わせください。

『パーフェクト宅建士シリーズ』

合格のための学習法

本書をはじめとするパーフェクト宅建士シリーズでは、独学で学ぶ受験生のニーズに合わせた豊富なラインナップをそろえています。自身のレベルに合わせてうまく活用して合格を掴みましょう！

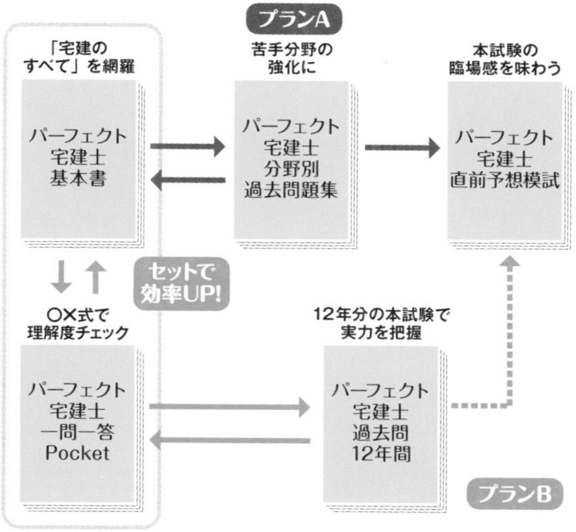

プラン A → 『分野別過去問題集』で本試験問題を解いて、項目ごとに学習をすすめ、『直前予想模試』で一気に仕上げるならこちら。

プラン B → 『一問一答 Pocket』で、ひとつひとつの論点を丁寧にインプットし、『過去問12年間』で実力チェックをしつつ、本試験問題に慣れるならこちら。最後の仕上げに『直前予想模試』を使うのも OK。

おしらせ

本書は、2024年1月1日現在で施行されている法令に基づいて編集されています。宅建試験は、その年の法令適用日（例年4月1日）に施行されている法令にのっとり、出題されます。

本書に掲載している法令等が2024年4月1日までに改正・施行され、本書の内容に修正等要する場合には、当社ウェブサイトにてお知らせいたします。

https://www.jssbook.com/

情報の公開は「2025年版」発行までとさせていただきます。ご了承ください。

第1編

権利関係

第1章 民法総則

1 民法の原則・制限行為能力者制度

問1 Rank B **信義誠実の原則** (H28-問7)

運送会社Aが雇用するBが居眠り運転をし、業務として運転していたトラックがCの所有する建物に突っ込んで、その一部が損壊した。Aが使用者責任に基づき、Cに対して本件事故から生じた損害を賠償した場合、AはBに求償できるが、その範囲は信義則上相当と認められる限度に制限される場合がある。

問2 Rank A **権利能力（人〔自然人〕）** (H25-問2)

父母との間でまだ意思疎通できない乳児は、不動産を所有できない。

問3 Rank A **意思能力** (H15-問1)

意思能力を欠いている者が土地を売却する意思表示を行った場合、その親族が当該意思表示を取り消せば、取消しの時点から将来に向かって無効となる。

問4 Rank A **制限行為能力者の保護** (H17-問1)

Aが自己所有地を売却したが、買主Bが被保佐人であり、保佐人の同意を得ずにAと売買契約を締結した場合、当該売買契約は当初から無効である。

問5 Rank A **未成年者** (H11-問1改)

年齢18歳に達した者は、成年とされる。

参考 基本書 第１章　民法総則
❶ 民法の基本原則
❷ 制限行為能力者制度

答1　○　（『パーフェクト宅建士　基本書』P.3）

損害の公平な分担という見地から、損害を賠償した使用者Ａは、被用者Ｂに**信義則上相当と認められる限度**で**求償**（民法715条）できる。

答2　×　（P.4）

乳児は胎児とは異なり出生しているので、**自然人**として**権利能力**があり（３条）、不動産を所有できる。

答3　×　（P.4）

意思無能力者の法律行為は**無効**であり（３条の２）、無効な法律行為の取消しはできない。

答4　×　（P.8）

被保佐人が保佐人の**同意を得ず**に不動産を購入する行為は、**取り消す**ことができる（13条）。

答5　○　（P.5）

2022年４月から**成年となる年齢**が20歳から**18歳**に変更された（４条）。

問6 Rank B 未成年者 (H28-問2)

古着の仕入販売に関する営業を許された未成年者は、成年者と同一の行為能力を有するので、法定代理人の同意を得ないで、自己が居住するために建物を第三者から購入したとしても、その法定代理人は当該売買契約を取り消すことはできない。

問7 Rank C 未成年者 (R2・12月-問3)

未成年者に対して親権を行う者がないときは、家庭裁判所は、検察官の請求によって、親族の中から未成年後見人を選任する。

問8 Rank C 未成年者 (R4-問9)

親権者は、やむを得ない事由があるときは、法務局に届出を行うことによって、親権を辞することができる。

問9 Rank A 成年被後見人 (H15-問1)

成年被後見人が成年後見人の事前の同意を得て土地を売却する意思表示を行った場合、成年後見人は、当該意思表示を取り消すことができる。

問10 Rank A 成年被後見人 (H20-問1)

成年被後見人が行った法律行為は、事理を弁識する能力がある状態で行われたものであっても、取り消すことができる。ただし、日用品の購入その他日常生活に関する行為については、この限りではない。

答6　×　(P.6)

未成年者が**許可された営業に関する行為**は取り消すことができないが(6条)、自己居住用の建物の購入は、**許可された古着の仕入販売とは無関係**であり、法定代理人は、その同意のない売買契約を**取り消す**ことができる(5条、120条)。

答7　×　(参考P.6)

家庭裁判所は、**様々な事情を総合考慮**して、**未成年後見人を選任**するので(840条)、親族の中から選任するとは限らない。

答8　×　(P.9)

親権者は、やむを得ない事由があるときは、**家庭裁判所の許可**を得て、**親権を辞する**ことができる(837条)。家庭裁判所の許可を要することは、**後見人**や**遺言執行者**が辞するときも同様である(844条、1019条)。

答9　○　(P.7)

成年被後見人が行った法律行為は、**日常生活に関する行為以外**は、原則として、すべて**取り消すことができる**(9条)。したがって、**法定代理人の同意を得た行為**も**取り消すことができる**。

答10　○　(P.7)

成年被後見人が行った法律行為は、**日常生活に関する行為以外**は、原則として、すべて**取り消すことができる**(9条)。したがって、事理弁識能力がある状態で行われた法律行為も、取り消すことができる。

問11 Rank B **後見監督人** (R4-問3)

成年後見人は、後見監督人がいる場合には、後見監督人の同意を得なければ、成年被後見人の法律行為を取り消すことができない。

問12 Rank C **後見人の資格** (R4-問3)

令和４年４月１日からは、成年年齢が18歳となったため、18歳の者は、年齢を理由とする後見人の欠格事由に該当しない。

問13 Rank A **被保佐人** (H22-問1)

被保佐人については、不動産を売却する場合だけではなく、日用品の購入をする場合も、保佐人の同意が必要である。

問14 Rank B **被保佐人** (H28-問2)

被保佐人が、不動産を売却する場合には、保佐人の同意が必要であるが、贈与の申し出を拒絶する場合には、保佐人の同意は不要である。

問15 Rank B **保佐人への代理権付与** (R4-問3)

成年後見人は成年被後見人の法定代理人である一方、保佐人は被保佐人の行為に対する同意権と取消権を有するが、代理権が付与されることはない。

答11　×　（参考P.7）

重要な財産上の行為のみ、後見監督人の同意が必要であり、それ以外の**法律行為の取消し**に**後見監督人の同意**は**不要**（864条、13条）。

答12　○　（P.7）

成年年齢が18歳となったことに伴い、**18歳の者**は、**後見人**となることができる（847条）。

答13　×　（P.8）

被保佐人は、一定の重要な財産上の行為について、保佐人の同意を得なければならない（13条）。しかし、**日用品の購入など日常生活に関する行為**は、家庭裁判所の審判によっても、**保佐人の同意が必要な行為**と定めることは**できない**（13条、9条）。

答14　×　（P.8）

不動産の売却だけでなく、**贈与**の申し出の**拒絶**も、不動産の「権利の得喪」を目的とする**重要な財産上の行為**に該当するので、**保佐人の同意が必要**となる（13条）。

答15　×　（P.8）

家庭裁判所は、一定の者の請求により、**保佐人**に対し、特定の法律行為について**代理権付与の審判**をすることができる（876条の4）。

問16 Rank C **被補助人** (H20-問1)

精神上の障害により事理を弁識する能力が不十分である者につき、４親等内の親族から補助開始の審判の請求があった場合、家庭裁判所はその事実が認められるときは、本人の同意がないときであっても同審判をすることができる。

問17 Rank B **被補助人** (H22-問1)

被補助人が法律行為を行うためには、常に補助人の同意が必要である。

問18 Rank B **居住用不動産の処分** (H28-問2)

成年後見人が、成年被後見人に代わって、成年被後見人が居住している建物を売却する際、後見監督人がいる場合には、後見監督人の許可があれば足り、家庭裁判所の許可は不要である。

問19 Rank B **制限行為能力者の相手方の保護** (H28-問2)

被補助人が、補助人の同意を得なければならない行為について、同意を得ていないにもかかわらず、詐術を用いて相手方に補助人の同意を得たと信じさせていたときは、被補助人は当該行為を取り消すことができない。

問20 Rank B **取消しの効果、第三者との関係** (R5-問8)

未成年者Ａが、法定代理人Ｂの同意を得ずに、Ｃから甲建物を買い受ける売買契約を締結した。ＡがＢの同意を得ずに制限行為能力を理由として本件売買契約を取り消した場合、Ｂは、自己が本件売買契約の取消しに同意していないことを理由に、Ａの当該取消しの意思表示を取り消すことができる。

答16　×　(P.9)

本人以外の請求で**補助開始の審判**をするには、**本人の同意**が必要となる（15条）。

答17　×　(P.8)

補助人の同意が必要となるのは、**特定の法律行為**について、**同意権付与の審判**を受けた場合だけである（17条）。

答18　×　(P.9)

成年後見人が**成年被後見人の居住の用に供する建物**やその敷地について**売却等の処分**をする場合、**家庭裁判所の許可を要する**が、この許可が必要であることは、**後見監督人がいる場合**でも**変わりはない**（852条、859条の３）。

答19　○　(P.10)

制限行為能力者が行為能力者であることを信じさせるため**詐術**を用いたときは、その行為を**取り消すこと**が**できないが**（21条）、この「**詐術**」には、**同意を得たと偽る**ことも**含まれる**（21条、判例）。

答20　×　(P.11)

未成年者（他の制限行為能力者も含む）は、**単独で有効に取り消すことができる**（120条）。よって、未成年者が法定代理人の同意を得ずに売買契約を取り消したとしても、法定代理人は取り消すことはできない。取消しの取消しを認めると、法律関係の安定を害するからである。

問21 Rank A **取消しの効果、第三者との関係** (S60-問9)

Ａ所有の不動産につき、Ａを売主、Ｂを買主として売買契約が締結されたが、Ａは未成年者でその法定代理人甲の同意を事前に得ていなかった。Ａの行為は無効だが、その後Ｂから不動産を購入したＣがＡの制限行為能力を知らなかった場合、Ａ及び甲は、Ｃに対し、Ａの行為が無効であることを対抗できない。

問22 Rank A **取消権の行使期間の制限** (S60-問9)

未成年者が法定代理人の同意を得ることなく不動産を売却した場合で、未成年者及び法定代理人による取消しの意思表示がないまま、未成年者が成年に達したときは、この契約は、初めから有効とみなされる。

問23 Rank A **追認** (H14-問1)

ＡはＣの欺罔行為により、Ａ所有の建物をＢに売却する契約をした。Ａは、契約後に詐欺に気付いたが、契約に基づき、異議を留めることなく所有権移転登記手続をして代金を請求した場合、詐欺による取消しはできない。

答21 ×　(P.11)

未成年者が単独で行った法律行為は**取り消す**ことができ、取消しは**善意の第三者**に**対抗できる**（5条、121条）。

答22 ×　(P.12)

取消権は、**追認しうる時から５年**、法律行為の時から20年で**時効消滅**する（126条）。成年に達することは、追認しうる時に該当するだけであり、有効とみなされることはない。

答23 ○　(P.12)

制限行為能力を理由とする取消しと同様、**詐欺**に基づく意思表示も取り消すことができるが、移転登記の申請や代金請求による**法定追認**が認められると**取消しはできない**（96条、126条）。

2 意思表示

問24 Rank A 公序良俗違反 (H6-問2)

詐欺師ＢがＡを騙し、市価の100倍の価格でＡに原野を売りつけた。Ａは、この契約は公序良俗に反するとして取消しを主張するとともにＢへの不法行為責任を追及できる。

問25 Rank A 通謀虚偽表示（当事者間） (H12-問4)

Ａは、債権者の差押えを免れるため、Ｂと通謀して、Ａ所有地をＢに仮装譲渡する契約をした。ＢがＡから所有権移転登記を受けていた場合でも、Ａは、Ｂに対して、ＡＢ間の契約の無効を主張できる。

問26 Rank A 通謀虚偽表示（善意の第三者） (H7-問4)

ＡとＢは、Ａ所有の土地について、所有権を移転する意思がないのに、通謀して売買契約を締結し、Ｂの名義に移転登記をした。Ｂがこの土地をＣに売却し、所有権移転登記をした場合で、ＣがＡＢ間の契約の事情を知らなかったことについて過失があるときは、Ａは、Ｃに対してこの土地の所有権を主張できる。

問27 Rank A 通謀虚偽表示（善意の第三者） (H20-問2)

所有権がＡからＢに移転している旨が登記されている甲土地の売買契約について、ＣはＢと売買契約を締結した。ＡＢ間の所有権移転登記はＡＢが通じてした仮装の売買契約に基づくものであった場合、ＣがＡＢ間の売買契約が仮装であることを知らず、知らないことに無過失であっても、Ｃが所有権移転登記を備えていなければ、Ａは所有者であることをＣに主張できる。

参考　基本書　第1章　民法総則
❸ 法律行為・意思表示

答24　×　（『パーフェクト宅建士　基本書』P.16）

公序良俗に反する法律行為は、「取消し」ではなく**無効**である（民法90条）。なお、不法行為責任を追及できることは、正しい（709条）。

答25　○　（P.17）

虚偽表示による法律行為は、**当事者間は無効**である（94条）。相手方に登記を移転していても、無効を主張できる。

答26　×　（P.17）

第三者は**善意**であれば、**過失があっても保護**される（94条、判例）。

答27　×　（P.17）

第三者は**善意**であれば、**登記を備えていなくても保護**される（94条、判例）。

問28 Rank A 通謀虚偽表示（転得者） (H5-問3)

ＡＢ間でＡ所有地の虚偽の売買契約を締結し、移転登記をした。ＢがＣに、さらにＣがＤにそれぞれこの土地を売却して移転登記をした。Ｄは、Ｃの善意悪意にかかわらず、Ｄが善意であればＡに所有権を主張できる。

問29 Rank A 心裡留保 (H16-問1)

Ａ所有地につき、ＡＢ間で売買契約を締結したが、Ａの売渡し申込みの意思は真意ではなく、ＢもＡの意思が真意ではないことを知っていた場合、ＡＢの意思は合致しているので、売買契約は有効である。

問30 Rank A 錯誤 (R2・10月-問6)

Ａは、自己所有の腕時計を100万円で外国人Ｂに売却する際、当日の正しい為替レート（１ドル100円）を重大な過失により１ドル125円で計算して「8,000ドルで売却する」と言ってしまい、Ａの錯誤について過失なく知らなかったＢが「8,000ドルなら買いたい」と言って、ＡＢ間の売買契約が成立した場合、ＡはＢに対し、錯誤による取消しができる。

問31 Rank A 錯誤 (R2・10月-問6)

Ａは、自己所有の時価100万円の名匠の絵画を贋作だと思い込み、Ｂに対し「贋作であるので、10万円で売却する」と言ったところ、Ｂも同様に贋作だと思い込み「贋作なら10万円で購入する」と言ってＡＢ間に売買契約が成立した場合、ＡはＢに対し、錯誤による取消しができる。

答28 ○ (P.18)

転得者Dも第三者であり、転得者が**善意**であれば、間に入ったCの善意・悪意にかかわらず**保護**されるので、Dは、Aに所有権を主張できる（94条、判例）。

答29 × (P.19)

意思表示の合致により契約は成立するが、**心裡留保**で**相手方が悪意**なので、成立した契約は**無効**である（93条）。

答30 × (P.20)

錯誤による意思表示をした者（表意者）に**重過失**がある場合は、**原則**として**取消し**は**できない**（95条）。なお、例外として、表意者に重過失があっても、①相手方が悪意又は重過失であるか、②共通錯誤の場合は、表意者に錯誤による取消しが認められる（95条）。

答31 ○ (P.20)

本問では、表意者Aに重過失があるか否かが明らかではない。Aに重過失があると、原則としてAは、錯誤による取消しはできないが、本問では、**相手方B**も**錯誤に陥っている**ことから、仮にAに重過失があっても、**共通錯誤**として、**取消し**が**認められる**（95条）。

問32 Rank A 詐欺 (H8-問5改)

Ａ所有地について、ＡがＢに、ＢがＣに売却し、Ａ→Ｂ、Ｂ→Ｃへそれぞれ移転登記がなされた。Ｃが登記を受ける際に、ＡＢ間の売買契約がＢの詐欺に基づくものであることを知らず、かつ、知らなかったことについて過失がない場合で、Ｃの登記後にＡによりＡＢ間の売買契約が取り消されたとき、Ｃは、Ａに対し土地所有権の取得を対抗できる。

問33 Rank A 強迫 (H10-問7)

ＡのＢへの所有地について、ＡのＢへの売却の意思表示がＢの強迫により行われた場合、Ａは売却の意思表示を取り消すことができるが、その取消しをもって、Ｂから取消し前にその土地を買い受けた善意のＣに対抗できない。

問34 Rank A 第三者による詐欺 (H14-問1改)

ＡがＣの欺罔行為により、Ａ所有の建物をＢに売却する契約をした。Ａは、Ｃの欺罔行為について、Ｂが悪意又は有過失のときでないと、売買契約の取消しができない。

答39　×　(P.29)

代理人の**相手方に対する意思表示の効力**が、錯誤や詐欺等、善意や悪意等により影響を受ける場合、その**事実の有無**は、**代理人について決する**(101条)。本人の選択に従うのではない。

答40　○　(P.29)

原則として、詐欺等による意思表示があったかは代理人について決する。例外として、**特定の法律行為**をすることを**委託**された**代理人**が法律行為をした場合、**本人**は、**悪意**だった事情について**代理人の善意**を**主張できず**、詐欺に基づく意思表示とはいえなくなる(101条)。

答41　×　(P.29)

本人は**未成年者**を**任意代理人**に選任できる。代理人には法律効果が帰属しないことから、未成年者が法律行為をするにあたり**法定代理人の同意**は**不要**であり、同意がなくても**有効**に**本人に帰属**する(102条)。

答42　×　(P.30)

復代理人を選任するのは代理人であり、**復代理人の権限**は**代理人の代理権**に**由来**する(104条、106条)。ゆえに、代理人の権限が消滅すると復代理人も権限を失う。とすれば、**復代理人の選任**によって、**代理人の代理権**が**消滅することはない**。

問43 Rank A **復代理人の選任（任意代理）** （H29-問1）

委任による代理人は、本人の許諾を得たときのほか、やむを得ない事由があるときにも、復代理人を選任することができる。

問44 Rank A **復代理人の選任（法定代理）** （H24-問2）

法定代理人は、やむを得ない事由がなくとも、復代理人を選任することができる。

問45 Rank A **本人の追認権** （R2・12月-問2）

ＡがＢに対して、Ａ所有の甲土地を売却する代理権を授与した。ＢがＡから代理権を授与されていないＡ所有の乙土地の売却につき、Ａの代理人としてＣと売買契約を締結した場合、ＡがＣに対して追認の意思表示をすれば、Ｂの代理行為は追認の時からＡに対して効力を生ずる。

問46 Rank A **追認の催告権** （H16-問2）

Ａ所有地をＢがＡの代理人としてＣと売買契約を締結した。Ｂが無権代理人である場合、ＣはＡに対し相当の期間を定めて期間内に追認するかどうかを催告でき、Ａが期間内に確答しないときは、追認とみなされ、本件売買契約は有効となる。

問47 Rank A **取消権** （H5-問2）

Ａの子Ｂは、Ａの代理人と偽り、ＣとＡ所有地の売買契約を締結した。Ａが売買契約を追認するまでの間は、Ｃは、Ｂの無権代理について悪意でも、当該契約を取り消すことができる。

答43　○　(P.30)

任意代理人（委任による代理人）は、**本人の許諾**を得たとき、**又は、やむを得ない事由**があるときは、復代理人を選任できる（104条）。

答44　○　(P.31)

法定代理人は、自己の責任で**いつでも、復代理人**を**選任**できる（105条）。

答45　×　(P.32)

追認は、**無権代理行為の時**にさかのぼって、その**効力を生じる**（116条）。

答46　×　(P.33)

相手方が本人に**催告権**を行使し、本人が相当期間内に**確答しない**ときは、本人は**追認を拒絶**したものとみなされる。よって、本人に効果は帰属せず、**有効とはならない**（114条）。

答47　×　(P.33)

本人が追認するまでの間に**取消権**を有する相手方は、無権代理について**善意**の場合に限られるので、悪意のCは取り消すことはできない（115条）。

問48 Rank A **無権代理人の責任** (H18-問2)

Ｂは Ａの代理人として、Ａ所有の甲地をＣに売り渡す売買契約を締結した。しかし、Ｂは、甲地を売り渡す代理権はなかった。Ａが売買契約を追認しない場合、Ｂは、Ｃの選択に従い、Ｃに対し契約履行又は損害賠償の責任を負う。ただし、Ｃが契約時にＢに甲地を売り渡す代理権がないことを知っていた場合は、責任を負わない。

問49 Rank A **無権代理行為と相続** (H24-問4)

Ａ所有の甲地につき、Ａから売却に関する代理権を与えられていないＢがＡの代理人としてＣとの間で売買契約を締結した。Ａの死亡により、Ｂが唯一の相続人として相続した場合、ＢはＡの追認拒絶権を相続するので、自らの無権代理行為の追認を拒絶することができる。

問50 Rank B **無権代理行為と相続** (H16-問2)

Ａ所有の土地について、ＢがＡの代理人として、Ｃとの間で売買契約を締結した。Ｂが無権代理人であっても、Ａの死亡によりＢがＤとともにＡを共同相続した場合には、Ｄが追認を拒絶していても、Ｂの相続分に相当する部分についての売買契約は、相続開始と同時に有効となる。

問51 Rank A **無権代理行為と相続** (H24-問4)

Ａ所有の甲地につき、Ａから売却に関する代理権を与えられていないＢがＡの代理人としてＣとの間で売買契約を締結した。無権代理人Ｂの死亡により、本人ＡがＢの唯一の相続人として相続した場合、ＡがＢの無権代理行為の追認を拒絶しても信義則には反せず、ＡＣ間の売買契約が当然に有効になるわけではない。

答48　○　(P.33)

無権代理人は、相手方の選択に従い、**履行又は損害賠償の責任**を負うが、①**相手方が悪意**の場合、②相手方に過失がある場合（無権代理人が悪意の場合を除く）、③無権代理人が制限行為能力者であるときは、**責任を負わない**（117条）。

答49　×　(P.35)

無権代理人が相続によって取得した本人の**追認拒絶権を行使**することは**認められない**（判例）。よって、無権代理人は、契約の効力を否定できない。

答50　×　(P.35)

無権代理人が**本人**を**共同相続**した場合、**追認**は**共同相続人全員**で行う必要があり、共同相続人の**1人が追認拒絶**すると、**無権代理人の相続部分**についても**有効**には**ならない**（判例）。

答51　○　(P.35)

本人が**無権代理人を相続**した場合、本人はいわば被害者的地位にあることから**追認拒絶権の行使**が認められる（判例）。追認拒絶権を行使すると、**売買契約**は本人には帰属しないので、**当然に有効になるわけではない**。

問52 Rank B **無権代理行為と相続** (H16-問2)

A所有の土地について、BがAの代理人として、Cとの間で売買契約を締結した。Bが無権代理人であって、Bの死亡により本人Aが単独でBを相続した場合には、Aは追認を拒絶できるが、CがBの無権代理につき善意無過失であれば、CはAに対して損害賠償を請求できる。

問53 Rank A **表見代理の成立** (H8-問2)

Bが、Aの代理人として、抵当権設定の代理権しか与えられていなかったにもかかわらず、Cとの間でA所有地の売買契約を締結した。BがAから土地の登記済証、実印、印鑑証明書の交付を受けていた場合で、CがBに土地売却の代理権ありと過失なく信じたとき、CはAに土地の引渡しを求めることができる。

問54 Rank B **表見代理の成立** (H11-問7)

Aが、A所有の1棟の賃貸マンションについてBに賃料の徴収と小修繕の契約の代理をさせていたところ、Bが、そのマンションの1戸をAに無断でAの代理人として賃借人Cに売却した。Cは、Bの行為が表見代理に該当する場合でも、Aに所有権移転登記請求をしないで、Bに損害賠償請求ができる場合がある。

答52　○　（P.35）

無権代理人を相続した本人は、**追認拒絶権**を行使できるが、それとは別に本人は**無権代理人の責任を相続**していることから、**善意無過失の相手方**は、本人に**損害賠償**を**請求できる**（117条、判例）。

答53　○　（P.36）

相手方Cは**善意無過失**なので、**権限外の行為**の**表見代理**が**成立**し、CはAに**土地の引渡し**を**求めることができる**（110条）。

答54　○　（P.35）

表見代理が成立する場合でも、本人Aが追認せず、又は無権代理人Bが制限行為能力者でなければ、相手方Cは**表見代理を主張せず**、**無権代理人B**への**責任追及**として損害賠償請求ができる（117条）。

問55 Rank C **日常家事債務と表見代理** (H16-問2)

A所有の土地について、BがAの代理人として、Cとの間で売買契約を締結した。AとBが夫婦であり、契約に関して何ら取り決めのない場合には、不動産売買はAB夫婦の日常の家事に関する法律行為の範囲内にないとCが考えていた場合も、本件売買契約は有効である。

答55 ✕ (P.36)

日常家事に関し、夫婦は相互に代理権を有するが (判例)、この代理権を根拠に広く表見代理を認めると、あまりに夫婦の財産保護に反するので、相手方がその行為を当該**夫婦の日常家事の範囲内に属すると信ずる**について**正当な事由**があれば、**表見代理** (110条) の趣旨を**類推適用**して相手方の保護を図るのが判例である。本問では、Cは日常家事の範囲内にないと考えていたので保護されない。

第1章 民法総則

4 時効・条件

問56 Rank B **取得時効の対象（地役権）** (R2・12月-問9)

地役権は、継続的に行使されるもの、又は外形上認識することができるものに限り、時効取得することができる。

問57 Rank A **取得時効の対象（賃借権）** (H22-問3)

土地の賃借権は、物権ではなく、契約に基づく債権であるので、土地の継続的な用益という外形的かつ客観的事実が存在したとしても、時効によって取得することはできない。

問58 Rank A **占有（代理占有）** (R4-問10)

ＡはＢに対し、自己所有の甲土地を売却し、代金と引換えにＢに甲土地を引き渡したが、その後にＣに対しても甲土地を売却し、代金と引換えにＣに甲土地の所有権登記を移転した。この場合における甲土地の所有権の取得時効に関し、Ｂが甲土地をＤに賃貸し引き渡したときは、Ｂは甲土地の占有を失うので、甲土地の所有権を時効取得できない。

問59 Rank B **占有継続（占有回収の訴え）** (R4-問10改)

甲土地を占有するＡが所有権の取得時効の完成前に甲土地の占有をＢに奪われたとしても、Ｂに対して占有回収の訴えを提起して占有を回復した場合には、Ｂに占有を奪われていた期間も時効期間に算入される。

参考

基本書　第１章　民法総則

5 時効

6 条件・期限・期間

答56　×　（『パーフェクト宅建士　基本書』P.38）

地役権は、**継続的に行使**され、**かつ**、**外形上認識**できるものについて、時効取得を認める（民法283条）。

答57　×　（P.38）

土地賃借権は、継続的用益という外形的事実が存在し、賃借の意思に基づくことが客観的に表現されているときは、**時効**によって**取得できる**（判例）。

答58　×　（P.38）

占有は、**代理占有**（**間接占有**）を**含む**ので（181条）、Dに**賃貸**してもBの**占有は継続**している。よって、Bの甲土地の時効取得が認められる（162条）。

答59　○　（P.39）

占有を失っても、**占有回収の訴え**を提起したときには**占有は継続**したものとみなされ、占有を奪われていた期間も時効期間に算入される（203条）。

問60 Rank A **所有の意思** (H4-問4)

Ａが Ｂの所有地を長期間占有している場合の時効取得に関し、Ａが20年間平穏かつ公然に占有を続けた場合においても、その占有が賃借権に基づくもので所有の意思がないときは、Ｂが賃料を請求せず、Ａも賃料を支払っていなくても、Ａはその土地の所有権を時効取得できない。

問61 Rank A **占有の承継** (R2・10月-問10)

Ａが甲土地を所有している。Ｂが甲土地を所有の意思をもって平穏かつ公然に17年間占有した後、ＣがＢを相続し甲土地を所有の意思をもって平穏かつ公然に３年間占有した場合、Ｃは甲土地の所有権を時効取得することができる。

問62 Rank A **消滅時効の対象となる権利** (R2・10月-問10)

Ａが甲土地を所有している。Ａが甲土地を使用しないで20年以上放置していたとしても、Ａの有する甲土地の所有権が消滅時効にかかることはない。

問63 Rank B **時効の完成猶予** (R2・12月-問5)

裁判上の請求をした場合、裁判が終了するまでの間は時効が完成しないが、当該請求を途中で取り下げて権利が確定することなく当該請求が終了した場合には、その終了した時から新たに時効の進行が始まる。

問64 Rank A **時効の更新** (R1-問9改)

ＡがＢに対して金銭の支払を求めて訴えを提起したが、訴えの提起後に当該訴えの却下の判決が確定した場合には、時効は更新しない。

答60　○　(P.38)

所有の意思のない占有を継続しても、土地の**所有権の時効取得はできない**（162条）。なお、本問では、賃借権の時効取得は可能である。

答61　○　(P.39)

占有者の承継人は、**前主の占有**を**併せて主張**することができるので、その場合、前主の占有が悪意で始まった占有だったとしても、**20年**の**所有権の取得時効**が認められる（187条、162条）。

答62　○　(P.41)

所有権は、**消滅時効にかからない**。所有権絶対の原則に基づく。

答63　×　(P.42)

裁判上の請求により、**時効の完成は猶予**されるが（147条）、時効は更新しない。もっとも、訴え取下げによる**裁判終了時から6か月間**は、**時効の完成が猶予**されるので（147条）、取下げ時から時効の進行が始まることはない。

答64　○　(P.43)

訴え却下の場合、**時効**は**更新しない**。なお、却下による裁判終了の時から6か月間、時効の完成が猶予される（147条）。

問65 Rank B 消滅時効の援用権者 （R2・12月-問5）

消滅時効の援用権者である「当事者」とは、権利の消滅について正当な利益を有する者であり、債務者のほか、保証人、物上保証人、第三取得者も含まれる。

問66 Rank B 消滅時効の援用権者 （H30-問4）

後順位抵当権者は、先順位抵当権の被担保債権の消滅時効を援用できる。

問67 Rank A 時効利益の放棄 （H21-問3）

ＡはＢに対し建物を賃貸し、月額10万円の賃料債権を有している。Ｂが、Ａとの建物賃貸借契約締結時に、賃料債権につき消滅時効の利益はあらかじめ放棄する旨約定したとしても、その約定に法的効力は認められない。

問68 Rank A 時効利益の放棄 （H21-問3）

ＡはＢに対し建物を賃貸し、月額10万円の賃料債権を有している。Ｂが、賃料債権の消滅時効が完成した後に、その賃料債権を承認したときは、消滅時効の完成を知らなかったときでも、その完成した消滅時効の援用をすることは許されない。

問69 Rank B 条件 （H30-問3）

ＡとＢとの間で、５か月後に実施される試験にＢが合格したときには、Ａ所有の甲建物をＢに贈与する旨を書面で約した。Ｂは、本件試験に合格したときは、本件約定の時点にさかのぼって甲建物の所有権を取得する。

答65　○　(P.44)

消滅時効の援用権者である「**当事者**」には、**債務者**、**物上保証人**、**第三取得者**など、権利の消滅について正当な利益を有する者が含まれる（145条）。

答66　×　(P.44)

後順位抵当権者は、先順位抵当権の被担保債権の**消滅時効**の**援用権者ではない**（判例）。配当額の増加への期待は、順位上昇による反射的な利益にすぎないからである。

答67　○　(P.45)

時効の利益は、時効完成前に**あらかじめ放棄できない**（146条）。

答68　○　(P.45)

消滅時効完成後に債務者が**時効完成を知らず**に**承認**した場合、信義則上、消滅時効を**援用できない**（判例）。

答69　×　(P.46)

停止条件付法律行為は、別段の意思表示がない限り、**条件**が**成就した時**から**効力を生ずる**（127条）。

問70 Rank A 条件　(H15-問2改)

Ａは、Ｂとの間でＢ所有の不動産を購入する売買契約を締結した。ただし、ＡがＡ所有の不動産を令和５年12月末日までに売却でき、その代金全額を受領することを停止条件とした。令和５年12月末日以前でこの停止条件の成否未定の間は、契約の効力が生じていないので、Ａは、この売買契約を解約できる。

問71 Rank A 条件成就の妨害等　(H23-問2)

Ａは、自己所有の甲不動産を３か月以内に、1,500万円以上で第三者に売却でき、その代金全額を受領することを停止条件として、Ｂとの間でＢ所有の乙不動産を2,000万円で購入する売買契約を締結した。乙不動産が値上がりしたために、Ａに乙不動産を契約どおり売却したくなくなったＢが、甲不動産の売却を故意に妨げたときは、Ａは停止条件が成就したものとみなしてＢにＡＢ間の売買契約の履行を求めることができる。

問72 Rank B 特殊な条件付き法律行為の効力　(H18-問3)

ＡはＢとの間で、Ａ所有の山林の売却について買主のあっせんを依頼し、その売買契約が締結され履行に至ったとき、売買代金の２％の報酬を支払う旨の停止条件付きの報酬契約を締結した。停止条件付きの報酬契約締結の時点で既にＡが第三者Ｃとの間で当該山林の売買契約を締結して履行も完了していた場合には、Ｂの報酬請求権が効力を生ずることはない。

答70 ×　(P.46)

停止条件付きの契約であっても、**契約は成立**しているので、**Aは、売買契約の解約**は**できない**(127条)。

答71 ○　(P.47)

条件が成就することで**不利益**を受ける当事者が**故意**にその条件の成就を**妨げた**ときは、相手方はその条件が**成就したとみなす**ことができる(130条)。

答72 ○　(P.47)

不能の停止条件を付した法律行為は、**無効**であり(133条)、本問のように、無効な契約に基づく報酬請求権が効力を生ずることはない。

問73 Rank C **期間計算** (R4-問5改)

令和5年8月31日午前10時に、弁済期限を契約締結日から1か月後とする金銭消費貸借契約を締結した場合、令和5年9月30日の終了をもって弁済期限となる。

問74 Rank B **期間計算** (R4-問5)

期間の末日が日曜日、国民の祝日に関する法律に規定する休日その他の休日に当たるときは、その日に取引をしない慣習がある場合に限り、期間はその前日に満了する。

答73　○　(P.49)

起算日は、初日不算入で９月１日となり、９月１日の１か月後の**応当日**（10月１日）の**前日**（９月30日）をもって**期間が満了**するので、**９月30日の終了**をもって**弁済期限**となる（140条、141条）。

答74　×　(P.49)

期間の末日が日曜日、国民の祝日に関する法律に規定する休日その他の**休日**に当たるときは、その日に取引をしない慣習がある場合に限り、期間は、その**翌日に満了**する（142条）。

第2章 物権

1 不動産物権変動

問75 Rank B 不動産物権変動 (H29-問2)

Ａを売主、Ｂを買主として、甲土地の売買契約が締結され、代金の完済までは甲土地の所有権は移転しないとの特約が付された場合であっても、当該売買契約締結の時点で甲土地の所有権はＢに移転する。

問76 Rank A 不動産物権変動の対抗要件 (R4-問1)

所有者ＡからＢが不動産を買い受け、その登記が未了の間に、背信的悪意者ではないＣが当該不動産をＡから二重に買い受けた場合、先に買い受けたＢは登記が未了であっても当該不動産の所有権取得をもってＣに対抗することができる。

問77 Rank A 契約の「取消し後」の第三者 (R1-問2)

ＡがＢに甲土地を売却し、Ｂが所有権移転登記を備えた。ＡがＢとの売買契約をＢの詐欺を理由に取り消した後、ＣがＢから甲土地を買い受けて所有権移転登記を備えた場合、ＡＣ間の関係は対抗問題となり、Ａは、いわゆる背信的悪意者ではないＣに対して、登記なくして甲土地の返還を請求できない。

参考

基本書　**第2章　物権**

1 物権とは
2 不動産物権変動

答75　×　(『パーフェクト宅建士　基本書』P.53)

売買等による**物権変動**は**当事者**の**意思表示のみ**により**効力**を生じ、原則として、その意思表示は、売買契約時に物権変動の効力が生じるものと解される(民法176条、判例)。しかし、それとは異なる**別段の意思表示**(代金完済まで所有権は移転しない旨の合意)があるときは、**その時**に**物権変動**の効力を生ずる。

答76　×　(P.53)

不動産物権変動は、**登記**をしなければ**第三者**に**対抗できない**(177条)。BとC(背信的悪意者ではない)の二重譲受人相互は第三者に該当し、対抗関係にあるので、登記をしないと互いに所有権取得を主張できない。

答77　○　(P.55)

取消し後の第三者との関係は、Bを起点とするAとCへの二重譲渡と同様に捉え、**対抗問題**とするのが判例である。よって、契約を取り消したAは、**登記を備えなければ**、取消し後の第三者Cに所有権を主張できず、**甲土地の返還**を**請求できない**(177条、判例)。

問78 Rank A **契約の「取消し前」の第三者** (H28-問3改)

Ａは、Ａ所有の甲土地をＢに売却した。ＡがＢの詐欺を理由に甲土地の売却の意思表示を取り消しても、取消しより前にＢが甲土地をＣに売却しＣが所有権移転登記を備えた場合には、ＣがＢの詐欺の事実について善意無過失であったか否かにかかわらず、ＡはＣに対して甲土地の所有権を主張することができない。

問79 Rank A **契約の「解除後」の第三者** (H20-問2)

所有権がＡからＢに移転している旨が登記されている甲土地の売買契約に関し、ＣはＢとの間で売買契約を締結したが、ＢＣ間の売買契約締結の前にＡがＢの債務不履行を理由にＡＢ間の売買契約を解除していた場合、Ａが解除した旨の登記をしたか否かにかかわらず、Ａは所有者であることをＣに対して主張できる。

問80 Rank A **契約の「解除前」の第三者** (H13-問5)

ＡからＢ、ＢからＣに、甲地が順次売却され、ＡからＢに所有権移転登記がなされた。ＢからＣへの売却後、ＡがＡＢ間の契約を適法に解除して所有権を取り戻した場合、Ａが解除を理由にして所有権登記をＢから回復する前に、その解除につき善意のＣがＢから所有権移転登記を受けたときは、Ｃは甲地の所有権をＡに対抗できる。

問81 Rank A **時効完成後の第三者** (H19-問6)

取得時効の完成により甲不動産の所有権を適法に取得した者は、その旨を登記しなければ、時効完成後に甲不動産を旧所有者から取得して所有権移転登記を経た第三者に所有権を対抗できない。

答78 ×　(P.55)

詐欺による意思表示は**取り消す**ことができるが、その取消しは、**取消し前**の**善意無過失**の**第三者**に**対抗できない**(96条)。本問は、Cが善意無過失か否かを問わないとする点が誤り。

答79 ×　(P.56)

解除後の第三者との関係については、Bを起点とするAとCとの二重譲渡と同様に捉え、**対抗問題**とするのが判例であり、**解除したA**は、**登記をしなければ**、**解除後の第三者C**に**所有者であること**を**主張できない**(177条)。

答80 ○　(P.56)

解除により、**解除前**に**登記**を備えた**第三者**の権利を**害することはできない**(545条、判例)。よって、第三者Cは、Aに甲地の所有権を対抗できる。

答81 ○　(P.56)

時効完成後に土地所有権を取得した者との関係は、旧所有者を起点とする時効取得者と時効完成後の譲受人との二重譲渡と同様に捉え、**対抗問題**とするのが判例なので、**時効取得者**は、**登記**を経た**第三者**に所有権を**対抗できない**(177条)。

問82 Rank B **遺産分割協議後の第三者** (H15-問12)

Ａが死亡し、それぞれ３分の１の相続分を持つＡの子Ｂ、Ｃ及びＤ（他に相続人はいない）が全員、単純承認し、これを共同相続した。相続財産である土地につき、Ｂ、Ｃ及びＤが持分各３分の１の共有相続登記をした後、遺産分割協議によりＢが単独所有権を取得した場合、その後にＣが登記上の持分３分の１を第三者に譲渡し、所有権移転登記をしても、Ｂは、単独所有権を登記なくして、その第三者に対抗できる。

問83 Rank A **相続と第三者** (H17-問8)

Ａは、自己所有の甲地をＢに売却し、代金を受領して引渡しを終えたが、ＡからＢに対する所有権移転登記はまだ行われていない。Ａの死亡によりＣが単独相続し、甲地について相続を原因とするＡからＣへの所有権移転登記がなされた場合、Ｂは、自らへの登記をしていないので、甲地の所有権をＣに対抗できない。

問84 Rank A **単純悪意者** (R4-問1)

所有者ＡからＢが不動産を買い受け、その登記が未了の間に、Ｃが当該不動産をＡから二重に買い受け登記を完了した場合、Ｃが背信的悪意者に該当しなくてもＢが登記未了であることにつき悪意であるときには、Ｃは当該不動産の所有権取得をもってＢに対抗することができない。

答82　×　(P.57)

遺産分割協議後に持分の譲渡を受けた者との関係は、旧共有者Cを起点とするBと持分譲受人との二重譲渡と同様に捉え、**対抗問題**とするのが判例なので、Bは、**持分を譲り受けて登記をした者**に、遺産分割協議により取得した**持分**を**対抗できない**（177条）。

答83　×　(P.58)

譲渡人Aの相続人CとAからの譲受人Bは**当事者**の関係とされる。よって、Bは当事者であるCに対する所有権の対抗に、**登記は不要**である（177条）。

答84　×　(P.54、59)

二重譲受人Cが、先に不動産を買い受けたBの存在と未登記を知っていても、Cが背信的悪意者でない限り、このような**単純悪意者**Cは**第三者**に含まれ、登記を備えればBに対抗できる（177条、判例）。

問85 Rank A **背信的悪意者** (H28-問3)

Aが、A所有の甲土地をBに売却した場合において、Aから甲土地を購入したBは、所有権移転登記を備えていなかった。Cがこれに乗じて、Bに高値で売りつけて利益を得る目的でAから甲土地を購入し所有権移転登記を備えた場合、CはBに対して甲土地の所有権を主張することができない。

問86 Rank B **背信的悪意者** (H24-問6)

Aが自己所有の甲土地をBとCに対して二重に譲渡した場合において、Bが所有権移転登記を備えない間にCが甲土地を善意のDに譲渡して、Dが所有権移転登記を備えたときは、Cがいわゆる背信的悪意者であっても、BはDに対して自らが所有者であることを主張することができない。

問87 Rank A **無権利者** (H7-問2)

Aは自己所有の土地をBに譲渡した後、登記をBに移転する前に、Aは当該土地をCに仮装譲渡し、登記をCに移転した。BはCに対し土地所有権を主張できない。

問88 Rank A **不法占拠者、不法行為者** (R1-問1)

Aは、Aが所有している甲土地をBに売却した。甲土地を何らの権原なく不法占有しているCがいる場合、BがCに対して甲土地の所有権を主張して明渡請求をするには、甲土地の所有権移転登記を備えなければならない。

答85 ○ (P.59)

背信的悪意者Cは**第三者**に**該当しない**ので、土地を購入したBは、登記がなくてもCに所有権を主張できる（177条、判例）。

答86 ○ (P.59)

Bは、**背信的悪意者C**に対しては、登記がなくても所有者であることを主張できるが、**背信的悪意者Cから土地を取得した善意のD**に対しては、Dは登記がなければ物権変動を対抗できない**第三者**に**該当する**ので、所有者であることを主張できない（177条、判例）。

答87 × (P.59)

Aからの**仮装譲受人C**は、**無権利者**である（94条）。無権利者Cは登記がなければ物権変動を対抗できない**第三者**には**該当せず**、土地の譲受人Bは、たとえCが登記を備えていても、**登記なしで**Cに**土地所有権**を**主張できる**（177条）。

答88 × (P.60)

不法占拠者は、物権変動について登記がなければ対抗できない**第三者**に**該当しない**。よって、土地所有者Bは登記がなくても、所有権を主張し、不法占拠者Cに土地の明渡請求ができる（177条、判例）。

問89 Rank B **登記と公信力** (H20-問2)

所有権がAからBに移転している旨が登記されている甲土地の売買契約に関し、CはBとの間で売買契約を締結し所有権移転登記をしたが、甲土地の真の所有者はAであって、Bが各種の書類を偽造して自らに登記を移していた場合、Aは所有者であることをCに対して主張できる。

問90 Rank B **登記と公信力** (H3-問4)

Bは、Aに無断で、A所有地につきBへの所有権移転登記をし、Aはこれを知りながら放置していたところ、Bは自己の所有地として、当該土地を善意無過失のCに売却し、Cへの所有権移転登記がなされた。Aは、土地所有権をCに対抗できない。

答97 ×

(P.62)

共有物の**管理行為**は**持分**の価格の**過半数**で行う（252条）。管理行為がなされた場合、共有者は**持分に応じて管理費用を負担**するのでAは**費用分担**を**拒絶できない**（253条）。

答98 ○

(P.67)

土地の所有者は、境界における**建築物や障壁の修繕等のため必要な範囲内**で**隣地を使用できる**が、**住家**については、**居住者の承諾**がなければ**立ち入ることはできない**（209条）。

答99 ×

(P.68)

公道に至るための他の土地の通行権（210条）は、**法律上当然に認められる権利**であるから、囲む土地の所有者が時効取得により他の者に代わっても、**通行できる。**

答100 ×

(P.69)

土地の所有者は、隣地の「**竹木の枝**」が**境界線を越える**ときは、**竹木の所有者**に**枝を切除させる**ことができる。ただし、①**催告**したのに**相当期間内に切除しない**場合や、②竹木の所有者を知ることができないとき、③急迫の事情があるときは、土地の所有者は**自ら切除できる。**なお、「根」が境界線を越えるときは、土地の所有者は自ら切り取ることができる（233条）。

問101 Rank B **境界標設置権** (H11-問2)

土地の所有者は隣地の所有者と共同の費用で境界標を設置できるが、設置工事の費用は、両地の広さに応じて分担しなければならない。

問102 Rank A **地役権の成立** (R2・12月-問9)

地役権者は、設定行為で定めた目的に従い、承役地を要役地の便益に供する権利を有する。

問103 Rank A **地役権の不可分性** (H14-問4)

Aは、自己所有の甲土地の一部につき、通行目的で、隣地乙土地の便益に供する通行地役権設定契約（地役権の付従性について別段の定めはない）を乙土地所有者Bと締結した。Bは、この通行地役権を、乙土地と分離して、単独で第三者に売却することができる。

問104 Rank A **地役権が時効取得される場合** (R2・12月-問9)

地役権は、継続的に行使されるもの、又は外形上認識することができるものに限り、時効取得することができる。

問105 Rank B **占有訴権** (H27-問5)

占有回収の訴えは、占有を侵奪した者及びその特定承継人に対して当然に提起することができる。

答101　×　(P.69)

土地の境界には**境界標を設置**でき、その**費用**は**相隣者が等しい割合で負担**する (223条、224条)。土地の広さに応じるのではない。

答102　○　(P.70)

地役権者は、設定行為で定めた目的に従い、**他人の土地**(承役地) を**自己の土地** (要役地) **の便益に供する権利**を有する (280条)。

答103　×　(P.72)

地役権は**要役地に付従**するので、**要役地と分離**して**処分できない** (281条)。

答104　×　(P.70)

継続的に行使され、「**かつ**」、**外形上認識できるもの**について、**時効取得**が認められる (283条)。

答105　×　(参考P.73)

特定承継人 (建物の占有を奪った者から建物を購入した者など) に対しては、**侵奪の事実を知っている** (**悪意**) 場合のみ**提起できる** (200条)。

問106 Rank B **占有訴権** (H14-問3)

売主Ａ・買主Ｂ間の建物売買契約（所有権移転登記は行っていない）が解除され、建物所有者Ａが、Ｂ居住の建物をＣに売却して所有権移転登記をした。Ｃが暴力によりＢから建物の占有を奪った場合、ＢはＣに占有回収の訴えを提起できるが、ＣはＢに対抗できる所有権があるので占有回収の訴えについては敗訴することはない。

問107 Rank B **果実収取権** (H14-問3)

売主Ａ・買主Ｂ間の建物売買契約（所有権移転登記は行っていない）が解除され、建物所有者Ａが、Ｂ居住の建物をＣに売却して所有権移転登記をした。Ｂが占有中の建物の一部をＤに使用させ賃料を受領した場合、Ｂはその受領額をＣに償還しなければならない。

答106 ×　(P.73)

占有者Bは所有者Cに占有を奪われているので**占有回収の訴え**を提起できる（200条）。**占有の訴え**については、**本権**（所有権等）に関する理由に基づいて**裁判できない**ので（202条）、**Cは敗訴**する。

答107 ○　(P.73)

Bは、売買契約の解除により、建物を返還する義務を負う**悪意の占有者**となっているので、建物の一部をDに使用させた**賃料**（**法定果実**）を**すべて建物所有者Cに償還する義務**がある（190条）。

3 担保物権

問108 Rank A **担保物権の不可分性** (H3-問7)

不動産を目的とする担保物権は、被担保債権の全部が弁済されるまで、目的物の全部の上にその効力を及ぼす。

問109 Rank A **担保物権の物上代位性** (H21-問5)

抵当権者も先取特権者も、その目的物が火災により焼失して債務者が火災保険金請求権を取得した場合には、その火災保険金請求権に物上代位ができる。

問110 Rank A **留置権** (H25-問4)

建物の賃貸借契約が賃借人の債務不履行により解除された後に、賃借人が建物に関して有益費を支出した場合、賃借人は、有益費の償還を受けるまで当該建物を留置することができる。

問111 Rank B **留置権** (H25-問4)

建物の賃借人が賃貸人の承諾を得て建物に付加した造作の買取請求をした場合、賃借人は、造作買取代金の支払を受けるまで、当該建物を留置することができる。

問112 Rank B **留置権** (H9-問3)

賃借人Aは、留置権に基づき建物の返還を拒否している場合に、当該建物に引き続き居住したとき、それによる利益（賃料相当額）は返還しなければならない。

参考 基本書 第2章 物権
❹ 担保物権（留置権・先取特権・質権）

答108 ○ （『パーフェクト宅建士 基本書』P.75）

担保物権を有する者は、**債権全部の弁済を受けるまで**、目的物の上に**権利を行使**できる（民法209条等）。

答109 ○ （P.75）

抵当権者も**先取特権者**も、目的物の滅失等により債務者が受けるべき**火災保険金請求権**に対して**物上代位ができる**（304条、372条、判例）。

答110 × （P.76）

占有が不法行為によって始まった場合のみならず、**占有が後から不法**になった場合も、**留置権**の成立は**認められない**（判例、295条類推）。

答111 × （P.76）

造作買取請求権は造作について生じた債権であり、**建物について成立した債権ではない**ので、**建物**について**留置権を主張できない**（295条、判例）。

答112 ○ （P.76）

賃借人が**留置権を行使**した場合でも、賃借人は**居住利益（賃料相当額）**は**返還**する義務を負う（判例）。

問113 Rank A **不動産の先取特権** (H19-問7)

建物の建築工事の費用について、当該工事の施工を行った者が先取特権を行使するには、あらかじめ、債務者である建築主との間で、先取特権の行使について合意しておく必要がある。

問114 Rank B **不動産賃貸の先取特権** (H12-問3)

Aは、Bに建物を賃貸している。AがBから敷金を預かっている場合、Aは、賃料債権の額から敷金を差し引いた残額の部分についてのみ先取特権を有する。

問115 Rank B **質権** (H19-問7)

質権は、占有の継続が第三者に対する対抗要件と認められているため、動産を目的として質権を設定することができるが、登記を対抗要件とする不動産を目的として質権を設定することはできない。

問116 Rank A **質権の成立** (H29-問10)

不動産質権は、目的物の引渡しが効力の発生要件であるのに対し、抵当権は、目的物の引渡しは効力の発生要件ではない。

問117 Rank B **債権質** (H14-問5)

AはBから建物を賃借し、Bに3,000万円の敷金を預託した。その後、AはBの承諾を得て、この敷金返還請求権につき、Cからの借入金債務を担保するために、Cのために適法に質権を設定した。Cは、Bの承諾が書面によるものであれば、確定日付を得ていなくても、この質権設定を、B以外の第三者に対しても対抗できる。

答113 ×　(P.76)

先取特権は、**法定担保物権**であり、合意で発生する約定担保物権ではないので、**合意**は**不要**である（303条）。

答114 ○　(P.77)

賃貸人は、敷金を受け取っている場合は、その**敷金で弁済を受けない債権**の部分のみ**先取特権**を**有する**（316条）。

答115 ×　(P.79)

動産は**占有継続**を**対抗要件**として、**質権を設定**でき（352条）、**不動産**は**登記**を**対抗要件**として**質権を設定**できる（177条）。

答116 ○　(P.78)

不動産質権は、目的物の**引渡し**が**効力発生要件**（登記は対抗要件）である（344条）。**抵当権**は諾成契約であり（369条）、**引渡し**は**効力発生要件ではない**。

答117 ×　(P.79)

債権質について、**第三者対抗要件**を具備するためには、**確定日付のある証書**によるＡからＢへの通知又は**Ｂの承諾**が必要である（364条、467条）。

問118 Rank A 債権質 (H10-問3)

Ｃが敷金返還請求権について建物賃借人Ｂから質権の設定を受けた後、質権の実行かつ敷金の返還請求ができることとなった場合、Ｃは、Ｂの承諾を得ることなく、敷金返還請求権に基づき、建物賃貸人Ａから直接取立てを行うことができる。

答118　○　（P.79）

債権質の**質権者**Ｃは、**質権設定者**Ｂの**承諾を得ることなく**、質権の目的である敷金返還請求が可能となったときは、その債権（敷金返還請求権）を**直接に取り立てること**が**できる**（366条）。

4 抵当権・根抵当権

問119 Rank A 抵当権の成立 (H4-問14)

抵当権設定登記の申請は、被担保債権の債権者が登記権利者、債務者が登記義務者となって行う。

問120 Rank B 抵当権を設定できるもの (R4-問8)

AがB所有の甲土地を建物所有目的でなく利用するための権原が、①地上権である場合と②賃借権である場合について、①では、Aは当該権原を目的とする抵当権を設定することができるが、②では、Aは当該権原を目的とする抵当権を設定することはできない。

問121 Rank B 抵当権の付従性 (H15-問6)

普通抵当権でも元本確定前の根抵当権でも、現在は発生しておらず、将来発生する可能性がある債権を被担保債権とすることができる。

問122 Rank B 抵当権の随伴性 (H15-問6)

普通抵当権でも元本確定前の根抵当権でも、被担保債権を譲り受けた者は、担保となっている普通抵当権又は根抵当権を被担保債権とともに取得する。

参考 基本書 第2章　物権
❺ 抵当権・根抵当権

答119　×　（『パーフェクト宅建士　基本書』P.81）

債務者以外の第三者（物上保証人）が抵当権を設定することもあり、**抵当権設定契約の当事者**は、**抵当権設定者**と**抵当権者**である。よって、**抵当権設定登記の申請**は、**抵当権設定者**が登記義務者、**抵当権者**が登記権利者となって行う（民法369条参照）。

答120　○　（P.81）

民法上、抵当権を設定できるものは、**不動産**（の所有権）と、**地上権**と**永小作権**であり、土地賃借権には抵当権は設定できない（369条）。

答121　○　（P.82、97）

普通抵当権も**根抵当権**も、**将来発生**する可能性がある**債権**を被担保債権として**設定できる**（判例）。

答122　×　（P.82、97）

普通抵当権には**随伴性がある**が、**根抵当権**には**随伴性はない**ので、被担保債権とともに取得することはできない（398条の７）。

問123 Rank A **抵当権の順位** (H22-問5)

Bは A から2,000万円を借り入れて土地とその上の建物を購入し、A を抵当権者として当該土地及び建物に2,000万円を被担保債権とする抵当権を設定し、登記した。Bが A とは別にCから500万円を借りていた場合、Aとの抵当権設定契約がCとの抵当権設定契約より先であっても、Cを抵当権者とする抵当権設定登記がAを抵当権者とする抵当権設定登記より先であるときは、Cを抵当権者とする抵当権が第1順位となる。

問124 Rank B **抵当権の順位** (H28-問4)

Bは、B所有の甲土地にAから借り入れた3,000万円の担保として抵当権を設定した。BがCから500万円を借り入れ、これを担保するために甲土地にCを抵当権者とする第2順位の抵当権を設定した場合、AとCが抵当権の順位を変更することに合意すれば、Bの同意がなくても、甲土地の抵当権の順位を変更できる。

問125 Rank B **抵当権の放棄** (R5-問10)

債務者Aが所有する甲土地には、債権者Bが一番抵当権（債権額1,000万円）、債権者Cが二番抵当権（債権額1,200万円）、債権者Dが三番抵当権（債権額2,000万円）をそれぞれ有している。BがDの利益のため、Aの承諾を得て抵当権の順位を放棄した場合において、甲土地の競売に基づく売却代金が2,400万円であった場合、Bの受ける配当額は、400万円となる。

答123　○　(P.84)

同一不動産について**数個の抵当権が設定**されたときは、その**抵当権の順位**は、**登記の先後**による（373条）。

答124　○　(P.84)

抵当権の順位は、**利害関係を有する者**があるときは、その**承諾**を得なければならないが、ここにいう利害関係人は被担保債権の差押債権者等を指し、**抵当権設定者**はこれに**該当しない**。よって、**抵当権者Ａ及びＣの合意**により、**抵当権の順位**を**変更できる**（374条）。

答125　○　(P.84)

一番抵当権者Ｂ（1,000万円）、二番抵当権者Ｃ（1,200万円）、三番抵当権者Ｄ（2,000万円）について、抵当目的物である**甲土地（2,400万円）から配当が受けられる額**は、**Ｂ1,000万円**、Ｃ1,200万円、**Ｄ200万円**となる。そして、**ＢがＤに抵当権の順位を放棄**しているので、Ｂの配当額とＣの**配当額の合計は、1,200万円**であり、Ｂの債権額とＤの**債権額の割合**は**１：２**である（1,000万円：2,000万円＝１：２）。**ＢとＣの配当額1,200万円を１：２で按分**すると、**400万円：800万円**となるので、**Ｂの配当額は400万円**となる（376条）。

問126 Rank A 抵当権の効力が及ぶ範囲 (H25-問5)

抵当権の対象不動産が借地上の建物であった場合、特段の事情がない限り、抵当権の効力は、当該建物のみならず借地権についても及ぶ。

問127 Rank B 抵当権の効力が及ぶ範囲 (H28-問4)

Ｂは、Ｂ所有の甲土地にＡから借り入れた3,000万円の担保として抵当権を設定した。甲土地上の建物が火災によって焼失してしまったが、当該建物に火災保険が付されていた場合、Ａは、甲土地の抵当権に基づき、この火災保険契約に基づく損害保険金を請求できる。

問128 Rank A 一括競売 (H27-問6)

土地に抵当権が設定された後に抵当地に建物が築造されたときは、一定の場合を除き、抵当権者は土地とともに建物を競売することができるが、その優先権は土地の代価についてのみ行使することができる。

問129 Rank B 優先弁済の範囲 (H29-問10)

不動産質権では、被担保債権の利息のうち、満期となった最後の２年分についてのみ担保されるが、抵当権では設定行為に別段の定めがない限り、被担保債権の利息は担保されない。

答126 ○ (P.87)

借地上の建物に抵当権を設定した場合、原則として、**抵当権の効力**は従たる権利である**借地権に及ぶ**(87条類推、判例)。

答127 × (P.87)

建物の火災保険金請求権が物上代位の対象となるのは、建物に抵当権を設定した場合であり、**土地に抵当権を設定**した場合は、**建物の火災保険金請求権**は**物上代位の対象**と**はならない**(372条、304条)。

答128 ○ (参考P.91)

土地への抵当権設定後に**建物が築造**されたときは、建物所有者が土地の占有について抵当権者に対抗できる権利を有する場合を除き、抵当権者は、土地とともに**建物も競売できる**が、優先弁済権は**土地の代価のみ**である(389条)。

答129 × (P.88)

不動産質権においては、設定行為に別段の定めをしない限り、利息は請求できない(358条、359条)。これに対して、**抵当権**は、**満期となった最後の２年分の利息**が担保される(375条)。

問130 Rank A **法定地上権** (H30-問6)

Aは、自己が所有する甲地上に乙建物を所有していたが、乙建物を取り壊して更地にしてから甲地にBのために抵当権を設定登記し、その後にAは甲地上に丙建物を建築した。甲地の抵当権が実行されたとしても、丙建物のために法定地上権は成立しない。

問131 Rank A **代価弁済** (H27-問6)

抵当不動産を買い受けた第三者が抵当権者の請求に応じてその代価を抵当権者に弁済したときは、抵当権はその第三者のために消滅する。

問132 Rank A **抵当権消滅請求** (R4-問4)

A所有の甲土地にBのCに対する債務を担保するためにCの抵当権が設定され、その旨の登記がなされた。BがAから甲土地を買い受けた場合、Bは抵当不動産の第三取得者として、本件抵当権について、Cに対して抵当権消滅請求をすることができる。

問133 Rank B **代金支払の拒絶** (H21-問10)

Aを売主、Bを買主として甲土地の売買契約を締結した場合において、A所有の甲土地に抵当権の登記があり、Bが当該土地の抵当権消滅請求をした場合には、Bは、当該請求の手続が終わるまで、Aに対して売買代金の支払を拒むことができる。

答130　○　(P.89)

甲地は、**抵当権設定時**には**更地**なので、**法定地上権**は**成立しない**（388条、判例）。

答131　○　(P.92)

抵当不動産の第三取得者が、**抵当権者の請求**に応じて**代価を弁済**した場合、代価弁済により、**抵当権**はその**第三者のために消滅**する（378条）。

答132　×　(P.93)

主たる債務者や保証人（連帯保証人）、その承継人は、全額弁済をすべき債務があることから、主たる債務者であるBは、抵当不動産の第三取得者について認められている**抵当権消滅請求**は**できない**（380条）。

答133　○　(P.94)

抵当権消滅請求をした抵当不動産の買主である**第三取得者**は、売主に対し、**抵当権消滅請求の手続きが終わるまで**、**代金支払**を**拒むことができる**（577条）。

問134 Rank A **抵当権者の同意の登記と賃貸借** (H18-問5改)

Ｂは、Ａから借り入れた2,400万円の担保として抵当権が設定されている甲土地を所有している。Ａの抵当権設定後、Ｂとの間で期間を２年とする甲土地の賃貸借契約を締結した借主Ｃは、Ａの同意の有無にかかわらず、２年間の範囲で、Ａに対して賃借権を対抗できる。

問135 Rank B **抵当建物使用者の引渡しの猶予制度** (R4-問4)

Ａ所有の甲土地にＢのＣに対する債務を担保するためにＣの抵当権が設定され、その旨の登記がなされた。Ｃに対抗することができない賃貸借により甲土地を競売手続の開始前から使用するＥは、甲土地の競売における買受人Ｆの買受けの時から６か月を経過するまでは、甲土地をＦに引き渡すことを要しない。

問136 Rank B **侵害に対する妨害排除請求** (H25-問5)

対象不動産について第三者が不法に占有している場合、抵当権は、抵当権設定者から抵当権者に対して占有を移転させるものではないので、事情にかかわらず、抵当権者が当該占有者に対して妨害排除請求をすることはできない。

問137 Rank B **抵当権の消滅時効** (H17-問4)

ＡのＢに対する債権を被担保債権として、ＡがＢ所有の土地に抵当権を有している場合、被担保債権が時効により消滅するか否かにかかわらず、設定時から10年が経過すれば、抵当権はＢに対しては時効により消滅する。

答134 ×　(P.95)

抵当権設定後に締結されたCの**賃借権**が、**登記された賃借権**であって、**Aが同意**し、その**同意の登記**があれば、CはAに対抗できる(387条)。しかし、Aの同意がなければ、たとえ2年間の範囲でも、CはAに対抗できない。

答135 ×　(P.95)

土地賃借人の**土地明渡猶予制度**は存在しない(395条)。土地の抵当権設定後の建物築造の場合における建物賃借人の**抵当建物使用者の引渡しの猶予制度**と混同しないこと。

答136 ×　(P.95)

第三者の不法占有により、抵当権の交換価値の実現が妨げられ、**優先弁済権の行使が困難となるような状況が生じている**場合は、抵当権者は**妨害排除請求**を行い、不動産の**明渡し**を**求めることができる**(判例)。

答137 ×　(P.96)

抵当権の消滅時効期間は10年ではなく、20年であるし(166条)、そもそも**抵当権**は**債務者及び抵当権設定者**に対しては、**被担保債権と同時**でなければ**時効消滅しない**(396条)。

問138 Rank A **根抵当権の被担保債権** (H26-問4)

ＡとＢとの間で、ＣのＢに対する債務を担保するためにＡ所有の甲土地に抵当権を設定する場合と、根抵当権を設定する場合に関し、抵当権を設定する場合には、被担保債権を特定しなければならないが、根抵当権を設定する場合には、ＢＣ間のあらゆる範囲の不特定の債権を極度額の限度で被担保債権とすることができる。

問139 Rank A **根抵当権の付従性・随伴性の緩和** (H23-問4)

元本の確定前に根抵当権者から被担保債権の範囲に属する債権を取得した者は、その債権について根抵当権を行使することができない。

問140 Rank A **極度額** (H8-問7)

根抵当権の貸付金債権の元本が確定した場合、根抵当権者は、確定期日の被担保債権額のほか、確定期日後に生じた利息及び損害金についても、登記された極度額に達するまで、根抵当権に基づく優先弁済権を主張することができる。

問141 Rank B **元本の確定請求** (H23-問4)

根抵当権設定者は、担保すべき元本の確定すべき期日の定めがないときは、一定期間が経過した後であっても、担保すべき元本の確定を請求できない。

答138 ×　(P.97)

根抵当権の被担保債権について、あらゆる範囲の不特定の債権とすること（**包括根抵当権**）は**禁止**されている。すなわち、**根抵当権**においては、抵当権のように**個別債権の特定は不要**であるが、**債権の範囲の限定**（BC間の商品仕入れに関する売掛代金債権を被担保債権とするなど）は**必要**である（398条の２）。

答139 ○　(P.97)

元本の確定前に**根抵当権の範囲に属する個別債権を取得**しても、**根抵当権**は**随伴しない**（398条の７）。

答140 ○　(P.98)

根抵当権者は、元本確定期日後に生じた利息等についても、登記された**極度額に達するまで**、**根抵当権に基づく優先弁済権**を**主張できる**（398条の３）。

答141 ×　(P.98)

元本の確定期日の定めがない場合、根抵当権設定者は、根抵当権設定時から**３年を経過**したときは、**元本の確定**を**請求**できる（398条の19）。

1 連帯債務・保証債務

問142 Rank A 連帯債務 (H16-問6改)

ＡとＢが1,000万円の連帯債務をＣに対して負っている（負担部分は２分の１ずつ）。1,000万円の返済期限が到来した場合、ＣはＡ又はＢにそれぞれ500万円までしか請求できない。

問143 Rank B 絶対的効力をもつ事由（更改） (R3・10月-問2)

債務者Ａ・Ｂ・Ｃの３名が、内部的な負担部分の割合は等しいものとして合意した上で、債権者Ｄに対して300万円の連帯債務を負った。ＡとＤとの間に更改があったときは、300万円の債権は、全ての連帯債務者の利益のために消滅する。

問144 Rank A 絶対的効力をもつ事由（相殺） (H29-問8)

債務者Ａ・Ｂ・Ｃの３名が債権者Ｄに対して900万円の連帯債務を負っている。Ａが、Ｄに対して有する200万円の債権と対当額で相殺する旨の意思表示をした場合、Ｂ・ＣのＤに対する連帯債務も、200万円が消滅する。

問145 Rank B 絶対的効力をもつ事由（相殺） (R3・10月-問2)

債務者Ａ・Ｂ・Ｃの３名が、内部的な負担部分の割合は等しいものとして合意した上で、債権者Ｄに対して300万円の連帯債務を負った。ＢがＤに対して300万円の債権を有している場合、Ｂが相殺を援用しない間に300万円の支払の請求を受けたＣは、ＢのＤに対する債権で相殺する旨の意思表示をすることができる。

参考 基本書 第３章　債権
1 連帯債務　2 保証債務
3 可分債権・債務、不可分債権・債務、連帯債権

答142　×　（『パーフェクト宅建士　基本書』P.101）

連帯債務者は、債権者に対し、連帯債務者間で定めた負担部分とは無関係に**全額**について**債務を負う**ので、ＣはＡにもＢにも1,000万円を請求できる（民法436条）。

答143　○　（P.103）

連帯債務者の１人と債権者との間に**更改**があった場合、更改には**絶対効がある**ので、**債権**は、**全ての連帯債務者の利益のために消滅する**（438条）。

答144　○　（P.104）

連帯債務者の１人が債権者に対する債権で**相殺**をした場合、相殺には**絶対効がある**ので、**債権**は、**全ての連帯債務者の利益のために消滅する**（439条）。

答145　×　（P.104）

連帯債務者の１人は、**他の連帯債務者**が**債権者に有する債権**をもって**相殺する旨の意思表示**をすることは**できない**。この場合は、債権を有する連帯債務者の負担部分を限度に**債務の履行を拒むことができる**だけである（439条）。

問146 Rank A **相対的効力をもつ事由** (R3・10月-問2)

債務者Ａ・Ｂ・Ｃの３名が、内部的な負担部分の割合は等しいものとして合意した上で、債権者Ｄに対して300万円の連帯債務を負った。ＤがＡに対して裁判上の請求を行ったとしても、特段の合意がなければ、ＢとＣがＤに対して負う債務の消滅時効の完成には影響しない。

問147 Rank A **相対的効力をもつ事由** (H20-問6改)

ＣからＡ・Ｂが負担部分２分の１として連帯して1,000万円を借り入れた。Ａについて時効が完成した場合にはＢが、Ｂについて時効が完成した場合にはＡが、それぞれ500万円分の債務を免れる。

問148 Rank A **相対的効力をもつ事由** (R3・10月-問2)

債務者Ａ・Ｂ・Ｃの３名が、内部的な負担部分の割合は等しいものとして合意した上で、債権者Ｄに対して300万円の連帯債務を負った。ＤがＣに対して債務を免除した場合でも、特段の合意がなければ、ＤはＡに対してもＢに対しても、弁済期が到来した300万円全額の支払を請求することができる。

問149 Rank A **保証債務の成立** (H22-問8)

保証人となるべき者が、主たる債務者と連絡をとらず、同人からの委託を受けないまま債権者に対して保証したとしても、その保証契約は有効に成立する。

答146 ○ (P.105)

請求に**絶対効はない**ので、債権者（Ｄ）の連帯債務者の１人（Ａ）に対する請求は、他の連帯債務者（Ｂ・Ｃ）に効力を生じることはなく、請求による**他の連帯債務者への消滅時効の完成**には**影響しない**（435条の２）。

答147 × (P.105)

消滅時効の完成に**絶対効はない**ので、連帯債務者の１人に対する消滅時効の完成は、他の連帯債務者への効力を生じることはなく、消滅時効が完成した連帯債務者の負担部分について**他の連帯債務者**が**債務**を**免れることはない**（441条）。

答148 ○ (P.105)

免除に**絶対効はない**ので、連帯債務者の１人に対する債務の免除は、他の連帯債務者への効力を生じることはなく、**債権者**は、免除した連帯債務者以外の連帯債務者に対し、**弁済期が到来した債務全額**の**支払**を**請求できる**（441条）。

答149 ○ (P.107)

保証契約は、**債権者**と**保証人となる者**との間で**締結**されるものであり、**主たる債務者**の**委託がなくても**、**有効に成立**する（462条）。

問150 Rank B **保証人となる資格** （H6-問9改）

債権者Aの指名によりCが保証人となった場合、Cが破産手続開始の決定を受けても、Aは主たる債務者Bに保証人の変更を請求できない。

問151 Rank A **保証債務の付従性** （H15-問7改）

Aは、Aの所有する土地をBに売却し、Bの売買代金の支払債務について、CがAとの間で保証契約を締結した。AのBに対する履行の請求による主たる債務の消滅時効の完成猶予は、Cに対してもその効力を生ずる。

問152 Rank B **保証債務の付従性** （R2・10月-問7）

主たる債務の目的が保証契約の締結後に加重されたときは、保証人の負担も加重され、主たる債務者が時効の利益を放棄すれば、その効力は連帯保証人に及ぶ。

問153 Rank A **保証債務の補充性** （H22-問8）

連帯保証でない場合の保証人は、債権者から債務の履行を請求されても、まず主たる債務者に催告すべき旨を債権者に請求できる。ただし、主たる債務者が破産手続開始の決定を受けたとき、又は行方不明であるときは、この限りでない。

答150　○　(P.107)

債権者が保証人を指名した場合、保証人が**弁済の資力を欠く**に至ったとしても、債権者は、他の保証人に替えるべき旨の**変更請求権**を**有しない**(450条)。

答151　○　(P.108)

主たる債務者に対する効力は、**保証債務の付従性**により、原則として**保証人にも効力を生ずる**ので、債権者Aの主たる債務者Bに対する履行の請求による主たる債務の消滅時効の完成猶予は、保証人Cに対しても効力を生ずる(457条)。

答152　×　(P.108)

保証契約締結後に**主たる債務の目的が加重**されても、**保証人の負担**は**加重されない**(448条)。また、保証債務の付従性の例外として、**主たる債務者**が**時効利益の放棄**をしても、時効利益の放棄は各当事者の意思を尊重すべきであるから、その効力は**保証人（連帯保証人）**には**及ばない**。

答153　○　(P.109)

連帯保証人でない保証人は、原則として、**催告の抗弁権**を**有する**が、**主たる債務者**が**破産手続開始の決定を受けた**ときや、**行方不明**であるときは、催告の抗弁権を**有しない**(452条)。

問154 Rank A **保証債務の範囲** (H6-問９改)

Ｂの Ａに対する1,000万円の債務について、Ｃが保証人となった。ＡがＣに直接1,000万円の支払いを求めてきた場合、ＢがＡに600万円の債権を有しているならば、Ｃは600万円について履行を拒むことができ、400万円を支払えばよい。

問155 Rank B **保証債務の範囲** (R2・10月-問7)

特定物売買における売主の保証人は、特に反対の意思表示がない限り、売主の債務不履行により契約が解除された場合には、原状回復義務である既払代金の返還義務についても保証する責任がある。

問156 Rank A **連帯保証** (H15-問7)

Ａは、Ａの所有する土地をＢに売却し、Ｂの売買代金の支払債務についてＣがＡとの間で保証契約を締結した。Ｃの保証債務がＢとの連帯保証債務である場合、ＡがＣに対して保証債務の履行を請求してきても、ＣはＡに対して、まずＢに請求するよう主張できる。

問157 Rank A **連帯保証** (H22-問8)

連帯保証人が２人いる場合、連帯保証人間に連帯の特約がなくとも、連帯保証人は各自全額につき保証責任を負う。

答154 ○ (P.110)

主たる債務者が**債権者**に対して**相殺権を有する**場合、その権利の行使によって**主たる債務者が債務を免れる限度**で、**保証人**は債務の履行を**拒むことができる**(457条)。Cは、400万円を支払えばよい。

答155 ○ (P.110)

特定物売買における**売主の保証人**は、**解除による原状回復義務**についても**保証する責任を負う**(447条、判例)。

答156 × (P.112)

連帯保証人は、**催告の抗弁権を有しない**ので、このような主張はできない(454条、452条)。

答157 ○ (P.112)

通常の保証人とは異なり、**連帯保証人**には**分別の利益はない**ので、連帯の特約がなくても各連帯保証人は**債務の全額**について**保証責任**を負う(456条、判例)。

問158 Rank A **連帯保証** （H15-問7改）

Ａは、土地をＢに売却し、Ｂの売買代金の支払債務についてＣがＡとの間で保証契約を締結した。Ｃの保証債務がＢとの連帯保証債務である場合、Ｃに対する履行の請求による時効の完成猶予の効力は、Ｂに対してもその効力を生ずる。

問159 Rank B **分割債権・債務の原則** （H19-問12）

ＡがＢに対して1,000万円の貸金債権を有していたところ、Ｂが相続人Ｃ及びＤを残して死亡した。Ｃ及びＤが単純承認をした場合には、法律上当然に分割されたＡに対する債務を相続分に応じてそれぞれが承継する。

答158 ×　(P.112)

連帯保証人について生じた効力は**弁済、更改、相殺、混同等**以外には、**主たる債務者**に**効力を生じない**。よって、Aが連帯保証人Cに**請求**した効果はBには効力を生じないので、請求による時効完成猶予の効力も生じない(458条)。

答159 ○　(P.115)

共同相続人が単純承認をした場合、それが**可分債務**であるときは、法律上当然に**相続分**に応じて**分割された債務**を**承継**する(判例)。

第3章 債権

2 債権譲渡・債務引受

問160 Rank A **債権譲渡自由の原則と譲渡制限の意思表示** (R3・10月-問6)

譲渡制限の意思表示がされた債権の譲受人が、その意思表示がなされていたことを知っていたときは、債務者は、その債務の履行を拒むことができ、かつ、譲渡人に対する弁済その他の債務を消滅させる事由をもって譲受人に対抗することができる。

問161 Rank A **債務者以外の第三者に対する対抗要件** (R3・10月-問6)

債権の譲渡は、譲渡人が債務者に通知し、又は債務者が承諾をしなければ、債務者その他の第三者に対抗することができず、その譲渡の通知又は承諾は、確定日付のある証書によってしなければ、債務者以外の第三者に対抗することができない。

問162 Rank A **債務者以外の第三者に対する対抗要件** (H15-問8改)

Ａは、Ｂに対して貸付金債権を有しており、Ａはこの貸付金債権をＣに対して譲渡した。Ａが貸付金債権をＤに対しても譲渡し、Ｃへは令和４年10月10日付、Ｄへは同月９日付のそれぞれ確定日付のある証書によってＢに通知した場合で、いずれの通知もＢによる弁済前に到達したとき、Ｂへの通知の到達の先後にかかわらず、ＤがＣに優先して権利を行使できる。

問163 Rank B **債務者以外の第三者に対する対抗要件** (H19-問9)

指名債権が二重に譲渡され、確定日付のある各債権譲渡通知が同時に債務者に到達したときは、各債権譲受人は、債務者に対し、債権金額基準で按分した金額の弁済請求しかできない。

参考 基本書 第3章 債権
4 債権譲渡
5 債務引受

答160 ○ (『パーフェクト宅建士　基本書』P.118)

譲渡禁止特約に反して債権を譲渡しても、譲渡は有効である。ただし、**譲受人**に**悪意又は重大な過失**がある場合は、**債務者**は**履行を拒む**ことができ、譲渡人に対する弁済等の**債務を消滅させる事由**をもって**譲受人**に**対抗できる**(民法466条)。

答161 ○ (P.121)

債権譲渡の**第三者対抗要件**は、**確定日付のある**譲渡人からの**通知**又は債務者の**承諾**であり、このような対抗要件を具備しなければ、第三者に対抗できない(467条)。

答162 × (P.121)

債権の二重譲渡において、第三者対抗要件である**確定日付のある通知**が**いずれの譲渡についてもなされた**場合、日付の先後ではなく、**到達の先後**で**優劣が決せられる**とする(**到達時説**)のが判例である。

答163 × (P.121)

債権が二重譲渡され、**確定日付のある通知**が**同時**に**債務者に到達**した場合、**各譲受人**は債務者に**全額弁済を請求**でき、債務者は弁済等の債務消滅事由がない限り弁済を拒絶できないとするのが判例である。よって、譲受人は全額の弁済請求が可能である。

問164 Rank B **債権の譲渡における債務者の抗弁** (H12-問6改)

Ａは、Ｂに対する金銭債権をＣに譲渡した。Ｂが、既にＡに弁済していたのに、ＡのＣに対する譲渡を承諾した場合、Ｂは弁済したことをＣに主張できない。

問165 Rank B **併存的債務引受** (H27-問1)

併存的債務引受は、債権者と引受人との契約によって行うことができる旨、民法の条文がある。

答164　×　(P.122)

債務者は、対抗要件具備時までに譲渡人について生じた事由（弁済済みなど）をもって譲受人に対抗でき、これは債務者が承諾をした場合も同様である（468条）。

答165　○　(P.123)

併存的債務引受は、債権者と引受人となる者との契約によってすることができる旨が、民法の条文に明記されている（470条）。

3 債務不履行

問166 Rank A **履行遅滞に陥る時期** (R2・12月-問4)

債務の履行について不確定期限があるときは、債務者は、その期限が到来したことを知らなくても、期限到来後に履行の請求を受けた時から遅滞の責任を負う。

問167 Rank A **損害賠償責任** (R2・12月-問7)

Ａを売主、Ｂを買主として、甲土地の売買契約が締結された。ＡがＢに甲土地の引渡しをすることができなかった場合、その不履行がＡの責めに帰することができない事由によるものであるときを除き、ＢはＡに対して、損害賠償の請求をすることができる。

問168 Rank B **過失相殺** (H22-問6)

債務不履行に関し債権者に過失があったときでも、債務者から過失相殺する旨の主張がなければ、裁判所は、損害賠償の責任及びその額を定めるに当たり、債権者の過失を考慮できない。

問169 Rank A **金銭債務の特則** (R2・12月-問7改)

Ａを売主、Ｂを買主として、甲土地の売買契約が締結された。Ｂが売買契約で定めた売買代金の支払期日までに代金を支払わなかった場合、売買契約に特段の定めがない限り、ＡはＢに対して、年５％の割合による遅延損害金を請求することができる。

答166 ○ (『パーフェクト宅建士 基本書』P.126)

不確定期限では、**債務者**は、**期限到来後に履行の請求を受けた時**、又は期限到来を知った時のいずれか早い時から**遅滞の責任を負う**(民法412条)。よって、期限到来を知らなくても、期限到来後に請求を受ければ、遅滞の責任を負う。

答167 ○ (P.127)

債務者が**債務不履行**をしたときは、債権者は、**原則**として、損害賠償請求ができるが、例外として、債務不履行が**債務者の責めに帰することができない事由**によるものであるときは、**損害賠償請求**は**できない**(415条)。

答168 × (P.127)

過失相殺については、債務者の主張がなくても、**裁判所**が**職権**ですることが**できる**(418条、判例)。

答169 × (P.128)

金銭債務の不履行については、その**損害賠償の額**は、債務者が遅滞の責任を負った最初の時点における**法定利率**(**年3%**の割合)によって定める。ただし、約定利率が法定利率を超えるときは、約定利率による(419条、404条)。

問170 Rank A **損害賠償額の予定** (H14-問7)

裁判所は、賠償額の予定の合意が、暴利行為として公序良俗違反の場合でも、賠償額の減額をすることができない。

問171 Rank A **無催告解除** (R2・10月-問3)

債務者が債務を履行しない場合であって、債務者がその債務の全部の履行を拒絶する意思を明確に表示したときは、債権者は、相当の期間を定めてその履行を催告することなく、直ちに契約の解除をすることができる。

問172 Rank A **原状回復義務** (S60-問4)

解除後の原状回復において、返還すべき金銭があるときは、解除の時点からの利息を付さなければならない。

問173 Rank A **損害賠償請求** (H17-問9)

売主が買主の代金不払を理由に売買契約を解除した場合、売買契約はさかのぼって消滅するので、売主は買主に対し、損害賠償請求はできない。

問174 Rank A **第三者との関係（解除前の第三者）** (H21-問8)

売主Ａは、買主Ｂとの間で甲土地の売買契約を締結し、ＢはＡから甲土地の引渡し及び所有権の移転登記を受けたが、その後、Ａが適法に解除した。Ａの解除前に、ＢがＣに甲土地を売却し、ＢからＣに対する所有権移転登記がなされているときは、ＢのＡに対する代金債務の不履行があることをＣが知っていた場合においても、Ａは解除に基づく甲土地の所有権をＣに主張できない。

答170　×　(P.129)

損害賠償額の予定も契約の一種であり、それが過大であって**暴利行為**として**公序良俗違反**の場合は、裁判所は、損害賠償額の予定条項を無効としたり、**予定賠償額**を**減額**することが**できる**(90条)。

答171　○　(P.130)

履行遅滞では、原則として、解除には相当期間を定めた催告が必要となるが、債務者がその**債務の全部の履行を拒絶する意思**を**明確に表示**したときは、債権者は、**催告することなく**、直ちに契約の**解除**ができる(542条)。

答172　×　(P.132)

解除により**返還すべき金銭**があるときは、**受領した時点からの利息を付さなければならない**(545条)。

答173　×　(P.132)

債務不履行により契約を**解除しても**、債権者(売主)は、債務者(買主)に**損害賠償請求**が**できる**(545条)。

答174　○　(P.132)

契約の**解除**をもって**登記を備えた第三者**の**権利を害することはできない**(545条)。そして、**登記を備えた第三者**は、**善意・悪意を問わず保護される**(判例)。

問175　Rank B　**解除権の消滅**　(H10-問8)

ＡＢ間の売買契約において、特約でＢに留保された解除権の行使に期間の定めのない場合、Ａが、Ｂに対し相当の期間内に解除するかどうか確答すべき旨を催告し、その期間内に解除の通知を受けなかったとき、Ｂは、契約を解除できなくなる。

答175　○　(P.132)

相当期間内に解除権者からの**通知がない**場合、**解除権は消滅**するので（547条）、解除権者は解除できなくなる。

4 手付・売主の契約不適合責任

問176 Rank B 解約手付 (H4-問7)

不動産の売買契約における手付に関し、当該契約が宅建業者の媒介によるものであるときは、契約に別段の定めがあっても、解約手付となる。

問177 Rank B 解約手付 (H12-問7改)

売主Ａと買主Ｂとの間で建物の売買契約が締結され、ＢはＡに解約手付を交付した。Ａが手付解除をする場合、Ａは、Ｂに単に口頭で手付の額の倍額を償還することを告げて受領を催告するだけでは足りず、これを現実に提供しなければならない。

問178 Rank A 解約手付 (R2・10月-問9)

Ａがその所有する甲建物について、Ｂとの間で、Ａを売主、Ｂを買主とする売買契約を締結した。Ｂが手付を交付し、履行期の到来後に代金支払の準備をしてＡに履行の催告をした場合、Ａは、手付の倍額を現実に提供して契約の解除をすることができる。

問179 Rank A 解約手付 (H21-問10改)

売主Ａと買主Ｂとの建物の売買契約に際し、ＢはＡに手付を交付し、その手付を解約手付と約定した。Ｂが売買代金の一部を支払う等、売買契約の履行に着手した場合は、Ａが履行に着手していないときでも、Ｂは、本件約定に基づき、手付を放棄して売買契約を解除できない。

参考 基本書 第3章 債権
7 売買、予約・手付他
8 売主の契約不適合責任

答176 ×　（『パーフェクト宅建士　基本書』P.134）

宅建業法の8種規制（宅建業者が自ら売主となる場合は、手付は解約手付とみなされるが、**宅建業者が媒介をする**場合は**該当しない**）と異なり、**民法**は、**手付**は**解約手付**と**推定される**だけであり、**別段の定め**があれば、その**定めたとおりの手付**になる（民法557条、判例）。

答177 ○　（P.134）

売主が**手付解除**をするときは、口頭による催告では足りず、**手付の倍額**を**現実に提供**する**必要がある**（557条）。

答178 ×　（P.135）

買主が**履行期到来後**に**代金支払の準備**をして**売主に履行の催告**をすることは、**買主**の**履行の着手**に**該当**するので、**売主**は**手付解除**は**できない**（557条）。

答179 ×　（P.135）

相手方（A）が**履行に着手していない**ときは、**履行に着手した者**（B）は、**手付解除**できる（557条）。

問180 Rank A **買主の代金支払拒絶権** (R3・10月-問7)

Aを売主、Bを買主として、A所有の甲自動車を50万円で売却する契約が締結された。甲自動車について、第三者CがA所有ではなくC所有の自動車であると主張しており、Bが所有権を取得できないおそれがある場合、Aが相当の担保を供したときを除き、BはAに対して、売買代金の支払を拒絶することができる。

問181 Rank A **同時履行の抗弁** (H27-問8)

マンションの売買契約に基づく買主の売買代金支払債務と、売主の所有権移転登記に協力する債務は、特別の事情のない限り、同時履行の関係に立つ。

問182 Rank A **同時履行の抗弁権に関する判例** (H30-問1)

Aは、Bに甲地を売却した。代金支払い及び登記移転後に、当該売買契約が、第三者の詐欺を理由に取り消された場合、原状回復のため、BはAに登記を移転する義務を、AはBに代金を返還する義務を負い、各義務は同時履行の関係となる。

問183 Rank A **危険負担(滅失が不可抗力)** (H8-問11改)

AがBにA所有建物を売り渡し、所有権移転登記を行ったが、建物の引渡しはしておらず、代金の支払いと引換えに建物を引き渡す旨の約定がある。建物が地震によって全壊した場合、Bは、Aに対する代金の支払いを拒むことができる。

答180 ○ (P.135)

売買の目的物について**権利を主張する者**があること等により、**買主**が**権利を取得できないおそれ**があるときは、売主が相当の**担保を供したとき**を除き、**代金支払**を**拒絶できる**（576条）。

答181 ○ (P.136)

売買（双務契約）の当事者間である**買主の代金支払債務**と**売主の所有権移転登記協力債務**は、**同時履行**の関係に立つ（533条）。

答182 ○ (P.137)

売買契約に基づき、双方の債務が履行された後に、第三者の詐欺を理由に売買契約が**取り消された**場合、双方の**原状回復義務**である移転登記義務と代金返還義務は、**同時履行**の関係となる（533条、判例）。

答183 ○ (P.138)

当事者双方の責めに帰することができない事由によって**債務を履行できなくなった**ときは、**債権者**は、**反対給付の履行**を**拒める**（536条）。よって、ＢはＡに対する代金の支払いを拒める。なお、Ｂは売買契約を解除し、代金支払債務を免れることもできる。

問184 Rank A **危険負担（滅失が不可抗力）** （R2・12月-問4）

債務者がその債務について遅滞の責任を負っている間に、当事者双方の責めに帰することができない事由によってその債務の履行が不能となったときは、その履行不能は債務者の責めに帰すべき事由によるものとみなされる。

問185 Rank B **危険負担（滅失が債権者の責任）** （H19-問10改）

令和６年９月１日にＡ所有の甲建物につきＡＢ間で売買契約が成立し、当該売買契約において同年９月30日をもってＢの代金支払と引換えにＡは甲建物をＢに引き渡す旨合意されていた。甲建物が同年９月15日の時点でＢの責めに帰すべき火災により滅失していた場合、Ａの甲建物の引渡債務も、Ｂの代金の支払債務も共に消滅する。

問186 Rank A **他人の権利の売買における売主の義務** （H21-問10）

Ａを売主、Ｂを買主として甲地の売買契約が締結された。甲地がＡの所有地ではなく、他人の所有地であった場合、ＡＢ間の売買契約は無効である。

問187 Rank A **買主の追完請求権** （R3・10月-問7）

Ａを売主、Ｂを買主として、Ａ所有の甲自動車を50万円で売却する契約が締結された。Ｂが甲自動車の引渡しを受けたが、甲自動車のエンジンに契約の内容に適合しない欠陥があることが判明した場合、ＢはＡに対して、甲自動車の修理を請求することができる。

答184 ○ (P.138)

債務者が遅滞の責任を負う間に当事者双方の責めに帰することができない事由により債務の履行が不能になったときは、これは債務者の責めに帰すべき事由によるものとみなされる（413条の２）。

答185 × (P.138)

本問の場合、買主Ｂに帰責性があるので、Ｂの代金支払債務は存続する（536条）。

答186 × (P.140)

他人の権利を売買の目的物としても売買は有効であり、売主は、その権利を取得して買主に移転する義務を負う（561条）。

答187 ○ (P.140)

売買の目的物の品質が契約内容に適合しない場合、買主は追完請求（修補請求、代替物引渡請求）ができる（562条）。

問188 Rank A 買主の代金減額請求権 (R3・10月-問7)

Aを売主、Bを買主として、A所有の甲自動車を50万円で売却する契約が締結された。Bが甲自動車の引渡しを受けたが、甲自動車に契約の内容に適合しない修理不能な損傷があることが判明した場合、BはAに対して、売買代金の減額を請求することができる。

問189 Rank A 損害賠償請求 (R2・12月-問7)

Aを売主、Bを買主として、甲土地の売買契約が締結された。AがBに甲土地の引渡しをすることができなかった場合、その不履行がAの責めに帰することができない事由によるものであるときを除き、BはAに対して、損害賠償の請求をすることができる。

問190 Rank A 契約の解除 (R3・10月-問7)

Aを売主、Bを買主として、A所有の甲自動車を50万円で売却する契約が締結された。Bが引渡しを受けた甲自動車が故障を起こしたときは、修理が可能か否かにかかわらず、BはAに対して、修理を請求することなく、本件契約の解除をすることができる。

問191 Rank B 契約不適合責任の期間の制限 (R2・12月-問7)

Aを売主、Bを買主として、甲土地の売買契約が締結された。甲土地の実際の面積が本件契約の売買代金の基礎とした面積より少なかった場合、Bはそのことを知った時から2年以内にその旨をAに通知しなければならない。

答188　○　(P.141)

売買の目的物の**品質**が**契約内容に適合しない**場合、**履行の追完**が**不能**のときは、**買主**は催告をすることなく、直ちに**代金減額**を**請求できる**（563条）。

答189　○　(P.141)

履行不能のときは、その不履行が**債務者の責めに帰することができない場合**を**除き**、債権者は債務者に対し、**損害賠償請求**が**できる**（415条）。

答190　×　(P.141)

売買の目的物の**品質**が**契約内容に適合しない**場合、原則として、**履行の追完の催告（修理の請求）**をした上で、追完がなされないときに**解除**が認められる。よって、修理が可能か否かにかかわらず、修理を請求することなく解除できるとする本問は、誤りである（564条、541条、542条）。

答191　×　(P.142)

仮に通知が要求されるとしても、**知った時**から**1年以内**であり、2年以内ではない。また、そもそも、1年以内の通知が要求されるのは、種類又は品質に関する契約不適合責任だけであり（566条）、本問の**数量不足の契約不適合責任の追及**には、**通知**は**不要**である。

問192 Rank B **買主による費用の償還請求** (H11-問10)

ＢからＡが建物を買い受けた。ＢがＣに設定していた抵当権の実行を免れるため、ＡがＣに対しＢの抵当債務を弁済した場合で、ＡがＡＢ間の契約締結時に抵当権の存在を知っていたとき、ＡはＢに損害賠償請求はできないが、弁済額の償還請求はできる。

問193 Rank A **担保責任を負わない旨の特約** (R1-問３改)

事業者ではないＡが所有し居住している建物につきＡＢ間で売買契約を締結するに当たり、Ａは、建物引渡しから３か月に限り担保責任を負う旨の特約を付けたが、売買契約締結時点において、当該建物の構造耐力上主要な部分に品質に関して契約内容との不適合があり、Ａはそのことを知っていたがＢに告げず、Ｂはそのことを知らなかった。Ｂが当該不適合を建物引渡しから１年が経過した時に知ったとしても、ＢはＡに対して担保責任を追及できる。

答192　×　(P.143)

原則として、**悪意**でも**費用**（弁済額）の**償還請求**は**できる**し（570条）、**悪意**でも**契約不適合責任としての損害賠償請求**は可能である（564条、415条）。

答193　○　(P.143)

担保責任を負わない旨の特約は**原則**として**有効**であるが、**例外**として、売主が**知りながら告げなかった**場合は、**免責されない**（572条）。そして、**売主**が**契約不適合を知っていた**場合は、**買主**は不適合を知った時から1年以内の**通知をしなくても**、契約不適合責任が時効消滅等するまでは、**売主**に**契約不適合責任**を**追及できる**（566条）。

第3章 債権

5 弁済・相殺

問194 Rank A **弁済の提供** (R2・12月-問4)

債務の目的が特定物の引渡しである場合、債権者が目的物の引渡しを受けることを理由なく拒否したため、その後の履行の費用が増加したときは、その増加額について、債権者と債務者はそれぞれ半額ずつ負担しなければならない。

問195 Rank A **弁済の提供の方法** (H16-問4改)

共に宅建業者であるＡＢ間で、Ａ所有の土地について、令和６年９月１日に売買代金3,000万円（うち、手付金200万円は同年９月１日に、残代金は同年10月31日に支払う）とする売買契約を締結した。Ａが残代金の受領を拒絶することを明確にしている場合であっても、Ｂは同年10月31日には2,800万円をＡに対して現実に提供しなければ、Ｂも履行遅滞の責任を負わなければならない。

問196 Rank B **提供すべき目的物** (H18-問8)

Ａは、Ｂとの間で土地の売買契約を締結し、Ａの所有権移転登記手続とＢの代金の支払を同時に履行することとした。決済約定日に、Ａは所有権移転登記手続を行う債務の履行の提供をしたが、Ｂが代金債務につき弁済の提供をしなかったので、Ａは履行を拒否した。Ｂが改めて代金債務を履行するとして、自分振出しの小切手をＡの所に持参しても、債務の本旨に従った弁済の提供とはならない。

問197 Rank B **受取証書の交付請求** (H5-問6)

債務者は、弁済に当たり債権者に領収証を請求し、もし債権者がこれを交付しないときは、交付されるまで弁済を拒める。

参考

基本書　第3章　債権

9 弁済
10 相殺

答194　×　（『パーフェクト宅建士　基本書』P.144）

債権者の**債務の履行拒否**による**履行費用の増加額**は、**債権者**が**負担**する（民法413条）。

答195　×　（P.145）

弁済の提供は、債務の本旨に従って現実にしなければならないのが原則であるが、例外として、**債権者があらかじめ受領を拒んでいる**場合は、**口頭の提供**（弁済の準備をしたことを通知し、受領を催告すること）をすれば、履行遅滞の責任を負うことはない（493条）。

答196　○　（P.145）

弁済の提供は、**債務の本旨**に従って**現実に**しなければならず、**自分振出しの小切手**（銀行振出しの小切手であれば、弁済の提供になる）を債権者に持参しても、**弁済の提供にならない**（493条、判例）。

答197　○　（P.146）

弁済者は、**弁済と引換え**に**受取証書（領収証）の交付**を**請求**でき、弁済受領者がこれを交付しないときは、**交付まで弁済を拒める**（486条）。

問198 Rank B **弁済の充当** (H11-問5)

ＡがＢに不動産を売却し、所有権移転登記及び引渡しをした場合のＢの代金の弁済に関し、ＡがＢに代金債権より先に弁済期の到来した別口の貸金債権を有する場合に、Ｂから代金債権の弁済として代金額の支払いを受けたとき、Ａは、Ｂの意思に反しても、代金債権より先に貸金債権に充当できる。

問199 Rank A **第三者の弁済** (H16-問4改)

共に宅建業者であるＡＢ間でＡ所有の土地について、令和６年９月１日に売買代金3,000万円（うち、手付金200万円は同年９月１日に、残代金は同年10月31日に支払う）とする売買契約を締結した。本件売買契約に正当な利益を有しないＣは、同年10月31日を経過すれば、Ｂの意思に反しても残代金をＡに対して支払うことができる。

問200 Rank B **第三者の弁済** (H17-問7改)

Ｂは、土地所有者Ａから土地を賃借し、その土地上に建物を所有してＣに賃貸している。ＢのＡに対する借賃の支払債務について、Ｃは、正当な利益を有しないので、Ｂの意思に反して、債務を弁済できない。

問201 Rank B **法定代位と任意代位** (H11-問5改)

ＡがＢに不動産を売却し、所有権移転登記及び引渡しをした場合のＢの代金の弁済に関し、Ｂの友人Ｃが、代金債務を連帯保証していたためＡに全額弁済した場合、Ｃは、Ｂに対するＡからの通知やＢの承諾がなくても、Ａに代位する。

答198 ×
(P.147)

債務者が同一の債権者に同種の給付を目的とする数個の債務を負担する場合で、弁済として提供した給付がすべての債務を消滅させることができないときは、**弁済者**が給付時に、一方的意思表示によって、**どの債務の弁済に充てるかを指定できる**(488条)。

答199 ×
(P.148)

弁済期を経過しても、**弁済をするについて正当な利益を有しない第三者**は、債務者の意思に反することを債権者が知らない場合を除き、**債務者の意思に反して弁済できない**(474条)。

答200 ×
(P.148)

ＢのＡに対する**地代の滞納**により**借地契約が解除**されると、Ｂは建物を収去して土地をＡに返還することになり、**建物賃借人Ｃ**も**建物から退去**させられることになる。これを防ぐためにＣがＢの**滞納した地代をＡに支払うこと**は、**正当な利益がある**ので、ＣはＢの意思に反しても、Ａに地代を支払うことができる(474条)。

答201 ○
(P.149)

連帯保証人Ｃが保証債務を履行した場合、主たる債務者Ｂに求償できる。そして、これは**正当な利益を有する者の弁済**であるから、債権者ＡからＢへの**通知**やＢの**承諾**が**なくても**、Ａに**代位**(法定代位)**する**(499条、500条)。

問202 Rank A **弁済の効力** (R1-問7)

Ａを売主、Ｂを買主として甲建物の売買契約が締結された場合におけるＢのＡに対する代金債務について、Ｂが、Ａの相続人と称するＣに対して本件代金債務を弁済した場合、Ｃが受領権者ではないことにつきＢが善意かつ無過失であれば、Ｂの弁済は有効となる。

問203 Rank A **代物弁済** (H20-問8)

借地人が地代の支払を怠っている場合、借地上の建物の賃借人は、土地賃貸人の意思に反しても、地代について金銭以外のもので代物弁済することができる。

問204 Rank B **供託** (H17-問7)

Ａは、土地所有者Ｂから土地を賃借し、その土地上に建物を所有してＣに賃貸している。ＡのＢに対する借賃の支払債務について、Ａは特段の理由がなくても、借賃の支払債務の弁済に代えて、Ｂのために弁済の目的物を供託し、その債務を免れることができる。

問205 Rank A **相殺の要件** (R5-問4)

ＡがＢに対して貸金債権である甲債権を、ＢがＡに対して貸金債権である乙債権をそれぞれ有している。弁済期の定めのない甲債権と、弁済期到来前に、ＡがＢに対して期限の利益を放棄する旨の意思表示をした乙債権については、Ａは、一方的な意思表示により、甲債権と乙債権とを対当額にて相殺できる。

答202　○　(P.150)

受領権者以外の者に対する弁済も、取引上の社会通念に照らして**受領権者としての外観**を有するものに対し、**善意無過失**で弁済した場合は、**弁済**は**有効となる**（478条）。

答203　×　(P.151)

代物弁済は契約であり、**債権者の意思に反し**、地代について、金銭以外のもので**代物弁済**することは**できない**（482条）。

答204　×　(P.151)

供託をするには、①債権者が受領を拒む、②債権者が弁済を受領できない、③弁済者に過失なく債権者を確知できない、という**供託要件**が**必要**なので、特段の理由がなく供託はできない（494条）。

答205　○　(P.154)

相殺は、**双方の債務が弁済期にある**ことが必要である。もっとも、**自働債権**が弁済期にあれば、**受働債権**は債務者が**期限の利益を放棄する意思表示**をすれば（136条）、受働債権の弁済期は到来したといえるので、**直ちに相殺できる**（505条、判例）。本問は、自働債権（甲債権）は期限の定めのない債権なので、Ｂが受働債権（乙債権）の期限の利益を放棄すれば、Ｂは直ちに相殺できる。

問206 Rank A **相殺の要件** (H17-問4)

ＡのＢに対する債権が、ＢのＡに対する債権と相殺できる状態であったにもかかわらず、Ａが相殺することなく放置していたためにＡのＢに対する債権が時効により消滅した場合、Ａは相殺できない。

問207 Rank A **相殺の要件** (H30-問9改)

Ａは、令和６年10月１日、Ａ所有の甲地につき、Ｂと代金1,000万円、支払期日を同年12月１日とする売買契約を締結した。同年10月10日、ＢがＡの自動車事故によって被害（身体の負傷）を受け、Ａに対して不法行為に基づく損害賠償債権を取得した場合には、Ｂは、売買代金債務と当該損害賠償債権を対当額で相殺できる。

問208 Rank B **相殺の要件** (H23-問6)

Ａは、自己所有の甲建物をＢに賃貸し、賃料債権を有している。Ａの債権者Ｃが、ＡのＢへの賃料債権を差し押さえた場合、Ｂはその差押え前に取得していたＡに対する債権と、差押えにかかる賃料債務とを、その弁済期の先後にかかわらず、相殺適状になった段階で相殺し、Ｃに対抗できる。

答206 ×

(P.154)

消滅時効が完成した債権でも、時効完成前に相殺適状にあれば、相殺できるので、Ａの相殺は認められる（508条）。

答207 ○

(P.155)

Ｂは不法行為の被害者であるが、不法行為により身体の負傷を受けた場合の損害賠償債権であっても、被害者からの相殺は可能である（509条、判例）。

答208 ○

(P.156)

差押えを受けた債権の債務者は、差押え前に債権者に対し反対債権を取得していれば、弁済期の先後にかかわらず、相殺適状になった段階で相殺し、差押債権者に対抗できる（511条、判例）。

6 賃貸借

問209 Rank A **賃貸借契約の存続期間** (R1-問11改)

甲土地につき、期間を60年と定めて賃貸借契約を締結しようとする場合（ケース①）と、期間を25年と定めて賃貸借契約を締結しようとする場合（ケース②）において、賃貸借契約が建物を所有する目的ではなく、資材置場とする目的である場合、ケース①は期間の定めのない契約になり、ケース②では期間は25年となる。

問210 Rank B **賃貸借契約の解約権の留保** (H17-問15)

契約期間を定めた場合、賃借人は、動産の賃貸借契約である場合は、期間内に解約を行う権利を留保することができるが、建物の賃貸借契約である場合は、当該権利を留保することはできない。

問211 Rank B **賃貸人の修繕義務** (H25-問8)

建物の賃貸人が賃貸物の保存に必要な修繕をする場合、賃借人は修繕工事のため使用収益に支障が生じても、これを拒むことはできない。

問212 Rank A **賃借人による修繕** (R5-問9)

Ａを貸主、Ｂを借主として甲建物の賃貸借契約が締結された。甲建物の修繕が必要である場合において、ＢがＡに修繕が必要である旨を通知したにもかかわらず、Ａが必要な修繕を直ちにしないときは、Ｂは甲建物の修繕をすることができる。

答209 ×　（『パーフェクト宅建士 基本書』P.158）

建物所有目的の賃貸借ではないので、**ケース①②**ともに、**民法上の賃貸借**となる。民法の賃貸借で、**期間を定める**場合は**最長50年**であり、**50年を超えたら50年に短縮**され（ケース①）、**50年以下で定めれば、その期間**（ケース②）となる（民法604条）。

答210 ×　（P.159）

動産・不動産（建物）を問わず、期間の定めのある賃貸借契約でも、**賃借人からの解約を行う権利**を**留保できる。**アパートの賃貸借契約は通常２年間の期間の定めのある契約であるが、賃借人は、契約期間内であっても解約して転居できることから明白である。

答211 ○　（P.160）

賃貸人は修繕する義務のみならず権利も有するので、**賃貸人**が**賃貸物の保存に必要な行為をしようとするとき**は、**賃借人**は修繕工事による使用収益への支障の有無を問わず、これを**拒むことはできない**（606条）。

答212 ×　（P.160）

賃借物の**修繕が必要**な場合において、賃借人が賃貸人に**通知した**にもかかわらず、賃貸人が**相当の期間内**に**修繕をしない**ときは、**賃借人**は**自ら修繕**をすることができる（607条の２）。

問213 Rank A **賃借物の返還義務** (R2・10月-問4)

建物の賃貸借契約が期間満了により終了した。原状回復義務について特段の合意はない。賃借人は、賃借物を受け取った後にこれに生じた損傷がある場合、通常の使用及び収益によって生じた損耗も含めてその損傷を原状に復する義務を負う。

問214 Rank A **不動産賃貸借の対抗力** (H26-問11)

甲土地の所有者が甲土地につき、建物の所有を目的として賃貸する場合（ケース①）と、建物の所有を目的とせずに資材置場として賃貸する場合（ケース②）において、ケース①では、賃借人は、甲土地の上に登記されている建物を所有している場合には、甲土地が第三者に売却されても賃借人であることを当該第三者に対抗できるが、ケース②では、甲土地が第三者に売却された場合には賃借人であることを当該第三者に対抗する方法はない。

問215 Rank A **不動産賃貸借の対抗力** (H7-問7)

ＢがＡの所有地を賃借して、建物を建てその登記をしている。Ａがその土地をＣに譲渡する場合、賃貸人の義務の移転を伴うから、Ａは、その譲渡について、Ｂの承諾を必要とする。

問216 Rank A **不動産賃貸借の対抗力** (H7-問7)

ＢがＡの所有地を賃借して、建物を建てその登記をしている。ＣがＡからその土地の譲渡を受けた場合、Ｃは登記を移転していなくても、賃貸人たる地位の取得をＢに対抗できる。

答213　×　(P.163)

賃借人は、賃貸借終了後に**賃借物を原状に復する義務**を負うが、賃借人の責めに帰することができない事由による損耗や、**通常の使用収益によって生じた損耗**、経年変化による損耗は、**原状に復する義務**は**負わない**（621条）。

答214　×　(P.163)

ケース①は、**借地借家法が適用**されるので、その記述は**正しい**（借地借家法３条）。**ケース②**については、**民法の賃貸借**となるが、**賃借権の登記があれば第三者に対抗できる**ので**誤り**となる（民法605条）。

答215　×　(P.164)

賃貸人は、賃借人に土地を使用収益させる債務を負うが、この債務の履行は土地所有者であれば容易であるので、**賃借人の承諾がなくても**、譲渡人と譲受人との合意により、**賃貸人の地位**を**移転**させることが**できる**（605条の３）。

答216　×　(P.164)

賃借人が賃借権の対抗要件を具備していると（借地借家法10条）、賃借人の承諾がなくても、譲渡人と譲受人との合意により賃貸人の地位が移転するが、**土地譲受人**が**賃貸人の地位を賃借人に対抗**するには、事実の確実な証明として、**所有権移転登記が必要**である（民法605条の２、605条の３）。

問217 Rank A **無断譲渡・無断転貸の禁止** (R2・12月-問12)

賃貸人Aと賃借人Bとの間で居住用建物の賃貸借契約が締結された。BがAに無断でCに当該建物を転貸した場合であっても、Aに対する背信行為と認めるに足りない特段の事情があるときは、Aは賃貸借契約を解除することはできない。

問218 Rank A **承諾を得た転貸の効果** (H28-問8)

Aが、Bに甲建物を月額10万円で賃貸し、BがAの承諾を得て、甲建物をCに適法に月額15万円で転貸している。BがAに対して甲建物の賃料を支払期日になっても支払わない場合、AはCに対して、賃料10万円をAに直接支払うよう請求することができる。

問219 Rank A **転借人の地位** (H28-問8)

Aが、Bに甲建物を月額10万円で賃貸し、BがAの承諾を得て、甲建物をCに適法に月額15万円で転貸している。AがBとの間で甲建物の賃貸借契約を合意解除した場合、AはCに対して、Bとの合意解除に基づいて、当然には甲建物の明渡しを求めることができない。

問220 Rank A **転借人の地位** (H26-問7改)

賃貸人Aから賃借人Bが借りたA所有の甲土地について、BはAの承諾を得て甲土地をCに転貸したが、AB間の賃貸借契約は、Bの債務不履行により解除された。AはCに解除を対抗することができない。

答217　○　(P.165)

賃借人が**無断転貸**し、第三者に賃借物を使用収益させたときは、賃貸人は**原則**として賃貸借契約を**解除できる**が(612条)、**例外**として、**背信的行為に該当しない特段の事情**があるときは、**解除できない**(判例)。

答218　○　(P.165)

Ｂが適法に甲建物をＣに転貸したときは、**Ｃは、ＡとＢとの間の賃借人の債務の範囲を限度に、Ａに**対して**転貸借による債務**を**直接履行する義務を負う**ので(613条)、ＡはＣに賃料10万円をＡに直接支払うよう請求できる。

答219　○　(P.166)

ＡとＢが**賃貸借契約**を**合意解除**しても、原則として、Ａはその解除の効果を**Ｃに対抗できない**(613条)。

答220　×　(P.166)

賃借人の債務不履行により**賃貸借契約が解除**された場合、**賃貸人**は**転借人に**解除を**対抗できる**(613条、判例)。

問221 Rank A **転借人の地位** (H28-問8)

Ａが、Ｂに甲建物を月額10万円で賃貸し、ＢがＡの承諾を得て、甲建物をＣに適法に月額15万円で転貸している。Ａは、Ｂの賃料の不払いを理由に甲建物の賃貸借契約を解除するには、Ｃに対して、賃料支払の催告をして甲建物の賃料を支払う機会を与えなければならない。

問222 Rank A **敷金返還請求権の発生時期** (R3・10月-問1)

賃貸借における敷金は、賃貸借の終了時点までに生じた債権を担保するものであって、賃貸人は、賃貸借終了後賃借人の家屋の明渡しまでに生じた債権を敷金から控除することはできない。

問223 Rank A **敷金** (H20-問10)

Ａは、自己所有の甲建物（居住用）をＢに賃貸し、引渡しも終わり、敷金50万円を受領した。Ａが甲建物をＣに譲渡し、所有権移転登記を経た場合、Ｂの承諾がなくとも、敷金が存在する限度において、敷金返還債務は、ＡからＣに承継される。

問224 Rank A **敷金** (H20-問10)

Ａは、自己所有の甲建物（居住用）をＢに賃貸し、引渡しも終わり、敷金50万円を受領した。ＢがＡの承諾を得て、賃借権をＣに移転する場合、賃借権の移転合意だけでは、敷金返還請求権（敷金が存在する限度に限る）は、ＢからＣに承継されない。

答221 ×

(P.166)

賃貸人が**賃借人との賃貸借契約**を**賃料不払**を理由に**債務不履行解除**するに当たり、賃貸人は、**転借人に催告**（通知）したり、**賃料支払の機会**を与える**必要はない**（判例）。

答222 ×

(P.167)

敷金返還請求権は、**賃借物の明渡時**に**発生**するので（622条の２）、賃貸人は、賃貸借終了後**明渡しまでに生じた債権**も敷金から**控除できる**。

答223 ○

(P.167)

賃貸人（所有者）が目的物を第三者に譲渡し、**賃貸人の地位**が**譲受人に移転**した場合（賃借人は賃借権の対抗要件を具備している）、**敷金返還債務**は**新賃貸人に承継される**（605条の２、622条の２）。

答224 ○

(P.168)

賃借権が譲渡されても、**原則**として、**敷金返還請求権**は**譲受人に承継されない**（622条の２）。

問225 Rank B **賃借人の原状回復義務** (H30-問8)

賃貸借契約に賃借人が原状回復義務を負う旨が定められていても、それをもって、賃借人が賃料とは別に通常損耗の補修費を支払う義務があるとはいえない。

問226 Rank B **損害賠償請求権** (R2・12月-問6)

ＡはＢにＡ所有の甲建物を賃貸し、ＢはＡの承諾を得てＣに適法に甲建物を転貸し、Ｃが甲建物に居住している。Ｃの用法違反によって甲建物に損害が生じた場合、ＡはＢに対して、甲建物の返還を受けた時から１年以内に損害賠償を請求しなければならない。

答225 ○ (P.168)

通常損耗は、**賃貸人が負担**するのが**原則**であり（621条）、賃借人が**原状回復義務を負う旨が定められているだけ**で、賃借人が通常損耗の補修費を支払う義務があるとはいえない。ただし、例外として、賃貸借契約に**通常損耗についての原状回復が明確に合意**されており、それが**過大な義務でなければ**、特約の効力として、**賃借人が負担**することもある（判例）。

答226 ○ (P.168)

賃貸借契約の本旨に反する使用や収益により生じた賃貸人の**損害賠償請求**は、賃貸人が**返還を受けた時から１年以内**に**請求しなければならない**（622条、600条）。

7 請負・委任等

問227 Rank A 請負 (R1-問8)

Ａを注文者、Ｂを請負人とする請負契約が締結された場合、Ｂが仕事を完成しない間は、Ａはいつでも Ｂに対して損害を賠償して本件請負契約を解除できる。

問228 Rank B 請負 (H24-問5改)

請負の目的物である建物の種類又は品質に関する契約不適合が重要である場合で、その修補に過分の費用を要するときは、注文者は修補を請求できない。

問229 Rank A 請負 (R5-問3)

Ａを注文者、Ｂを請負人として、Ａ所有の建物に対して独立性を有さずその構成部分となる増築部分の工事請負契約を締結し、Ｂは３か月間で増築工事を終了させた。Ｂが材料を提供して増築した部分に契約不適合がある場合、Ａは工事が終了した日から１年以内にその旨をＢに通知しなければ、契約不適合を理由とした修補をＢに対して請求できない。

問230 Rank A 委任 (H20-問7)

委託の受任者は、報酬を受けて受任する場合も、無報酬で受任する場合も、善良な管理者の注意をもって委任事務を処理する義務を負う。

問231 Rank A 委任 (H14-問10)

Ａが、Ａ所有の不動産の売買をＢに対して委任した。Ｂは、委任契約をする際、有償の合意をしない限り、報酬請求はできないが、委任事務のために使った費用とその利息は、Ａに請求できる。

参考 基本書 第3章　債権

⑫ 請負・委任・寄託・贈与・使用貸借・消費貸借

答227　○　（『パーフェクト宅建士　基本書』P.170）

請負人が**仕事を完成しない間**は、**注文者**は損害を賠償して請負契約を**解除**できる（民法641条）。これに対し、請負人は、仕事完成前の解除は認められないことに注意。

答228　○　（P.171）

修補に過分の費用を要するときは、社会通念上、**履行不能**に該当するので、**請負人の修補義務は否定**され、注文者は修補を請求できない（412条の２）。

答229　×　（P.171、172）

請負の目的物に契約不適合があった場合、**請負人が材料を提供**しているときは、**注文者**は**修補を請求**できる（559条、636条参照）。もっとも、かかる担保責任の追及をするには、原則として、**注文者**がその**不適合を知った時から１年以内**にその旨を**請負人に通知**する必要がある（637条）。

答230　○　（P.173）

受任者は、**無償**でも**有償**でも、**善管注意義務**を**負う**（400条、644条）。

答231　○　（P.175）

委任は無償が原則であり、**特約**がなければ**報酬請求はできない**が、**委任事務処理に必要な費用**とその**利息**の**償還請求は可能**である（650条）。

問232 Rank A 委任 (H18-問9改)

委任契約は、委任者又は受任者のいずれからも、いつでも契約を解除できる。ただし、相手方に不利な時期に委任契約の解除をしたとき等は、相手方に対して損害賠償責任を負う場合がある。

問233 Rank A 委任 (R3・10月-問3)

個人として事業を営むＡが死亡した。ＡがＢとの間でＢ所有建物の清掃に関する準委任契約を締結していた場合、Ａの相続人は、Ｂとの間で特段の合意をしなくても、当該準委任契約に基づく清掃業務を行う義務を負う。

問234 Rank B 委任 (R2・10月-問5)

委任者Ａが受任者Ｂとの間で締結された委任契約においては、報酬を支払う旨の特約があった。受任者Ｂが死亡した場合、Ｂの相続人は、急迫の事情の有無にかかわらず、受任者の地位を承継して委任事務を処理しなければならない。

問235 Rank A 贈与 (H21-問9)

Ａは、生活の面倒をみてくれている甥のＢに、自分が居住している甲建物を贈与しようと考えている。ＡからＢに対する無償かつ負担なしの甲建物の贈与契約が、書面によらないでなされた場合、Ａが履行するのは自由であるが、その贈与契約は法的な効力を生じない。

答232 ○ (P.175)

委任契約は、各当事者がいつでも解除できる。ただし、①相手方に不利な時期に解除したとき、又は②委任者が受任者の利益を目的とする委任契約を解除したときは、やむを得ない事由がある場合を除き、損害賠償責任を負う(651条)。

答233 × (P.176)

委任(準委任も同様)は、委任者又は受任者の死亡により終了するので、受任者の義務が相続人に承継されることはない(653条)。

答234 × (P.176)

受任者の死亡により委任契約は終了し、相続人がその地位を承継することはないが、その場合でも急迫の事情があれば、相続人は必要な処分をしなければならない。急迫の事情がなければその義務はない(653条、654条)。

答235 × (P.178)

書面によらない贈与契約も有効であり、法的な効力が生じる(549条)。

問236 Rank A **贈与** (R2・10月-問9)

Ａがその所有する甲建物について、Ｂとの間で、Ａを贈与者、Ｂを受贈者とする負担付贈与契約を締結した。負担付贈与契約が書面によらずになされた場合、Ａは、甲建物の引渡し及び所有権移転登記の両方が終わるまでは、書面によらないことを理由に契約の解除をすることができる。

問237 Rank B **贈与** (H10-問9改)

Ｂは、Ａから建物を贈与（負担なし）する旨の意思表示を受け、これを承諾したが、まだＡからＢへの建物の引渡し及び所有権移転登記はされていない。贈与が死因贈与であった場合、それが書面によるものでも、特別の事情がない限り、Ａは後にいつでも贈与を解除できる。

問238 Rank A **使用貸借** (R3・10月-問3)

個人として事業を営むＡが死亡した場合、ＡがＢ所有の建物について貸主Ｂとの間で使用貸借契約を締結していた場合、Ａの相続人は、Ｂとの間で特段の合意をしなくても、当該使用貸借契約の借主の地位を相続して当該建物を使用することができる。

問239 Rank B **使用貸借** (H17-問10)

Ａは、自己所有の建物について、災害により居住建物を失った友人Ｂと、適当な家屋が見つかるまでの一時的住居とするとの約定のもとに、使用貸借契約を締結した。適当な家屋が現実に見つかる以前であっても、適当な家屋を見つけるのに必要と思われる客観的期間を経過した場合は、ＡはＢに対し、この建物の返還を請求することができる。

答236 ×

(P.178)

書面によらない贈与は、負担付きであっても**履行の終わった部分を除き、各当事者が解除できる。**なお、**引渡し**があれば移転登記が未了でも、また**移転登記**があれば引渡しは未了でも、履行が終わったと解される（550条、判例）。

答237 ○

(P.179)

①**書面による贈与**であることを重視すれば解除できないはずだが（550条）、②死因贈与は、遺贈に関する規定が準用され、遺贈はいつでも撤回できるとされている（554条、1022条）。そこで、判例は②を重視し、死因贈与は書面によるものでも解除できると解した。

答238 ×

(P.181)

使用貸借では、**使用借主が死亡**すると**契約は終了**する（597条）。よって、相続人が使用借主の地位を相続して建物を使用することはできない。

答239 ○

(P.181)

使用貸借において、**期間を定めず、使用収益の目的を定めた**ときは、使用貸借は、借主が目的に従い使用収益を終えた時に終了するが（597条）、貸主はその**使用収益をするのに足りる客観的期間を経過**した場合は、使用貸借契約を**解除**し、**目的物の返還**を**請求できる**（598条）。

8 不法行為

問240 Rank B **不法行為** (H20-問11)

Aが故意又は過失によりBの権利を侵害し、これによってBに損害が生じた。Aの加害行為が名誉棄損で、Bが法人であった場合、法人であるBには精神的損害は発生しないとしても、金銭評価が可能な無形の損害が発生した場合には、BはAに対して損害賠償請求をすることができる。

問241 Rank B **損害賠償請求** (H20-問11)

Aが故意又は過失によりBの権利を侵害し、これによってBに損害が生じた。Aの加害行為がBからの不法行為に対して自らの利益を防衛するためにやむを得ず行ったものであっても、Aは不法行為責任を負わなければならないが、Bからの損害賠償請求に対しては過失相殺をすることができる。

問242 Rank B **損害賠償請求権の発生時期** (H12-問8)

Aが、その過失によりB所有の建物を取り壊し、Bに対し不法行為による損害賠償債務を負担した。Aの損害賠償債務は、BからAへ履行の請求があった時から履行遅滞となり、Bは、その時以後の遅延損害金を請求できる。

問243 Rank B **過失相殺** (H24-問9)

Aに雇用されているBが、勤務中にA所有の乗用車を運転し、営業活動のため得意先に向かっている途中で交通事故を起こし、歩いていたCに危害を加えた。Cが幼児である場合には、被害者側に過失があるときでも過失相殺が考慮されないので、AはCに発生した損害の全額を賠償しなければならない。

答240　○　（『パーフェクト宅建士　基本書』P.183）

法人の名誉権を侵害した場合で**金銭評価が可能な無形の損害が発生**した場合、法人Bは加害者Aに**損害賠償請求ができる**（民法710条、判例）。

答241　×　（P.184）

他人の不法行為に対して、**自己**又は第三者の**権利**又は法律上保護される利益を**防衛するためやむを得ず加害行為をした者**には、**正当防衛**が成立し、**不法行為責任**及び**損害賠償責任**を**負わない**（720条）。

答242　×　（P.184）

本来、法律の規定によって生じる債務は期限の定めのないものとして、債権者が債務者に請求した時から遅滞の責めを負うはずであるが、**不法行為による損害賠償債務**は、被害者保護のため、**不法行為時から遅滞の責め**を負い、本問のBは、**不法行為時以後の遅延損害金**を**請求できる**（判例）。

答243　×　（P.184）

幼児は事理弁識能力がないので**過失相殺できない**が、幼児の親等、幼児と**身分上・生活関係上一体となす者**に**過失**があれば、**被害者側の過失**として**過失相殺**が**考慮され**（722条、判例）、損害全額を賠償しなくてもよい場合がある。

問244 Rank A **損害賠償請求権の期間の制限** (R3・10月-問8)

Aが１人で居住する甲建物の保存に瑕疵があったため、甲建物の壁が崩れて通行人Bがケガをした。本件事故について、AのBに対する不法行為責任が成立する場合、BのAに対する損害賠償請求権は、B又はBの法定代理人が損害及び加害者を知った時から５年間行使しないときには時効により消滅する。

問245 Rank A **使用者責任** (H18-問11)

事業者Aが雇用している従業者Bが行った不法行為について、Bが営業時間中にA所有の自動車を運転して取引先に行く途中に前方不注意で人身事故を発生させても、Aに無断で自動車を運転していた場合、Aに使用者としての損害賠償責任は発生しない。

問246 Rank A **工作物責任** (R3・10月-問8)

Aが１人で居住する甲建物の保存に瑕疵があったため、甲建物の壁が崩れて通行人Bがケガをした。Aが甲建物をCから賃借している場合、Aは甲建物の保存の瑕疵による損害の発生の防止に必要な注意をしていなかったとしても、Bに対して不法行為責任を負わない。

問247 Rank A **共同不法行為** (H12-問8)

Aは、その過失によりB所有の建物を取り壊し、Bに対し不法行為による損害賠償債務を負担した。不法行為がAの過失とCの過失による共同不法行為であった場合、Aの過失がCより軽微なときでも、BはAに対し、損害の全額について賠償請求できる。

答244　○　(P.184)

人の生命又は身体を害する不法行為による損害賠償請求権は、被害者又はその法定代理人が損害及び加害者を知った時から５年間行使しないとき又は不法行為の時から20年間行使しないときは時効消滅する（724条、724条の２）。

答245　×　(P.185)

ある事業のために他人を使用する者（使用者）は被用者がその事業の執行について他人に損害を与えた場合、使用者責任が成立し、被用者とともに損害賠償責任を負う（715条）。この「事業の執行について」に該当するかは、真に事業の執行か否かではなく、行為の外形を基準に客観的に判断する（外形標準説）のが判例である。

答246　×　(P.186)

建物（土地工作物）の保存に瑕疵があることにより他人に損害を与えた場合、賃借人（占有者）は損害賠償の責任を負う。ただし、占有者が損害の発生を防止するのに必要な注意をしたときは、占有者は賠償責任を負わず、所有者が賠償責任を負う（717条）。

答247　○　(P.187)

共同不法行為が成立すると、各不法行為者は過失割合にかかわらず、各自が連帯して損害全額の賠償責任を負う（719条、判例）。

第4章 相続

1 相続

問248 Rank A **相続財産の共有** (R5-問1)

相続人が数人あるときは、相続財産は、その共有に属し、各共同相続人は、その相続分に応じて被相続人の権利義務を承継する。

問249 Rank B **相続資格がなくなる場合** (H16-問12)

自己所有の建物に妻Ｂと同居していたＡが、遺言を残さないまま死亡した。Ａには先妻との間に子Ｃ及びＤがいる。Ｃの子ＥがＡの遺言書を偽造した場合には、ＣはＡを相続することができない。

問250 Rank A **相続人とその順位** (R3・10月-問9改)

Ａには死亡した夫Ｂとの間に子Ｃがおり、Ｄには離婚した前妻Ｅとの間に子Ｆ及び子Ｇがいる。Ｆの親権はＥが有し、Ｇの親権はＤが有している。ＡとＤが婚姻した後にＤが死亡した場合における法定相続分は、Ａが２分の１、Ｆが４分の１、Ｇが４分の１である。

問251 Rank B **直系尊属の相続** (R2・12月-問8)

１億2,000万円の財産を有するＡが死亡した。Ａの父方の祖父母Ｅ及びＦ、Ａの母方の祖母Ｇのみが相続人となる場合の法定相続分は、Ｅ及びＦがそれぞれ3,000万円、Ｇが6,000万円である。

答248　○　（『パーフェクト宅建士　基本書』P.189）

相続人が数人あるときは、**相続財産**はその**共有**に属する（898条）。そして、**各相続人**は、その**相続分に応じて**、被相続人の財産に属した一切の**権利義務**を**承継**する（896条）。

答249　×　（P.190）

Cが**遺言を偽造**すると**相続欠格者**となるが（民法891条）、本問では、**Cの子Eが偽造しているだけ**でありCが偽造しているわけではないので、CはAを相続できる。

答250　○　（P.191、192）

ⅰ）まず相続人を確定する。Dの死亡により、Dの**配偶者**Aは常に**相続人**となる（890条）。前妻Eは配偶者ではないので、相続人ではない。また、**子**F及び**子**Gは、夫婦が離婚してもDの子として**相続人**となる（887条）。親権者か否かは関係がない。Aの連れ子Cは、養子縁組をしない限りDの子ではなく、相続人ではない。ⅱ）次に相続分は、**配偶者A**が**2分の1**、**子Fと子G**が**それぞれ4分の1**となる（900条）。

答251　×　（P.191、192）

直系尊属のみが相続人となる場合、**各自の相続分は等しく**、**父方の祖父母E・F**、**母方の祖母G**の**法定相続分**は**それぞれ4,000万円**となる（900条）。なお、直系尊属が複数いる場合は親等の近い者が法定相続人となるが、本問の祖父母E・Fと祖母Gはそれぞれ父方・母方であるから祖母Gのみが法定相続人になるわけではない。

問252 Rank A **兄弟姉妹の相続** (R2・10月-問8)

被相続人に相続人となる子及びその代襲相続人がおらず、被相続人の直系尊属が相続人となる場合には、被相続人の兄弟姉妹が相続人となることはない。

問253 Rank B **兄弟姉妹の相続** (R2・10月-問8)

被相続人の兄弟姉妹が相続人となるべき場合であっても、相続開始以前に兄弟姉妹及びその子がいずれも死亡していたときは、その者の子（兄弟姉妹の孫）が相続人となることはない。

問254 Rank A **承認、放棄の時期** (H28-問10)

甲建物を所有するAが死亡し、相続人は、それぞれAの子であるB及びCの２名である。Bが自己のために相続の開始があったことを知らない場合であっても、相続の開始から３か月が経過したときは、Bは単純承認をしたものとみなされる。

問255 Rank B **相続させる旨の遺言** (H25-問10改)

婚姻中の夫婦ＡＢには嫡出子ＣとＤがいて、Ｄは既に婚姻しており嫡出子Ｅがいたところ、Ｄは令和５年10月１日に死亡した。他方、Ａには離婚歴があり、前の配偶者との間の嫡出子Ｆがいる。Ａが令和５年10月２日に死亡した場合、Ａが生前、Ａ所有の全財産のうち甲土地についてＣに相続させる旨の遺言をしていた場合には、特段の事情がない限り、遺産分割の方法が指定されたものとして、Ｃは甲土地の所有権を取得するのが原則である。

答252　○　（P.191）

第２順位の直系尊属が**相続人**となる場合は、**第３順位の兄弟姉妹**が**相続人となることはない**（889条）。

答253　○　（P.191）

被相続人の兄弟姉妹が相続人となる場合において、兄弟姉妹が相続開始以前に死亡していたときは代襲相続として、兄弟姉妹の子が相続人となるが、**兄弟姉妹の子が死亡**していた場合は、**兄弟姉妹の孫**が**再代襲相続**を**することはない**（889条、887条）。

答254　×　（P.195）

相続の承認（限定承認）や放棄は、原則として、自己のために**相続開始**があったことを**知った時から３か月以内**に行わなければならず、かかる期間内に限定承認や放棄をしなければ、単純承認をしたとみなされる（915条、921条）。よって、相続開始を知らない場合は、３か月の起算は開始しない。

答255　○　（P.197）

特定の遺産を特定の推定相続人に「相続させる」旨の遺言は、原則として**遺産分割の方法が指定**されたもの（908条）と解するのが判例である。その場合、その**遺産**は、**被相続人の死亡時に**直ちに**相続により承継される**ことになる。

問256 Rank A **遺産分割の禁止** (R1-問6)

被相続人は、遺言によって遺産分割を禁止することはできず、共同相続人は、遺産分割協議によって遺産の全部又は一部の分割をすることができる。

問257 Rank A **遺産分割の効力** (R1-問6)

遺産の分割は、共同相続人の遺産分割協議が成立した時から効力を生ずるが、第三者の権利を害することはできない。

問258 Rank B **相続回復請求権の時効消滅** (R2・10月-問8)

相続回復の請求権は、相続人又はその法定代理人が相続権を侵害された事実を知った時から５年間行使しないときは、時効によって消滅する。

問259 Rank B **特別縁故者への分与** (H8-問10)

居住用建物を所有するＡが死亡し、Ａに法律上の相続人がない場合で、10年以上Ａと同居して生計を同じくし、Ａの療養看護に努めた内縁の妻Ｂがいるとき、Ｂは、承継の意思表示をすれば当該建物を取得する。

問260 Rank B **遺言** (H22-問10)

夫婦又は血縁関係がある者は、同一の証書で有効に遺言をすることができる。

答256 ×　(P.198)
被相続人は、**遺言**で相続開始から**5年を超えない期間**を定めて**遺産分割**を**禁止**できる(908条)。

答257 ×　(P.199)
相続人全員の同意により遺産分割協議が成立すると、**遺産の分割**は、**相続開始時にさかのぼって効力を生ずる**が、第三者の権利を害することはできない(909条)。

答258 ○　(P.199)
相続回復の請求権は、**相続人又は法定代理人**が**相続権を侵害された事実を知った時**から**5年間**行使しないとき、又は**相続開始の時**から**20年**を経過すると、**時効消滅**する(884条)。

答259 ×　(P.200)
特別縁故者の**請求**により、**家庭裁判所**がその者に清算後残存すべき財産の**全部又は一部**を**与えることができる**のであり(958条の3)、Bが承継の意思表示をしても、必ずしも建物を取得できるとは限らない。

答260 ×　(P.201)
遺言は、**2人以上の者**が**同一の証書**で**することはできない**(975条)。

問261 Rank B **遺言** (H22-問10)

自筆証書遺言は、その内容を全てワープロ等で印字していても、日付と氏名を自書し、押印すれば、有効な遺言となる。

問262 Rank A **遺言能力** (H22-問10)

未成年者であっても、15歳に達した者は、有効に遺言をすることができる。

問263 Rank A **遺言の撤回** (H17-問12)

適法な遺言をした者が、その後更に適法な遺言をした場合、前の遺言のうち後の遺言と抵触する部分は、後の遺言により撤回したものとみなされる。

問264 Rank B **遺言の執行** (H6-問13)

遺言は、家庭裁判所の検認の手続を経なければ、効力を生じない。

問265 Rank B **配偶者居住権の存続期間・登記等** (R3・10月-問4)

被相続人Aの配偶者Bが、A所有の建物に相続開始の時に居住していたため、遺産分割協議によって配偶者居住権を取得した場合において、配偶者居住権の存続期間を20年と定めたときは、存続期間が満了した時点で配偶者居住権は消滅し、配偶者居住権の延長や更新はできない。

答261 ×　(P.200)

自筆証書遺言は、相続財産目録を除き、**遺言者**がその**全文、日付、氏名**を**自書**し、**押印**しなければ、**有効とはならない**（968条）。

答262 ○　(P.201)

遺言をするには、未成年者でも法定代理人の同意は不要であり、未成年者でも**15歳に達すれば**、**遺言**をすることが**できる**（961条）。

答263 ○　(P.201)

遺言者は、**いつでも**、遺言の方式にしたがって、その**遺言の全部又は一部**を**撤回できる**（1022条）。

答264 ×　(P.202)

自筆証書遺言（保管制度を利用しないもの）や**秘密証書遺言**は、偽造・変造等を防止するため、**家庭裁判所の検認**が**必要**であるが（違反は５万円以下の過料）、検認を経なくとも、**遺言が効力を生じないわけではない**（1004条、1005条）。

答265 ○　(P.203)

配偶者居住権の存続期間は、**原則**として**配偶者の終身**であるが、**例外**として、**遺産分割協議**、遺言、家庭裁判所の審判で**別段の定め**をした場合は、その**定めに従う**（1030条）。その場合、期間の満了により配偶者居住権は**消滅**し、延長や更新はできない（1036条、597条）。

問266 Rank B **配偶者居住権の存続期間・登記等** (R3・10月-問4)

被相続人Aの配偶者Bが、A所有の建物に相続開始の時に居住していたため、遺産分割協議によって配偶者居住権を取得した場合において、Bが配偶者居住権に基づいて居住している建物が第三者Cに売却された場合、Bは、配偶者居住権の登記がなくてもCに対抗することができる。

問267 Rank A **遺留分権利者** (H9-問10)

被相続人Aについて、配偶者Bと弟Cのみが相続人である場合、Aが他人Dに遺産全部を遺贈したとき、Bの遺留分は遺産の８分の３、Cの遺留分は遺産の８分の１である。

問268 Rank A **遺留分の放棄** (H20-問12)

Aには、相続人となる子BとCがいる。Aは、Cに老後の面倒をみてもらっているので、「甲土地を含む全資産をCに相続させる」旨の有効な遺言をした。Bが、A死亡の前に、A及びCに対して直接、書面で遺留分を放棄する旨の意思表示をしたときは、その意思表示は有効である。

問269 Rank A **遺留分の放棄** (R4-問2)

相続人が遺留分の放棄について家庭裁判所の許可を受けると、当該相続人は、被相続人の遺産を相続する権利を失う。

問270 Rank B **遺留分侵害額請求権の期間の制限** (H9-問10改)

相続が開始し９年６か月経過する日に、はじめて相続開始と遺留分を侵害する遺贈があったことを知った遺留分権利者は、６か月以内なら遺留分侵害額の請求ができる。

答266 ×　(P.203)

配偶者居住権は、登記をしたときは第三者に対抗できるが (1031条、605条)、**登記がなければ対抗できない**。

答267 ×　(P.204)

兄弟姉妹には**遺留分はない** (1042条)。

答268 ×　(P.206)

相続開始前（Aの死亡の前）の**遺留分の放棄**は、**家庭裁判所の許可**を受けたときに限り、**効力を有する**ので (1049条)、本件意思表示は無効である。

答269 ×　(P.206)

相続開始前でも、**家庭裁判所の許可**を受けて**遺留分の放棄**が可能であるが (1049条)、遺留分の放棄と相続の放棄は別個の制度であり (938条～940条)、遺留分の放棄をしても、遺産を**相続する権利**は**失わない**。

答270 ○　(P.206)

遺留分侵害額請求権は、**相続開始の時から10年を経過**したときは**時効消滅**するので (1048条)、10年経過する前の6か月以内であれば、遺留分侵害額の請求ができる。

第5章 特別法

1 借地借家法①（借地関係）

問271 Rank A **借地権の存続期間** (H29-問11)

Ａ所有の甲土地につき、Ｂとの間で賃貸借契約が締結された。賃借権の存続期間を10年と定めた場合、本件契約が居住の用に供する建物を所有することを目的とするものであるときは、存続期間が30年となるのに対し、本件契約が資材置場として更地で利用することを目的とするものであるときは、存続期間は10年である。

問272 Rank A **借地契約の更新** (R2・10月-問11)

Ａ所有の甲土地につき、Ｂとの間で居住の用に供する建物の所有を目的として存続期間30年の約定で賃貸借契約が締結された。ＡとＢとが期間満了に当たり本件契約を最初に更新する場合、更新後の存続期間を15年と定めても、20年となる。

問273 Rank A **借地契約の更新** (H25-問12)

借地権の存続期間が満了する際、借地権者の契約の更新請求に対し、借地権設定者が遅滞なく異議を述べた場合には、借地契約は当然に終了する。

問274 Rank B **借地契約の更新** (H5-問11)

「期間満了の際、借地権設定者Ａが借地権者Ｂに対し相当の一定額の交付さえ行えば、Ａは更新を拒絶できる」と特約しても、その特約は、無効である。

答271 ○ （『パーフェクト宅建士 基本書』P.208）

建物所有を目的とする土地賃貸借（借地権）については、居住の用に供する建物の所有を目的とする場合（事業用借地権ではない）、借地権の存続期間は、30年以上でなければならず、当事者が30年未満の期間を定めると、定めは無効となり30年となる（借地借家法9条、3条）。資材置場として更地で利用する賃借権の存続期間は、当事者が10年と定めれば10年となる（民法604条）。

答272 ○ （P.209）

借地契約を更新する場合、最初の更新では、20年以上で定めなければならず、これに反すると、定めは無効となり、更新後の存続期間は20年となる（借地借家法4条）。

答273 × （P.210）

借地権設定者が借地権の更新を拒絶するには、単なる「異議」ではなく、正当事由のある異議を述べる必要がある（5条、6条）。

答274 ○ （P.210）

更新拒絶が認められる正当事由の有無は、様々な事情を総合考慮して決せられるところ、立退料の提供は正当事由の有無の判断の一要素に過ぎない。よって、それだけで更新拒絶を認めることは、法の規定よりも借地権者に不利な特約として無効となる（6条、21条）。

問275 Rank B **建物買取請求権** (H28-問11)

Bが居住用の甲建物を所有する目的で、期間30年と定めてAから乙土地を賃借した。Bが地代を支払わなかったことを理由として、Aが乙土地の賃貸借契約を解除した場合、契約に特段の定めがないときは、Aは、甲建物を時価で買い取らなければならない。

問276 Rank A **建物の再築と期間の延長** (R4-問11)

建物の所有を目的とする土地の賃貸借契約（定期借地権及び一時使用目的の借地権を除く）において、借地権の存続期間が満了する前に建物の滅失があった場合において、借地権者が借地権の存続期間を超えて存続すべき建物を築造したときは、その建物を築造することにつき借地権設定者の承諾がない場合でも、借地権の期間の延長の効果が生ずる。

問277 Rank A **契約更新後に建物が滅失した場合** (H23-問11)

賃貸借契約の更新の後において、借地権者が残存期間を超えて残存すべき建物を新たに築造することにつきやむを得ない事情があるにもかかわらず、借地権設定者がその建物の築造を承諾しないときは、借地権設定者が土地の賃貸借の解約の申入れをすることができない旨を定めた場合を除き、裁判所は借地権者の申立てにより、借地権設定者の承諾に代わる許可を与えることができる。

問278 Rank A **借地権の対抗力** (R2・12月-問11)

借地権者が借地権の登記をしておらず、当該土地上に所有権の登記がなされている建物を所有しているときは、これをもって借地権を第三者に対抗することができるが、建物の表示の登記によっては対抗することができない。

答275 ×

(P.211)

建物買取請求権は、借地権者の**債務不履行**により**借地契約が解除**された場合には、**行使できない**(13条、判例)。

答276 ×

(P.212)

借地権の存続期間満了前の建物滅失の場合に、借地権者が**残存期間を超えて存続すべき建物**を**築造**したときは、その築造について**借地権設定者の承諾があれば**、借地権の**期間の延長**の効果が生ずる(7条)。

答277 ○

(P.213)

借地契約の更新後に、借地権者が残存期間を超えて存続すべき**建物**を**新たに建築**することについて、**やむを得ない事情がある**場合は、**裁判所**は、**借地権者の申立て**により、**借地権設定者の承諾に代わる許可**を**与えることができる**(18条)。

答278 ×

(P.214)

借地権は、借地の上に借地権者が**登記された建物を所有**するときは、借地権を第三者に**対抗できる**が、この建物登記は、**表示の登記でもよい**(10条、判例)。

問279 Rank A **借地権の対抗力** (H28-問11)

Ｂが居住用の甲建物を所有する目的で、期間30年と定めてＡから乙土地を賃借した。Ｂが甲建物を所有していても、建物保存登記をＢの子Ｃ名義で備えている場合には、Ａから乙土地を購入して所有権移転登記を備えたＤに対して、Ｂは借地権を対抗できない。

問280 Rank A **借地権の対抗力** (R2・12月-問11)

借地権者が登記ある建物を火災で焼失したとしても、建物が滅失した日から２年以内に新たな建物を築造すれば、２年を経過した後においても、これをもって借地権を第三者に対抗することができる。

問281 Rank A **借地上の建物の譲渡と借地権の譲渡・転貸** (H26-問7)

賃貸人Ａから賃借人Ｂが借りたＡ所有の甲土地の上に、Ｂが乙建物を所有する場合において、ＢがＡに無断で乙建物をＣに月額10万円の賃料で貸した場合、Ａは、借地の無断転貸を理由に、甲土地の賃貸借契約を解除できる。

問282 Rank A **借地上の建物の譲渡と借地権の譲渡・転貸** (H9-問11)

Ｂは、Ａ所有地を賃借し、木造家屋を所有して居住している。Ｂが家屋をＣに譲渡してもＡに不利となるおそれがないときは、Ｃは、Ｂから家屋を譲り受ける契約をした後、裁判所に対し、土地賃借権の譲渡についてのＡの承諾に代わる許可を申し立てることができる。

答279　○　(P.214)

借地権は、借地上の建物に借地権者が登記された建物を所有するときは、借地権を第三者に対抗できるが、この**建物登記**は、**借地人の名義でなければならない**（10条、判例）。

答280　×　(P.214)

借地上の登記された建物が滅失した場合でも、借地権者が建物を特定するために必要な事項等を**土地上の見やすい場所に掲示**すれば、**滅失した日から２年間**、借地権を第三者に対抗できる。**対抗力を維持**するには、**２年以内に建物を築造**し、かつ**建物の登記をした場合**に**限られる**（10条）。

答281　×　(P.215)

借地上の建物を第三者に**賃貸**しても、**借地の転貸ではない**ので、土地賃貸人（地主）の承諾は不要であり、無断転貸を理由とする土地賃貸借契約の解除もできない（判例）。

答282　×　(P.216)

Ａの承諾に代わる裁判所の許可は、譲受人Ｃではなく**譲渡人Ｂが申し立てる**。また、Ｂの申立ては、「譲渡しようとする場合」であり、**譲渡契約の前**に**申し立てる**（19条）。

問283 Rank A **借地条件の変更の許可の裁判** (H23-問11)

建物の用途を制限する旨の借地条件がある場合において、法令による土地利用の規制の変更その他の事情の変更により、現に借地権を設定するにおいてはその借地条件と異なる建物の所有を目的とすることが相当であるにもかかわらず、借地条件の変更につき当事者間に協議が調わないときは、裁判所は、当事者の申立てにより、その借地条件を変更することができる。

問284 Rank A **借賃の増減額請求** (R2・10月-問11)

A所有の甲土地につき、Bとの間で居住の用に供する建物の所有を目的として存続期間30年の約定で賃貸借契約が締結された。本件契約で「一定期間は借賃の額の増減を行わない」旨を定めた場合には、甲土地の借賃が近傍類似の土地の借賃と比較して不相当となったときであっても、当該期間中は、AもBも借賃の増減を請求することができない。

問285 Rank A **借賃の増減額請求** (H27-問12)

期間５年の定期借家契約でも、期間５年の普通借家契約でも、賃貸借契約開始から３年間は賃料を増額しない旨の特約を定めた場合は、当該特約は無効である。

答283　○　(P.217)

建物の用途を制限する旨の**借地条件**がある場合においても、**事情の変更**により借地条件を変更するについて相当である場合に**当事者間に協議が調わない**ときは、**裁判所**は**当事者の申立て**により、**借地条件**を**変更できる**（17条）。

答284　×　(P.218)

借地権の土地の**借賃**が近傍類似の借賃に比較して不相当となったときは、当事者は借賃の**増減を請求**できるが、一定期間、借賃を**増額しない旨の特約**は**有効**であり（減額しない旨の特約は無効）、このような特約がある場合は、増額請求はできない（11条）。

答285　×　(P.218)

定期借家契約では、賃料の改定に係る**特約がある**場合は、**借賃増減額請求に関する規定**は**適用されない**（38条）。また、**普通借家契約**では、一定期間、賃料を**増額しない旨の特約**は、**有効**である（32条）。よって、かかる特約はいずれの契約でも有効となる。

問286 Rank A **一般定期借地権** (H30-問11)

ＡとＢとの間で、Ａ所有の甲地につき建物所有目的で賃貸借契約を締結する場合、本件契約が居住用建物の所有を目的とするときには、借地権の存続期間を20年とし、かつ、契約の更新請求をしない旨を定めても、これらの規定は無効となる。

問287 Rank A **建物譲渡特約付借地権** (H12-問11)

Ｂを賃借人、Ａを賃貸人としてＡ所有の土地に建物譲渡特約付借地権を設定する契約（その設定後30年を経過した日に借地上の建物の所有権がＢからＡに移転する旨の特約が付いているものとする）を締結した。Ｃが、建物をＢから賃借し、Ｂの借地権消滅後もそこに居住している場合で、Ａに対して賃借の継続を請求したときは、一定の場合を除き、ＡＣ間に期間の定めのない建物賃貸借がされたものとみなされる。

答286　○　(P.220)

居住用建物の所有を目的とする場合、事業用定期借地権は設定できず（23条）、一般の定期借地権を設定する場合も50年以上でなければならないので（22条）、借地権の存続期間を20年として設定することはできず、更新請求しない旨を定めても、借地権者に不利な特約として無効となる（9条）。

答287　○　(P.222)

建物譲渡特約付借地権を設定し、借地権消滅後に建物を継続して使用している建物賃借人が請求すると、賃借人と借地権設定者との間で、原則として期間の定めのない建物賃貸借がなされたものとみなされる（24条）。

2 借地借家法②（借家関係）

問288 Rank B **建物賃貸借の存続期間** (H26-問12)

借地借家法38条の定期建物賃貸借契約を締結する場合、期間を１年未満としても、期間の定めがない賃貸借契約とはみなされない。

問289 Rank A **建物賃貸借契約の更新** (H29-問12)

Ａは、その所有する甲建物をＢに３年間賃貸する契約をした。ＡがＢに対し、甲建物の賃貸借契約の期間満了の１年前に更新しない旨の通知をしていれば、ＡＢ間の賃貸借契約は期間満了によって当然に終了し、更新されない。

問290 Rank A **建物賃借権の対抗力** (H21-問12)

Ａ所有の甲建物につき、Ｂが一時使用目的ではなく賃料月額10万円で賃貸借契約を締結する場合と、Ｃが適当な家屋に移るまでの一時的な居住を目的として無償で使用貸借契約を締結する場合に関し、Ａが甲建物をＤに売却したときは、甲建物の引渡しを受けて甲建物で居住しているＢはＤに対して賃借権を主張できるのに対し、Ｃは甲建物の引渡しを受けて甲建物に居住していても、Ｄに対して使用借権を主張できない。

問291 Rank A **建物賃借権の譲渡・転貸** (H12-問12)

Ａ所有の建物を賃借しているＢが建物を第三者に転貸しようとする場合、転貸によりＡに不利となるおそれがないにもかかわらず、Ａが承諾を与えないときは、裁判所はＢの申立てにより、Ａの承諾に代わる許可を与えることができる。

答288 ◯ （『パーフェクト宅建士 基本書』P.234）

定期建物賃貸借では、期間を**１年未満**としても、その定めは**有効**である（借地借家法38条、29条）。

答289 × （P.227）

賃貸人Ａからの**更新拒絶の通知**には、**正当事由が必要**なので、必ずしも通知をしただけで当然に終了し、更新されないとは断定できない（26条、28条）。

答290 ◯ （P.228）

「**引渡し**」に**対抗力**を認めるのは、借地借家法が適用されるＢの**借家権だけ**であり（31条）、Ｃの使用借権には引渡しによる対抗力は認められない。

答291 × （P.229）

建物賃貸借では、賃料さえ支払われれば賃貸人の利益が守られるわけではないので、借地権とは異なり（19条）、**借家権**においては、**賃貸人の承諾に代わる裁判所の許可**の制度は**存在しない**。

問292 Rank A **事実上の夫婦等の居住権** (R2・12月-問12)

賃貸人Ａと賃借人Ｂとの間で居住用建物の賃貸借契約が締結された。Ｂが相続人なしに死亡した場合、Ｂと婚姻の届出をしていないが事実上夫婦と同様の関係にあった同居者Ｃは、Ｂが相続人なしに死亡したことを知った後１月以内にＡに反対の意思表示をしない限り、賃借人としてのＢの権利義務を承継する。

問293 Rank A **造作買取請求権** (H28-問12)

ＢはＡと、Ａ所有の甲建物につき、居住を目的として、期間３年、賃料月額20万円と定めて賃貸借契約を締結した。甲建物の適法な転借人であるＣが、Ａの同意を得て甲建物に造作を付加した場合、期間満了により本件契約が終了するときは、ＣはＡに対してその造作を時価で買い取るよう請求できる。

問294 Rank A **借地借家法による転借人の保護** (R3・10月-問12)

Ａを賃貸人、Ｂを賃借人とする甲建物の賃貸借契約が締結された。甲建物が適法にＢからＣに転貸されている場合、ＡがＣに対して本件契約が期間満了によって終了する旨の通知をしたときは、建物の転貸借は、その通知がなされた日から３月を経過することによって終了する。

問295 Rank B **借地上の建物の賃借人の保護** (H22-問11)

借地借家法23条の借地権（事業用定期借地権）について、その事業用定期借地権の存続期間の満了によって、その借地上の建物の賃借人が土地を明け渡さなければならないときでも、建物の賃借人がその満了をその１年前までに知らなかったときは、建物の賃借人は、土地の明渡しにつき相当の期限を裁判所から許与される場合がある。

答292　○　(P.229)

居住用建物の賃借人が**相続人なくして死亡**した場合、事実上の夫婦関係や養親子関係にあった**同居人**は、相続人なくして賃借人が死亡したことを知ったときから１か月以内に**反対の意思表示をしない**限り、借家人の**権利義務**を**承継**する(36条)。

答293　○　(P.230)

建物の**賃貸人の同意**を得て**賃借人が建物に付加した造作**は、賃貸借が**期間満了**や解約申入れによって**終了するとき**は、**時価**で**買い取るように請求**でき、この造作買取請求権は、**転借人と賃貸人との間**でも**準用される**(33条)。

答294　×　(P.231)

建物の転貸借がなされている場合、**賃貸借が期間満了や解約申入れによって終了**するときは、**賃貸人は転借人に通知**し、その日から**６か月を経過**することで**終了する**(34条)。

答295　○　(P.232)

借地上の建物について**賃貸借**がなされている場合、事業用借地権であっても**借地権の期間満了**により建物賃借人が土地を明け渡すべきときは、賃借人が期間満了をその１年前までに知らなかったときは、賃借人の**請求**により、裁判所は、土地明渡しに**相当の期限**を**許与できる**(35条)。

問296 Rank B **賃料増減額請求権** (H16-問14)

貸主A及び借主B間の建物賃貸借契約に関し、賃料増減額請求に関する借地借家法32条の規定及び判例によれば、AB間の建物賃貸借契約が、Bが当該建物をさらに第三者に転貸する事業を行ういわゆるサブリース契約である場合、使用収益開始後、経済事情の変動によってAB間で定めた賃料が不相当になっても、Bから賃料減額請求を行うことはできない。

問297 Rank A **定期建物賃貸借契約** (H15-問14)

定期借家契約は、公正証書によってしなければ、効力を生じない。

問298 Rank A **定期建物賃貸借契約** (H26-問12)

借地借家法38条の定期建物賃貸借契約を締結するには、当該契約に係る賃貸借は契約の更新がなく、期間の満了によって終了することを、当該契約書と同じ書面内に記載して説明すれば足りる。

問299 Rank B **定期建物賃貸借契約** (R3・10月-問12)

Aを賃貸人、Bを賃借人とする甲建物の賃貸借契約が締結された。本件契約が借地借家法38条の定期建物賃貸借契約で、期間を5年、契約の更新がない旨を定めた場合、Aは、期間満了の1年前から6月前までの間に、Bに対し賃貸借が終了する旨の通知をしなければ、従前の契約と同一の条件で契約を更新したものとみなされる。

答296 ×　（P.233）

サブリース契約にも、**賃料の増減額請求**の規定は**適用される**（判例）。

答297 ×　（P.233）

定期借家契約は、**書面**又は電磁的記録によってしなければ、**契約の更新がないこととする旨**を**定めることができない**が（38条）、必ずしも公正証書による必要はない。

答298 ×　（P.233、234）

定期建物賃貸借における、**契約の更新がなく、期間の満了により終了する**旨の**説明**は、**その旨を記載した書面を交付して**（又は賃借人の承諾を得た電磁的方法で交付して）しなければならないが（38条）、これは**契約書**（ないしこれに代わる電磁的方法）**とは別個のもの**でなければならない（判例）。

答299 ×　（P.234）

賃貸人は、期間満了前１年前から６か月前までの間に終了する旨を通知しなければ、**終了**を**賃借人に対抗できない**が、**通知期間経過後に通知**をした場合、**通知後６か月経過後**に**契約は終了**する（38条）。

問300 Rank B **定期建物賃貸借契約** (H20-問14)

居住の用に供する建物に係る借地借家法38条の定期建物賃貸借契約においては、転勤、療養その他のやむを得ない事情により、賃借人が建物を自己の生活の本拠として使用することが困難となったときは、床面積の規模にかかわりなく、賃借人は同契約の有効な解約の申入れをすることができる。

問301 Rank A **取壊し予定建物の賃貸借** (H22-問11)

借地借家法23条の事業用定期借地権が設定された借地上にある建物につき賃貸借契約を締結する場合、建物を取り壊すこととなるときに建物賃貸借契約が終了する旨を定めることができるが、その特約は、公正証書によってしなければならない。

答300　×　(P.234)

床面積が200㎡未満の居住の用に供する定期建物賃貸借の場合、転勤等のやむを得ない事情により生活の本拠として利用できなくなった場合、特約で賃借人の解約権を定めていないときでも、賃貸借の解約申入れをすることができる(38条)。

答301　×　(P.235)

建物を取り壊すときに建物賃貸借契約が終了する旨の特約を、建物を取り壊す理由を記載した書面(又は電磁的記録)によってすればよく、公正証書による必要はない(9条)。

3 区分所有法

問302 Rank B **専有部分との分離処分の禁止** (H22-問13)

敷地利用権が数人で有する所有権その他の権利である場合には、区分所有者は、規約で別段の定めがあるときを除き、その有する専有部分とその専有部分に係る敷地利用権とを分離して処分することができる。

問303 Rank A **共用部分の持分の割合** (R3・10月-問13)

各共有者の共用部分の持分は、規約に別段の定めがある場合を除いて、その有する専有部分の床面積の割合によるが、この床面積は壁その他の区画の中心線で囲まれた部分の水平投影面積である。

問304 Rank A **管理組合** (R4-問13)

管理組合（法３条に規定する区分所有者の団体をいう）は、区分所有者及び議決権の各４分の３以上の多数による集会の決議で法人となる旨並びにその名称及び事務所を定め、かつ、その主たる事務所の所在地において登記をすることによって法人となる。

問305 Rank B **管理組合法人** (H26-問13)

区分所有者の団体は、区分所有建物が存在すれば、区分所有者を構成員として当然に成立する団体であるが、管理組合法人になることができるものは、区分所有者の数が30人以上のものに限られる。

答302 ×　（『パーフェクト宅建士　基本書』P.238）

原則は、専有部分と敷地利用権の**分離処分は不可**であり、**例外**として、**規約で定めれば可能**となる（区分所有法22条）。本問は、原則と例外が逆である。

答303 ×　（P.239）

各区分所有者の**共用部分**の**持分割合**は、規約に別段の定めがある場合を除き、**専有部分**の**床面積割合**によるが、その**床面積**は、**壁その他の区画**の「**内側線**」**で囲まれた部分**の**水平投影面積**である（14条）。

答304 ○　（P.241、242）

区分所有者はその全員が管理組合の構成員となるが、管理組合自体は法人格を有しない（３条）。**管理組合**が**法人**になるためには、**集会の特別決議**により、法人となる旨並びにその名称及び事務所を定め、かつ、その主たる事務所の所在地において**登記**をする必要がある（47条）。

答305 ×　（P.242）

区分所有者の団体（**管理組合**）は、**区分所有者を構成員として当然に成立する団体**であるが、**①区分所有者及び議決権の各４分の３以上の多数による集会決議、②法人設立の登記**をすれば管理組合を法人化することもできる（47条）。

問306 Rank A **集会の招集** (H20-問15)

管理者は、少なくとも毎年２回集会を招集しなければならない。また、区分所有者の５分の１以上で議決権の５分の１以上を有するものは、管理者に対し、集会の招集を請求することができる。

問307 Rank A **集会の招集** (H20-問15)

集会は、区分所有者及び議決権の各４分の３以上の多数の同意があるときは、招集の手続きを経ないで開くことができる。

問308 Rank A **決議要件** (R1-問13)

集会の議事は、区分所有法又は規約に別段の定めがない限り、区分所有者及び議決権の各４分の３以上の多数で決する。

問309 Rank A **決議要件** (H26-問13)

専有部分が数人の共有に属するときの集会の招集通知は、区分所有法40条の規定に基づく議決権を行使すべき者にすればよく、共有者間で議決権を行使すべき者が定められていない場合は、共有者のいずれか一人にすればよい。

問310 Rank A **集会を開催しないで行う決議** (R3・10月-問13)

区分所有法又は規約により集会において決議をすべき場合において、区分所有者が１人でも反対するときは、集会を開催せずに書面によって決議をすることはできない。

答306 ×

(P.243)

管理者は、**少なくとも毎年1回集会を招集しなければならない** (34条)。なお、後段の記述は正しい。

答307 ×

(P.243)

集会は、**区分所有者全員の同意**があるときは、**招集の手続きを経ないで開くことができる** (36条)。

答308 ×

(P.244)

集会の議事は、区分所有法又は規約に別段の定めがない限り、**区分所有者及び議決権**の**各過半数**で決する (39条)。

答309 ○

(P.244)

専有部分を**数人で共有**する場合、**集会の招集通知**は、**議決権を行使すべき者が定められているとき**は**その者**、**定めがないとき**は**共有者のいずれか1人**に対して**すればよい** (35条)。

答310 ○

(P.245)

区分所有法又は**規約**により、**集会で決議すべき場合**において、**区分所有者「全員」の承諾**があるときは、**書面**又は電磁的方法による**決議ができる** (45条)。

問311 Rank A **規約の保管と閲覧** (H18-問16)

規約の保管場所は、建物内の見やすい場所に掲示しなければならないが、集会の議事録の保管場所については掲示を要しない。

問312 Rank A **占有者の意見陳述権** (R1-問13)

区分所有者の承諾を得て専有部分を占有する者は、会議の目的たる事項につき利害関係を有する場合には、集会に出席して議決権を行使することができる。

問313 Rank A **集会の決議及び規約の効力** (R2・12月-問13)

規約及び集会決議は、区分所有者の特定承継人に対しては、その効力を生じない。

問314 Rank B **規約の設定・変更・廃止** (H7-問14)

規約の変更が一部の区分所有者の権利に特別の影響を及ぼす場合で、その区分所有者の承諾を得られないときは、区分所有者及び議決権の各4分の3以上の多数による決議で、規約の変更ができる。

問315 Rank B **公正証書による規約の設定** (H21-問13)

他の区分所有者から区分所有権を譲り受け、建物の専有部分の全部を所有することとなった者は、公正証書による規約の設定を行うことができる。

答311 ×
(P.246)
規約の保管場所も集会の議事録の保管場所も、建物内の見やすい場所に掲示しなければならない（33条、42条）。

答312 ×
(P.246)
賃借人等（区分所有者の承諾を得て専有部分を占有する者）は、議題（会議の目的たる事項）に利害関係を有するときは、集会に出席して意見を述べることはできるが、議決権は有していない（44条）。

答313 ×
(P.247)
規約及び集会決議は、区分所有者の特定承継人（専有部分の購入者など）に対しても効力を生ずる（46条）。

答314 ×
(P.247)
規約の変更には、区分所有者及び議決権の各４分の３以上の多数による決議が必要となるが、規約の変更が一部の区分所有者の権利に特別の影響を及ぼすときは、さらにその者の承諾を得なければならない（31条）。

答315 ×
(P.248)
「最初に」建物の専有部分の全部を所有する者は、公正証書により規約の設定を行うことができるが、「後から」専有部分の全部を所有することになっても、このような規約設定はできない（32条）。

問316 Rank A **共用部分の管理** (R2・10月-問13)

共用部分の保存行為をするには、規約に別段の定めがない限り、集会の決議で決する必要があり、各共有者ですることはできない。

問317 Rank B **共用部分の重大変更** (H24-問13)

共用部分の変更（その形状又は効用の著しい変化を伴わないものを除く）は、区分所有者及び議決権の各４分の３以上の多数による集会決議で決するが、規約でこの区分所有者の定数及び議決権を各過半数まで減ずることができる。

問318 Rank B **小規模滅失の復旧** (H26-問13)

建物の価格の２分の１以下に相当する部分が滅失した場合、規約で別段の定めがない限り、各区分所有者は、滅失した共用部分について、復旧の工事に着手するまでに復旧決議、建替え決議又は一括建替え決議があったときは、復旧することができない。

問319 Rank A **大規模滅失の復旧** (H9-問13)

建物の価格の３分の２に相当する部分が滅失したときは、集会において、区分所有者及び議決権の各４分の３以上の多数で、滅失した共用部分を復旧する旨の決議ができる。

答316 ×　(P.249)

共用部分の保存行為は、**規約に別段の定めがない限り、各共有者**（各区分所有者）が**単独**で**することができる**（18条）。

答317 ×　(P.249)

区分所有者の定数のみ、**規約**で**過半数まで減じることができる**（17条）。

答318 ○　(P.250)

小規模滅失の場合、規約で別段の定めがない限り、各区分所有者は単独で滅失した共用部分について復旧できるが、**一定の集会決議**があったときは、**自ら単独**で**復旧**することは**できない**（61条、62条、70条）。

答319 ○　(P.251)

大規模滅失（建物価格の２分の１を超える部分が滅失）の場合、**集会**で**区分所有者及び議決権**の**各４分の３以上の多数**で、滅失した共用部分を**復旧**する旨の**決議**が**できる**（61条）。

問320 Rank B **建替え決議** (H21-問13)

建替え決議を目的とする集会を招集するときは、会日より少なくとも２か月前に、招集通知を発しなければならない。ただし、この期間は規約で伸長することができる。

問321 Rank A **義務違反者に対する措置** (H8-問14)

占有者が、建物の保存に有害な行為をするおそれがある場合、管理組合法人は、区分所有者の共同の利益のため、集会の決議により、その行為を予防するため必要な措置を執ることを請求する訴訟を提起できる。

答320　○　(P.251)

建替え決議を目的とする集会を招集するときは、招集通知は、会日より少なくとも２か月前に発しなければならないが、この期間は規約で伸長できる (62条)。

答321　○　(P.252)

占有者が建物の保存に有害な行為その他建物の管理又は使用に関し区分所有者の共同の利益に反する行為をするおそれがある場合、管理組合法人は、共同の利益のため集会決議によりその行為を予防するため必要な措置を執ることを請求する訴訟を提起できる (57条)。

4 不動産登記法

問322 Rank A 権利部 (H3-問15改)

所有権移転の登記の抹消は、権利部の甲区に記録される。

問323 Rank B 登記簿の付属書類の閲覧 (R5-問14)

何人も、理由の有無にかかわらず、登記官に対し、手数料を納付して、登記簿の附属書類である申請書を閲覧することができる。

問324 Rank A 権利に関する登記の申請 (H28-問14)

新築した建物又は区分建物以外の表題登記がない建物の所有権を取得した者は、その所有権の取得の日から1か月以内に、所有権の保存の登記を申請しなければならない。

問325 Rank A 代理人による登記、代理権の不消滅 (R1-問14)

登記の申請をする者の委任による代理人の権限は、本人の死亡によっては、消滅しない。

問326 Rank B 共同申請主義の例外 (H5-問15)

登記権利者は、その者の所有権を確認する確定判決に基づき、売買による所有権移転の登記の申請を単独ですることができる。

参考 基本書 第5章 特別法
4 不動産登記法

答322 ○ （『パーフェクト宅建士 基本書』P.258）

所有権に関する登記は、その抹消も**権利部の甲区**に**記録**される（不登規則4条）。

答323 × （P.261）

何人も、**正当な理由があるときは**、登記官に対し、手数料を納付して、**登記簿の付属書類**の全部または一部の正当な理由があると認められる部分の**閲覧**を請求し（121条）、閲覧できる。

答324 × （P.263）

表題登記の申請とは異なり、**保存登記**の**申請義務はない**（47条）。

答325 ○ （P.263）

民法の規定とは異なり、不動産登記法では、**登記申請**の代理権を授与した**本人が死亡**しても、**代理人の代理権**は**消滅しない**と規定されている（民法111条、不登法17条）。

答326 × （P.264）

そもそも売買による所有権移転登記の申請は、売買で所有権が買主に移転しても売主と買主の共同申請が必要なのだから、**買主に所有権があることの「確定判決」**では共同申請の例外とはなり得ない。**買主の単独申請**が認められるには、**買主から売主に登記手続をすべきことを命ずる「給付判決」**が必要である（63条）。

問327 Rank B **登記の申請の方法** (H18-問15)

同一の登記所の管轄区域内にある二以上の不動産について申請する登記原因及びその日付が同一である場合には、登記の目的が異なるときであっても、一つの申請情報で申請することができる。

問328 Rank A **登記識別情報** (R4-問14)

所有権の移転の登記の申請をする場合において、当該申請を登記の申請の代理を業とすることができる代理人によってするときは、登記識別情報を提供することができないことにつき正当な理由があるとみなされるため、登記義務者の登記識別情報を提供することを要しない。

問329 Rank B **登記の抹消** (H15-問15改)

抹消登記を申請する場合において、当該抹消される登記について登記上の利害関係を有する第三者があるときは、当該第三者の承諾があるときに限り、申請することができる。

問330 Rank A **登記申請をすることができる者** (H28-問14)

区分建物の所有権の保存登記は、表題部所有者から所有権を取得した者も、申請できる。

答327 ×　(P.265)

原則として、申請情報は、登記の目的及び登記原因に応じ、一の不動産ごとに作成して提供しなければならないが、**例外**として、**同一の登記所の管轄区域内にある二以上の不動産**について、「**登記の目的**」並びに**登記原因**及び**その日付**が**同一であるとき**は、**一つの申請情報**で**申請できる**（不登令4条）。

答328 ×　(P.266)

所有権移転登記の申請をする場合は、登記義務者の**登記識別情報の提供**が必要であり、その申請を司法書士等の代理人によってするときであっても、その提供が不要となる正当な理由には該当せず、登記識別情報の提供が必要である（22条）。

答329 ○　(P.268)

権利に関する登記の抹消は、**登記上の利害関係を有する第三者があるとき**は、その**第三者の承諾**があるときに限り、**申請できる**（68条）。

答330 ○　(P.269)

共同申請主義の例外となる**所有権の保存登記の申請**は、**一定の者のみ**が申請することができるが、その申請できる一定の者に**区分建物の表題部所有者から所有権を取得した者**が**含まれる**（74条）。

問331 Rank B **付記登記の順位** (H4-問15)

付記登記は、主登記との同一性を保持しようとする場合又は付記登記によって表示される権利が主登記と同一の順位を有することを明らかにしようとする場合になされる登記である。

問332 Rank A **仮登記** (H4-問15)

仮登記は、本登記をするのに必要な手続上の要件又は実体法上の要件が完備しない場合に、将来その要件が備わったときになすべき本登記の登記簿上の順位を確保しておくために、あらかじめなされる予備的な登記である。

問333 Rank A **仮登記の申請方法** (H20-問16)

仮登記の登記義務者の承諾がある場合であっても、仮登記権利者は単独で当該仮登記の申請をすることができない。

問334 Rank A **所有権の仮登記に基づく本登記** (H25-問14)

所有権に関する仮登記に基づく本登記は、登記上の利害関係を有する第三者がある場合には、当該第三者の承諾があるときに限り、申請することができる。

答331　○　（P.269）

付記登記は、権利に関する登記のうち、**主登記との同一性を保持**しようとする場合や**主登記と同一の順位**を有することを明らかにしようとする場合になされる登記である（4条）。

答332　○　（P.270）

仮登記は、**物権変動は生じている**が、**手続上の要件が具備しない**とき（1号仮登記）又は**物権変動は生じていない**が、**請求権を保全**する必要があるとき（**2号仮登記**）に、本登記の**順位を確保**するためになされる予備的登記である（105条、106条）。

答333　×　（P.271）

仮登記の申請も、原則は共同申請であるが、**仮登記の登記義務者の承諾**があるときは、**仮登記権利者**の**単独申請**を**認める**（60条、107条）。

答334　○　（P.272）

所有権に関する仮登記に基づく本登記をすることにより、仮登記後の他の本登記は抹消されることになるので、**登記上の利害関係を有する第三者の承諾**が**必要**となる（109条）。

問335 Rank A **抵当権の仮登記に基づく本登記** (H10-問15)

抵当権設定の仮登記に基づき本登記を申請する場合に、その本登記について登記上利害関係を有する第三者があるときは、申請書にその者の承諾書を添付しなければ、当該本登記を申請できない。

問336 Rank B **仮登記の抹消** (H23-問14改)

仮登記の抹消は、登記権利者及び登記義務者が常に共同してしなければならない。

問337 Rank B **登記の対象** (H11-問12改)

地表面が水で覆われている土地であっても、私権の客体となり得る池沼やため池は、土地の表題登記ができる。

問338 Rank B **登記の対象** (H11-問12改)

建築工事中の建物については、切組みを済ませ、降雨をしのぐことができる程度の屋根をふいたものであれば、周壁を有しなくても、建物の表題登記ができる。

問339 Rank A **職権による登記** (H30-問14)

表示に関する登記は、登記官が、職権ですることができる。

答335 ×　(参考P.272)

所有権に関する仮登記を本登記にする場合と異なり、抵当権設定の仮登記を本登記に改めても、仮登記後の抵当権者は順位が下がるだけで抵当権登記が抹消されることはない。ゆえに、登記上利害関係を有する者の承諾は不要である。

答336 ×　(P.272)

仮登記の抹消も、原則は共同申請であるが、例外として、①仮登記名義人の単独申請、②仮登記の登記上の利害関係人の単独申請（仮登記名義人の承諾がある場合）が認められる（60条、110条）。

答337 ○　(P.272)

土地の表題登記ができる地目には、池沼やため池も含まれるので、地表面が水で覆われていても土地の表題登記は可能である（不登法34条、不登事務準則68条）。

答338 ×　(P.272)

建物は、土地に定着し、雨をしのぐ屋根及び風をしのぐ周壁又はこれらに類するものが必要であるから（不登規則111条）、周壁を有さなければ建物の表題登記はできない。

答339 ○　(P.273)

表示に関する登記は、登記官が職権ですることができる（不登法28条）。

問340 Rank B **表題部所有者に関する変更の登記等** (H21-問14)

表題部所有者について住所の変更があったときは、当該表題部所有者は、その変更があった日から１か月以内に、当該住所についての変更の登記を申請しなければならない。

問341 Rank A **土地の分筆又は合筆の登記** (R1-問14)

登記官は、一筆の土地の一部が別の地目となったときであっても、職権で土地の分筆の登記をすることができない。

問342 Rank A **土地の分筆又は合筆の登記** (R2-問14)

所有権の登記以外の権利に関する登記がある土地については、分筆の登記をすることができない。

問343 Rank A **合筆の登記の制限** (R1-問14)

所有権の登記名義人が相互に異なる土地の合筆の登記は、することができない。

問344 Rank B **登記の申請** (H6-問15)

建物の分割の登記は、表題部所有者又は所有権の登記名義人の申請によるほか、登記官が職権ですることもできる。

問345 Rank B **建物の合併の登記の制限** (H6-問15)

抵当権設定の登記のある２個の建物について、その抵当権設定登記の登記原因、日付、登記の目的、受付番号が同じであっても、合併の登記はできない。

答340 ×　(P.273)

表題部所有者の住所に変更があっても、一定期間内に変更の登記を申請しなければならない旨の規定は存在しない(31条)。

答341 ×　(P.273)

登記官は、一筆の土地の一部が別の地目になったとき等は、申請がなくても、職権で分筆の登記をしなければならない(39条)。

答342 ×　(P.274)

所有権の登記以外の権利に関する登記がある土地の合筆登記は、原則としてできないが(41条)、分筆登記には、このような制限はない。

答343 ○　(P.274)

表題部所有者又は所有権の登記名義人が相互に異なる土地の合筆登記はすることができない(41条)。

答344 ×　(P.275)

建物の分割の登記は、表題部所有者又は所有権の登記名義人に限られ、登記官が職権ですることはできない(54条)。

答345 ×　(P.275)

所有権等の登記以外の権利に関する登記がある建物は、原則として、建物の合併の登記はできないが(56条)、例外として、担保権の登記で、登記原因、日付、登記の目的、受付番号が同一のものは、登記できる(不登規則131条)。

問346 Rank A **区分建物の表題登記の申請** (R2・12月-問14)

区分建物が属する一棟の建物が新築された場合における当該区分建物についての表題登記の申請は、当該新築された一棟の建物についての表題登記の申請と併せてしなければならない。

問347 Rank B **共用部分である旨の登記** (H13-問14)

区分建物が規約による共用部分である旨の登記は、当該区分建物の登記記録の表題部にされる。

問348 Rank B **敷地権である旨の登記** (H13-問14)

区分建物の敷地権について、表題部に最初に登記をするときは、敷地権の目的である土地の登記記録の表題部に敷地権である旨の登記がされる。

答346 ○ (P.276)

マンションが**新築**された場合の**区分建物の表題登記**は、その一棟の建物の**他の区分建物についての表題登記**と**一括申請しなければならない**（不登法48条）。

答347 ○ (P.276)

規約共用部分は、**規約共用部分である旨の登記**をしなければ第三者に対抗できないが（区分所有法４条）、その登記は、**区分建物**の登記記録の**表題部**にされる（不登法44条、58条）。

答348 × (P.276)

登記官は、表示に関する登記のうち、区分建物に関する**敷地権**について表題部に最初に登記をするときは、敷地権の目的である**土地**の登記記録の**権利部**（敷地権が所有権であれば**甲区**、地上権や登記された賃借権であれば**乙区**）に、職権で**敷地権である旨の登記**をしなければならない（46条）。

パーフェクト宅建士

一問一答 Pocketのヒ・ミ・ツ!

Q. **なぜ「昭和60年」や「平成4年」みたいな古い問題が載ってるのでしょう? 解く意味あるんですか?**

A. **意味あります! 古い過去問でも、良問は解いておくべし!**

「宅建では**過去問が大事！**」という話は耳にタコができるほど聞く話ですね。それが意味するところは、**「合格に必要な知識は過去問におおよそ出ているから」**！

宅建では、繰り返し同じテーマから出題されます。たとえば、令和４年【問２】「遺留分」というテーマからは、平成２年以降の30年間で６回も出題があります。過去問をきっちり解いていた人なら、得点に繋げられていそうです。

でも、そうは言っても、**30年分も過去問を遡るなんてムリ**！ですよね。

そういう受験生のために、住宅新報出版は過去問を徹底リサーチ！ それぞれのテーマで過去出題された類題から、**出題された年にこだわらず、絶対解いてほしい良問**を厳選しています。古くても掲載しているのは、それだけ、その問題のコスパが良いということなんです！

つまり、この『一問一答 Pocket』を丸ごとやれば、なんと過去30年以上の本試験の“良いとこどり”がいつの間にか出来てしまうのです！

第2編

宅建業法

第1章 総則

1 「宅地建物取引業」とは

問1 Rank A 用語の定義（宅地） (R1-問42)

宅建業法２条１号に規定する宅地とは、現に建物の敷地に供されている土地に限らず、広く建物の敷地に供する目的で取引の対象とされた土地をいうものであり、その地目、現況の如何を問わない。

問2 Rank A 用語の定義（宅地） (R1-問42)

建物の敷地に供される土地は、都市計画法に規定する用途地域の内外を問わず宅地であるが、道路、公園、河川等の公共施設の用に供されている土地は、用途地域内であれば宅建業法２条１号に規定する宅地とされる。

問3 Rank B 用語の定義（宅地） (R3・10月-問32)

Ａ社が、都市計画法に規定する用途地域外の土地であって、ソーラーパネルを設置するための土地の売買を媒介しようとする場合、免許は必要ない。

問4 Rank A 用語の定義（建物） (R1-問26)

宅建業とは、宅地又は建物の売買等をする行為で業として行うものをいうが、建物の一部の売買の代理を業として行う行為は、宅建業に当たらない。

問5 Rank B 用語の定義（建物） (H17-問30)

Ａが共有会員制のリゾートクラブ会員権（宿泊施設等のリゾート施設の全部又は一部の所有権を会員が共有するもの）の売買の媒介を不特定多数の者に反復継続して行う場合、Ａは免許を受ける必要はない。

参考 基本書 第1章　総則

1「宅地建物取引業」とは

答1　○　（『パーフェクト宅建士　基本書』P.281）

「宅地」とは、**現に建物の敷地に供されている土地**に限らず、地目や現況を問わず、**建物の敷地に供する目的で取引の対象とされる土地**をいう（宅建業法2条、国交省「考え方」）。

答2　×　（P.281）

建物の敷地に供されている土地は「**宅地**」であり、**用途地域内の土地**も原則として「**宅地**」であるが、**用途地域内にあっても、現に道路、公園等の公共施設の用に供されている土地**は、例外として「**宅地**」**ではない**（2条）。

答3　○　（P.281）

建物とは、**屋根及び柱若しくは壁を有するもの**をいうので（建築基準法２条）、ソーラーパネルは建物ではない。よって、**用途地域外の土地**であって**建物を建てる目的もない土地**は「宅地」ではないので、その土地の売買の媒介をする場合、免許は不要である（宅建業法２条、３条）。

答4　×　（P.282）

マンションの専有部分の売買を行うなど、**建物の一部**の**売買の代理**を**業**として行う行為も宅建業に該当する（2条）。

答5　×　（P.282）

リゾート施設の**共有持分**を表象する**リゾートクラブ会員権**も建物等の一部であり、その売買の媒介を業として行うことも宅建業に該当するので、**宅建業の免許**を**受ける必要がある**（3条、2条、国交省「考え方」）。

問6 Rank A **用語の定義（取引業）** (R1-問26)

宅建業の免許を受けていない者が営む宅建業の取引に、宅建業者が代理又は媒介として関与していれば、当該取引は無免許営業に当たらない。

問7 Rank A **用語の定義（取引業）** (H26-問26)

Ａの所有する商業ビルを賃借しているＢが、フロアごとに不特定多数の者に反復継続して転貸する場合、ＡとＢは免許を受ける必要はない。

問8 Rank A **用語の定義（取引）** (H16-問30)

Ａが、その所有する都市計画法の用途地域内の農地を区画割りして、公益法人のみに対して反復継続して売却する場合、Ａは、免許を必要としない。

問9 Rank A **用語の定義（取引業）** (H16-問30)

Ａが、その所有する農地を区画割りして宅地に転用したうえで、一括して宅建業者Ｂに媒介を依頼して、不特定多数の者に対して売却する場合、Ａは免許を必要としない。

答6　×　(P.282)

農業を営むAがその農地を宅地化して業として売却する場合に、その売却に**宅建業者が代理又は媒介として関与**していても、Aは**自ら宅地を業として売買**することに変わりはなく、Aが**宅建業の免許を受けずに売却**すれば、**無免許営業となる**（3条、2条）。

答7　○　(P.282)

Aの**自ら貸借**、Bの**転貸**も**自ら貸借**に該当するので、「**取引」ではなく**、AとBは**免許を受ける必要**は**ない**（3条、2条）。

答8　×　(P.283)

用途地域内の土地は、農地であっても「宅地」であり、その売却（取引）を**公益法人のみ**に**反復継続**して行うことは、不特定かつ多数を相手に反復継続して行うものとして**「業」に該当**する。「公益法人のみ」との限定では「特定」とはいえず、Aは**宅建業を営む者**として免許が必要となる（2条）。

答9　×　(P.282)

Aが「**一括して売却**」するのであれば、「**業」ではない**が、Aは、「**一括して媒介を依頼**」しているに過ぎず、Aは**免許**を**必要とする**（3条、2条）。

問10 Rank B **用語の定義（宅建業者）** （R2・10月-問26）

信託業法3条の免許を受けた信託会社が宅建業を営もうとする場合には、国土交通大臣の免許を受けなければならない。

問11 Rank B **用語の定義（事務所）** （H26-問27）

契約締結権限を有する者を置き、継続的に業務を行う場所であっても、商業登記簿に登載されていない事務所は、宅建業法3条1項に規定する事務所には該当しない。

答10 ×　(P.284)

信託業法の免許を受けた**信託会社**には、宅建業法の**免許に関する規定は適用されず**、宅建業を営む場合は国土交通大臣に届出をすれば、国土交通大臣の免許を受けた宅建業者とみなされるので（77条）、**宅建業の免許**を**受ける必要はない**。

答11 ×　(P.285)

商業登記簿に登載されていなくても、**継続的に業務を行うことができる施設**を**有する場所**で、**宅建業に係る契約締結権限を有する使用人を置くもの**は、宅建業法上の「**事務所**」に**該当**する（令1条の2、国交省「考え方」）。

第1章 総則

2 宅建業の免許

問12 Rank A **免許の種類** (H7-問44)

甲県知事の免許を受けている宅建業者Ａが、自己の所有する建物を不特定多数の者に賃貸するため、新たに乙県内に事務所を設けることとなった場合、Ａは国土交通大臣の免許を申請しなければならない。

問13 Rank B **免許の種類** (H28-問35)

個人である宅建業者Ａ（甲県知事免許）が免許の更新申請を怠り、その有効期間が満了した場合、Ａは、遅滞なく、甲県知事に免許証を返納しなければならない。

問14 Rank A **免許の有効期間** (H23-問26)

宅建業を営もうとする者が、国土交通大臣又は都道府県知事から免許を受けた場合、その有効期間は、国土交通大臣から免許を受けたときは５年、都道府県知事から免許を受けたときは３年である。

問15 Rank A **免許の有効期間** (H29-問36)

宅建業者Ａは、免許の更新の申請をしたが、免許権者である甲県知事の申請に対する処分がなされないまま、免許の有効期間が満了した。この場合、Ａは、当該処分がなされるまで、宅建業を営むことができない。

問16 Rank B **免許の条件** (R2・12月-問31)

免許権者は、免許に条件を付することができ、免許の更新に当たっても条件を付することができる。

参考 基本書 第1章 総則
❷ 宅建業の免許

答12 ×　（『パーフェクト宅建士　基本書』P.286）

新たに設ける乙県内の事務所では、宅建業法上の「取引」を行わないので、宅建業法上の「事務所」ではなく、甲県知事免許から国土交通大臣免許への免許換えの申請は不要である（宅建業法3条、7条、2条）。

答13 ×　（P.286）

免許の有効期間の満了により免許の効力が失われた場合は、免許証の返納義務は免除される（規則4条の4）。

答14 ×　（P.287）

国土交通大臣の免許でも、都道府県知事の免許でも、免許の有効期間は5年である（3条）。

答15 ×　（P.287）

免許の更新申請は、有効期間満了日の90日前から30日前までに行わなければならず、更新申請があった場合に有効期間満了日までに更新に関する処分がないまま有効期間が満了した場合は、処分までそのまま宅建業を営むことができる（3条、規則3条）。

答16 ○　（P.288）

免許権者は、免許（更新を含む）に条件を付することができる（3条の2）。

問17 Rank A **宅建業者名簿** (H11-問32)

宅建業者A（甲県知事免許）が、乙県の区域内の業務に関し乙県知事から指示を受けた場合、甲県に備えられる宅建業者名簿には、その指示の年月日及び内容が記載される。

問18 Rank A **宅建業者名簿** (H6-問38)

国土交通大臣の免許を受けている宅建業者A（事務所数2）が、甲県の主たる事務所を従たる事務所に、乙県の従たる事務所を主たる事務所に変更した場合、Aは、国土交通大臣に変更の届出をしなければならない。

問19 Rank A **宅建業者名簿** (R2・12月-問31)

宅建業者の役員の住所に変更があったときは、30日以内に免許権者に変更を届け出なければならない。

問20 Rank A **宅建業者名簿** (H16-問32)

宅建業者A社（甲県知事免許）の政令で定める使用人Bが本籍地を変更した場合、A社は、その旨を甲県知事に届け出る必要がない。

問21 Rank A **宅建業者名簿** (H29-問36)

宅建業者Aは、宅地又は建物の売買に関連し、事業として、新たに不動産管理業を営むこととした。この場合、Aは兼業で不動産管理業を営む旨を、免許権者である国土交通大臣又は都道府県知事に届け出なければならない。

答17　○　(P.289)

甲県知事免許を受けた宅建業者Aについては、甲県に宅建業者名簿が備えられるが、その名簿には、免許権者のみならず、業務地の知事の行った指示処分の年月日や内容も記載される（8条、規則5条）。

答18　○　(P.289)

本店と支店の入替えにより宅建業者名簿の登載事項である事務所の名称に変更が生じるので、Aは、免許権者である国土交通大臣に変更の届出をしなければならない（9条、8条）。

答19　×　(P.289)

役員の住所は、宅建業者名簿の登載事項ではないので、変更の届出は不要である（9条、8条）。

答20　○　(P.289)

政令使用人の住所や本籍地は、宅建業者名簿の登載事項ではないので、変更の届出は不要である（9条、8条）。

答21　×　(P.289)

宅建業者が、免許取得後に新たに始めた兼業事業については、宅建業者名簿の変更の届出は不要である（9条）。

問22 Rank A **免許換え** (R2・10月-問26)

宅建業者A社（甲県知事免許）は、甲県に２以上の事務所を設置してその事業を営もうとする場合には、国土交通大臣に免許換えの申請をしなければならない。

問23 Rank B **免許換え** (H7-問44)

甲県に本店、乙県に支店を設置し宅建業を営むAが、甲県の本店のみで宅建業を営むことにした場合、Aは、国土交通大臣を経由して甲県知事に免許換えの申請をする必要があるが、乙県知事に廃業の届出をする必要はない。

問24 Rank B **免許換え** (H28-問37)

宅建業者A（甲県知事免許）が乙県内に新たに支店を設置して宅建業を営んでいる場合において、免許換えの申請を怠っていることが判明したときは、Aは、甲県知事から業務停止の処分を受けることがある。

問25 Rank A **廃業等の届出** (H16-問32)

宅建業者個人A（甲県知事免許）が死亡した場合、Aの相続人は、Aの死亡の日から30日以内に、その旨を甲県知事に届け出なければならない。

問26 Rank A **廃業等の届出** (H9-問33)

宅建業者A（法人、甲県知事免許）が合併により消滅した場合、A社の代表役員であった者は甲県知事にその旨の届出をしなければならないが、A社の免許は、当該届出の時にその効力を失う。

答22　×　(P.290)

設置する事務所はすべて**免許を受けた甲県知事の管轄する甲県内**にあるので、**免許換え**は**不要**である（7条）。なお、この場合、Aは、宅建業者名簿の変更の届出をする（9条、8条）。

答23　×　(P.290)

廃業の届出が**不要**な点は正しいが、**甲県知事への免許換え**は、**甲県知事**に**直接申請**する必要がある（7条、4条）。

答24　×　(P.290)

免許換えの申請を怠ると、**必ず免許取消処分を受ける**ので、業務停止処分は受けない（66条、7条、3条）。

答25　×　(P.291)

相続人は、**死亡を知った日**から**30日以内**に届け出なければならない（11条）。

答26　×　(P.291)

法人である宅建業者が**合併により消滅**した場合、**消滅会社の代表役員であった者**は、**免許権者**に**届出**をしなければならないが、**免許失効の時期**は届出時ではなく、**合併消滅時**となる（11条）。

問27 Rank A **免許の失効と取引の結了** (H23-問36)

宅建業の免許を取り消された者は、免許の取消し前に建物の売買の広告をしていれば、当該建物の売買契約を締結する目的の範囲内においては、なお宅建業者とみなされる。

問28 Rank B **宅建業の免許の性質** (H22-問28)

免許を受けている個人Aが死亡した場合、相続人にAの免許は承継されないが、相続人は、Aが生前に締結した契約に基づく取引を結了するための業務を行うことができるので、当該業務が終了した後に廃業届を提出すればよい。

問29 Rank A **宅建業の免許の性質** (R2・10月-問26)

宅建業者A社（甲県知事免許）が宅建業者ではないB社との合併により消滅した場合には、B社は、A社が消滅した日から30日以内にA社を合併した旨を甲県知事に届け出れば、A社が受けていた免許を承継できる。

答27　×　(P.291)

免許が取り消された者について、**取消し後も宅建業者とみなされる**のは、**免許取消し前に締結した契約**に基づく**取引を結了する目的の範囲内**に限定されるので、広告をしただけで宅建業者とみなされることはない（76条）。

答28　×　(P.291、292)

相続による**免許の承継はない。**相続人は、死亡した個人Ａが締結した契約に基づく取引を結了する目的の範囲内で宅建業者とみなされるが（76条）、**届出**は、死亡したことを**相続人**が**知った日から30日以内**に行う必要がある（11条）。

答29　×　(P.292)

合併により免許を受けた**Ａ社は消滅**し**免許は失効**するので（11条）、Ｂ社が届出をしても、**Ａ社の免許**は**承継できない。**

3 宅地建物取引士

問30 Rank A 宅建士 (R5-問38)

宅地建物取引士とは、宅地建物取引士資格試験に合格し、都道府県知事の登録を受けた者をいう。

問31 Rank A 宅建士 (H9-問32)

甲県知事の登録を受けているAは、甲県知事に対し宅建士証の交付を申請できるが、Aの登録及び宅建士証の有効期間は、5年である。

問32 Rank A 宅建士の事務 (H25-問44改)

宅建業法35条に規定する事項を記載した書面への記名及び同法37条の規定により交付すべき書面への記名については、専任の宅建士でなければ行ってはならない。

問33 Rank B 宅建士の事務 (H28-問30改)

宅建業者は、宅建士をして37条書面に記名をさせなければならないが、当該書面の交付は宅建士でない従業者に行わせることができる。

問34 Rank A 専任の宅建士の設置 (H23-問28)

宅建業者は、20戸以上の一団の分譲建物の売買契約の申込みのみを受ける案内所を設置し、売買契約の締結は事務所で行う場合、当該案内所には専任の宅建士を置く必要はない。

答30　×　（『パーフェクト宅建士　基本書』P.293）

宅建士（宅地建物取引士）とは、①**宅建試験**（宅地建物取引士資格試験）に**合格**し、②**知事の登録**を受け、③**宅建士証**（宅地建物取引士証）の**交付**を受けた者をいう。登録を受けただけで宅建士証の交付を受けていなければ、宅建士の資格者に過ぎず法定事務を行うことはできないので、宅建士ではない（２条）。

答31　×　（P.293）

宅建士証の有効期間は**５年**であるが（宅建業法22条の2）、**登録**には**有効期間はない**。

答32　×　（P.294）

宅建士であれば、**専任の宅建士でなくとも**、宅建士の法定事務である**35条書面への記名**及び**37条書面への記名**を行うことが**できる**（35条、37条）。

答33　○　（P.294）

37条書面への記名は**宅建士の法定事務**であるが（37条）、**37条書面の交付**は宅建士の法定事務ではないので、**誰が**行ってもよい。

答34　×　（P.294）

売買契約の締結を事務所で行う場合でも、一団の分譲建物の**売買契約の申込みを受ける案内所**には、**専任の宅建士**を**置く必要**がある（31条の3、規則15条の5の2）。

問35 Rank B **役員が宅建士である場合の特例** (H8-問43)

法人である宅建業者A（甲県知事免許）の役員であり、かつ、当該事務所で宅建業以外の業務に従事していた宅建士Bを主として宅建業の業務に従事させることとした場合、Aは、専任の宅建士の変更について甲県知事に届出をする必要はない。

問36 Rank A **役員が宅建士である場合の特例** (H8-問43改)

宅建業に係る営業に関し成年者と同一の行為能力を有する18歳未満の者である宅建士Bは、法人である宅建業者Aの役員であるときを除き、その法人Aの事務所等の専任の宅建士となることができない。

問37 Rank A **専任の宅建士の設置要件への適合措置** (H24-問36)

宅建業者A社は、その主たる事務所に従事する唯一の専任の宅建士が退職したときは、30日以内に、新たな専任の宅建士を設置しなければならない。

問38 Rank B **資格登録簿** (H28-問38)

宅建士の氏名等が登載されている宅建士資格登録簿は一般の閲覧に供されることはないが、専任の宅建士は、その氏名が宅建業者名簿に登載され、当該名簿が一般の閲覧に供される。

答35　×　(P.295)

主として宅建業の業務に従事する役員は、その者が**主として業務に従事する事務所**の**専任の宅建士とみなされる**ので、**変更の届出**が**必要**になる（31条の3、9条、8条）。

答36　○　(P.295)

いわゆる**営業の許可**を受けても「**未成年者**」は、**原則**として「**成年者**」**である専任の宅建士**に**なることはできない**が、**例外**として、個人である宅建業者である場合、または**法人である宅建業者**の「**役員**」である場合は、その者が主として業務に従事する事務所等の**成年者である専任の宅建士**と**みなされる**（31条の3）。

答37　×　(P.296)

法定数の専任の宅建士に不足が生じた場合、宅建業者は、**２週間以内**に補充等の**必要な措置**を執らなければならない（31条の3）。

答38　○　(P.288、296)

宅建士の氏名等が登載されている**宅建士資格登録簿**（18条）は**一般の閲覧に供されることはない**が、事務所ごとの専任の宅建士の氏名が登載されている**宅建業者名簿**は、**一般の閲覧に供される**（10条）。

問39 Rank A **資格登録簿** (H20-問33)

宅建士資格試験に合格した者で、宅地建物の取引に関し２年以上の実務経験を有するもの、又は都道府県知事がその実務経験を有するものと同等以上の能力を有すると認めたものは、宅建業法18条１項の登録を受けることができる。

問40 Rank B **資格登録簿** (H16-問33)

宅建業者Ａ社（甲県知事免許）の宅建士は、専任の宅建士Ｂのみである。Ａ社が事務所を乙県に移転したため、乙県知事の免許を取得した場合、Ｂは宅建士資格登録簿の変更の登録を申請しなければならない。

問41 Rank A **宅建士証** (R1-問44)

宅建士資格試験に合格した者は、宅地建物取引に関する実務の経験を有しない場合でも、合格した日から１年以内に登録を受けようとするときは、登録実務講習を受講する必要はない。

問42 Rank A **宅建士証** (H8-問43)

宅建業者Ａが、甲県知事から宅建士証の交付を受けているＢを専任の宅建士とした場合、Ｂは、同知事にその書換え交付を申請しなければならない。

答39 ×　(P.296)

宅建士資格試験（宅建試験）に合格した者が登録を受けるには、①**2年以上の実務経験**を有するか、又は②登録実務講習を受講するなどして、「**国土交通大臣**」**がその実務経験を有するものと同等以上の能力を有すると認めたもの**である必要がある（18条）。

答40 ○　(P.297)

宅建業者が**免許換え**をすると**免許証番号**が**変わる**。そして、免許証番号は**資格登録簿の登載事項**なので、**勤務する宅建士**も**資格登録簿**の**変更の登録**を**申請しなければならない**（18条、規則14条の2の2、20条）。

答41 ×　(P.296、297)

2年以上の実務経験がないものが**登録**を受けるには、合格した日から1年以内に登録を受ける場合であっても、**登録実務講習**を**受講しなければならない**（18条）。宅建士証の交付（更新）の際の法定講習と勘違いしないこと。

答42 ×　(P.298)

宅建士が**勤務する宅建業者の商号又は名称**は、そもそも**宅建士証の記載事項ではなく**、たとえ専任の宅建士となる場合であっても、宅建士証の**書換え交付**の申請をする**必要はない**（規則14条の13、14条の11）。

問43 Rank A **登録の移転** (H21-問29)

甲県知事の宅建士の登録を受けている者が、その住所を乙県に変更した場合、甲県知事を経由して乙県知事に対し登録の移転を申請することができる。

問44 Rank A **登録の移転** (H15-問33)

甲県知事の登録を受けている宅建士Aは、乙県知事から事務の禁止処分を受けたが、乙県内に所在する宅建業者Bの事務所の業務に従事しているため、その禁止の期間が満了すれば、甲県知事を経由して、乙県知事に登録の移転申請ができる。

問45 Rank A **登録の移転** (H20-問30)

Aは、甲県知事から宅建士証の交付を受けている。Aは、乙県での勤務を契機に乙県に宅建士の登録の移転をしたが、甲県知事の宅建士証の有効期間が満了していなかったので、その宅建士証を用いて宅建士としてすべき事務を行うことができる。

問46 Rank A **登録の移転** (H10-問30)

甲県知事の登録を受けているAが、乙県に所在する宅建業者の事務所の業務に従事するため、登録の移転とともに宅建士証の交付を受けたとき、登録移転後の新たな宅建士証の有効期間は、その交付の日から５年となる。

答43 ×　(P.300)

登録の移転申請は、**登録地以外の都道府県に所在する宅建業者の事務所の業務に従事する（しようとする）場合に限られる**（19条の2）。住所を他の都道府県に変更しただけでは申請できない。

答44 ○　(P. 300)

事務禁止処分の期間中は、**登録の移転申請はできない**が、事務禁止処分の期間の**満了後**は登録を受けている甲県知事を経由して、移転先の乙県知事に**登録の移転申請ができる**（19条の2）。

答45 ×　(P. 300)

登録の移転がなされると、**従前の宅建士証**は**失効する**ので、**従前の宅建士証**を用いて**宅建士の事務を行うことはできない**（2条、22条の2）。

答46 ×　(P. 300)

登録の移転申請とともに新たな宅建士証の交付申請があったときは、移転後の知事は、「**従前の宅建士証の有効期間の残りの期間**」を有効期間とする**宅建士証**を**交付**しなければならない（22条の2）。

問47　Rank A　**死亡等の届出**　(H20-問33改)

宅建士が心身の故障により宅建士の事務を適正に行うことができない者として国土交通省令で定めるものになった場合、その日から30日以内にその旨を登録している都道府県知事に、本人、法定代理人又は同居の親族が届け出なければならない。

問48　Rank A　**宅建士証の提出義務**　(H30-問32)

甲県知事の登録を受けている宅建士が、乙県知事から事務の禁止の処分を受けた場合は、速やかに、宅建士証を乙県知事に提出しなければならない。

問49　Rank A　**宅建士証の提示義務**　(R1-問40)

宅建業者の従業者は、取引の関係者の請求があったときは、従業者証明書を提示しなければならないが、宅建士は、重要事項の説明をするときは、請求がなくても説明の相手方に対し、宅建士証を提示しなければならない。

問50　Rank B　**信用失墜行為の禁止**　(R4-問29)

宅建士は、宅建士の信用を害するような行為をしてはならず、信用を害するような行為には、宅建士の職務に必ずしも直接関係しない行為や私的な行為も含まれる。

答47　○　(P.301)

このような者に該当した場合、本人、法定代理人又は同居の親族が、該当したその日から30日以内に、登録を受けている知事に届け出なければならない（18条、21条）。

答48　×　(P.302)

宅建士が事務禁止処分を受けた場合は、速やかに宅建士証を「交付を受けた知事（甲県知事）」に提出しなければならない（22条の2）。

答49　○　(P.303)

従業者は、取引の関係者から請求があったときには、従業者証明書を提示しなければならず、宅建士は重要事項説明をするときには、請求がなくても宅建士証を提示しなければならない（48条、35条）。

答50　○　(P.303)

宅建士は、宅建士の信用を害するような行為をしてはならず、信用を害するような行為には、宅建士の職務に必ずしも直接関係しない行為や私的行為も含まれる（15条の２、国交省「考え方」）。

第1章 総則

4 免許の基準と登録の基準

問51 Rank A **免許の基準** (H21-問27改)

破産手続開始決定を受けた個人Ａは、復権を得てから５年を経過しなければ、宅建業の免許を受けることができない。

問52 Rank A **免許の基準** (H18-問30)

Ａ社は不正の手段により免許を取得したとして甲県知事から免許を取り消されたが、Ａ社の取締役Ｂは、当該取消に係る聴聞の期日及び場所の公示の日の30日前にＡ社の取締役を退任した。Ａ社の免許取消の日から５年を経過していない場合、Ｂは免許を受けることができない。

問53 Rank A **免許の基準** (H21-問27)

宅建業者Ａは、業務停止処分の聴聞の期日及び場所が公示された日から当該処分をする日又は当該処分をしないことを決定する日までの間に、相当の理由なく廃業の届出を行った。この場合、Ａは、当該届出の日から５年を経過しなければ、免許を受けることができない。

問54 Rank A **免許の基準** (H27-問27)

Ａ社は、不正手段により免許を取得したことによる免許取消処分に係る聴聞の期日及び場所が公示された日から当該処分がなされるまでの間に、合併により消滅したが、合併に相当の理由がなかった。この場合においては、当該公示の日の50日前にＡ社の取締役を退任したＢは、当該消滅の日から５年を経過しなければ、免許を受けることができない。

答51　×　（『パーフェクト宅建士　基本書』P.305）

破産手続開始の決定を受けても、復権を得れば、５年経過を待つことなく、免許を受けることができる（宅建業法5条）。

答52　○　（P.306）

不正手段で宅建業の免許を受けたことを理由に免許取消処分を受けると、Ａ社は取消し日から５年を経過するまで免許欠格者となり、免許取消処分の聴聞の期日や場所の公示日前60日以内にその法人の役員だったＢもＡ社の免許取消しの日から５年経過するまで免許欠格者となる（5条）。

答53　×　（P.307）

一定事由による免許取消処分であれば、聴聞の公示日後その処分等の日までに相当の理由なく廃業の届出をすると、届出日から５年間、免許欠格者となるが、本問はそれが業務停止処分であるから、免許欠格者となることはない（5条）。

答54　○　（P.307）

法人である宅建業者が、不正手段による免許取得を理由とする免許取消処分の聴聞の期日や場所の公示日後、処分までの間に相当の理由なく合併消滅した場合、聴聞の公示日前60日以内にその法人の役員であった者は、合併消滅日から５年を経過するまでは免許欠格者となり、免許を受けることはできない（5条）。

問55 Rank A **免許の基準** (H30-問36)

宅建業を営もうとする個人Ａが、懲役の刑に処せられ、その執行を終えた日から５年を経過しない場合、Ａは免許を受けることができない。

問56 Rank A **免許の基準** (H28-問37)

Ａが免許の申請前５年以内に宅建業に関し不正又は著しく不当な行為をした場合には、その行為について刑に処せられていなかったとしても、Ａは免許を受けることはできない。

問57 Rank A **免許の基準** (H27-問27)

営業に関し成年者と同一の行為能力を有しない未成年者Ａの法定代理人Ｂが、刑法247条（背任）の罪により罰金の刑に処せられていた場合、その刑の執行が終わった日から５年を経過していなければ、Ａは免許を受けることができない。

問58 Rank A **免許の基準** (H5-問36)

Ａ社の取締役Ｂが、３年前に刑法233条の業務妨害の罪を犯し、罰金の刑に処せられその執行を終えていたとき、Ａ社は免許を受けることができる。

問59 Rank A **免許の基準** (H18-問30)

Ａ社の取締役が、刑法159条（私文書偽造）の罪を犯し、地方裁判所で懲役２年の判決を言い渡されたが、この判決に対して高等裁判所に控訴して現在裁判が係属中である。この場合、Ａ社は免許を受けることができない。

答55 ○ (P.308)

禁錮以上の刑である**懲役刑**に処せられた場合は、その**執行を終えた日から５年を経過**するまでは免許欠格者であり、**免許**を**受けることはできない**（5条）。

答56 ○ (P.309)

免許の申請前５年以内に**宅建業に関し不正又は著しく不当な行為をした**場合、刑に処せられたか否かにかかわらず、Ａは**免許欠格者**であり、**免許**を**受けることはできない**（5条）。

答57 ○ (P.310)

営業に関し成年者と同一の**行為能力を有しない未成年者**Ａが**免許を受ける**には、その**法定代理人も免許欠格者でないこと**が必要となるところ、**背任罪により罰金刑**に処せられた場合は、その**執行が終わった日から５年**を経過するまでは、**免許欠格者**となるので、**Ａ**は、**免許を受けること**はできない（5条）。

答58 ○ (P.311)

業務妨害罪で**罰金刑**に処せられても、**免許欠格者とはならない**ので、Ａ社の**役員Ｂ**は**免許欠格者ではなく**、**Ａ社**は**免許を受けること**が**できる**（5条）。

答59 × (P.311)

地方裁判所で懲役刑の判決を受けても、控訴して**裁判が係属中**の場合は、**罪を犯したことにはならない**ので、**取締役は免許欠格者ではなく**、**Ａ社**は**免許を受けることができる**（5条）。

問60 Rank A **免許の基準** (H20-問31)

免許を受けようとするＡ社に、刑法204条（傷害）の罪により懲役１年執行猶予２年の刑に処せられ、その猶予期間が満了している役員がいる場合、その満了の日から５年を経過しなければ、Ａ社は免許を受けることができない。

問61 Rank B **免許の基準** (H23-問27)

Ａ社の役員Ｂは、宅建業者Ｃ社の役員として在籍していたが、その当時、Ｃ社の役員Ｄがかつて禁錮以上の刑に処せられ、その刑の執行が終わった日から５年を経過していないとしてＣ社は免許を取り消されている。この場合、Ａ社は、Ｃ社が免許を取り消されてから５年を経過していなくても、免許を受けることができる。

問62 Rank A **免許の基準** (H5-問36)

Ａ社の相談役Ｂが、暴力団員による不当な行為の防止等に関する法律２条６号に規定する暴力団員であり、かつ、社長ＣよりもＡ社に対する支配力が大きい場合、Ａ社は免許を受けることができない。

問63 Rank A **免許の基準** (H6-問35)

Ａ社の主たる事務所に従事する者が16名（営業14名、一般管理部門２名）、従たる事務所に従事する者が５名である場合、Ａ社は、専任の宅建士を、少なくとも主たる事務所にあっては４名、従たる事務所にあっては１名置かなければ、免許を受けることができない。

答60　×　(P.311)

執行猶予期間の満了により刑の言渡しは効力を失い（刑法27条）、役員は執行猶予期間の満了日の翌日からは免許欠格者ではなくなる。よって、Ａ社は免許を受けることができる（宅建業法5条）。

答61　○　(P.311)

役員Ｂがかつて在籍していたＣ社は一定事由による免許取消処分を受けたわけではなく、Ｃ社の役員だったＢは免許欠格者とはならない。よって、Ａ社は免許欠格者を役員としているわけではないので、免許を受けることができる（5条）。

答62　○　(P.311)

社長よりも会社に対する支配力が大きい相談役は、役員に該当し、また指定暴力団の構成員である暴力団員は、免許欠格者である。ゆえに免許欠格者を役員とするＡ社は、免許を受けることができない（5条）。

答63　○　(P.311)

事務所には、一般管理部門に属する者を含め、業務に従事する者５名に１名以上の割合で専任の宅建士を設置しなければ免許を受けることができないところ、Ａ社は、業務に従事する者が主たる事務所で16名、従たる事務所で５名であるから、それぞれ専任の宅建士を４名と１名、設置しなければ、免許を受けることはできない（5条、31条の3、規則15条の5の3）。

問64 Rank A 免許の基準 (H6-問35)

A社が免許の申請書を提出するにあたって、重要な事項について虚偽の記載をしたときは、A社は免許を受けることができない。

問65 Rank A 登録の基準（欠格事由） (R4-問33)

宅建士資格試験は未成年者でも受験できるが、宅建士の登録は成年に達するまでいかなる場合にも受けることができない。

問66 Rank B 登録の基準（欠格事由） (H9-問32改)

宅建士Aが、宅建士として行う事務に関し不正な行為をし、令和６年５月１日から６か月間の事務の禁止の処分を受け、同年６月１日に登録の消除の申請をして消除された場合、Aは、同年12月１日以降でなければ登録を受けることができない。

答64　○　(P.311)

免許申請書の重要な事項について**虚偽の記載**をしたときは、**免許**を**受けることができない** (5条)。

答65　×　(P.310)

宅建試験は、受験資格の制限はなく、未成年者でも受験できる。試験合格後の登録は、原則として未成年者は登録できないが、法定代理人から宅建業の営業の許可を受けて、**宅建業に関し成年者と同一の行為能力を有する未成年者**は、他の登録基準に抵触しない限り、**登録**を**受けることができる** (18条)。

答66　×　(P.314)

宅建士が**事務禁止処分**を受け、その**期間中**に**本人の申請**により**登録が消除**された場合、**事務禁止期間が満了するまで**は、再度、**登録**を**受けることができない** (18条)。Aは10月31日には事務禁止期間が満了するので、「11月1日以降」であれば、登録を受けることができる。

5 営業保証金制度

問67 Rank A **営業保証金の供託** (R2・10月-問35)

Aが甲県内に本店及び2つの支店を設置して宅建業を営もうとする場合、供託すべき営業保証金の合計額は1,200万円である。

問68 Rank A **営業保証金の供託** (H24-問33)

宅建業者A社は、営業保証金を本店及び支店ごとにそれぞれ最寄りの供託所に供託しなければならない。

問69 Rank A **営業保証金の供託** (H11-問38)

宅建業者Aが有価証券を営業保証金に充てるときは、国債証券についてはその額面金額を、地方債証券又はそれら以外の債券についてはその額面金額の100分の90を有価証券の価額としなければならない。

問70 Rank B **供託の届出と営業の開始** (H6-問45)

宅建業者は、営業保証金を供託しても、その旨を免許権者に届け出た後でなければ事業を開始できず、これに違反したときは、6か月以下の懲役に処せられることがある。

問71 Rank A **供託の届出と営業の開始** (R2・12月-問33)

宅建業者は、事業の開始後、新たに従たる事務所を設置したときは、その従たる事務所の最寄りの供託所に政令で定める額の営業保証金を供託し、その旨を免許権者に届け出なければならない。

答67 ×　(『パーフェクト宅建士　基本書』P.318)

本店1,000万円と**支店２つで500万円×２＝1,000万円で合計額は2,000万円**である（宅建業法25条、令2条の4）。

答68 ×　(P.318)

すべての事務所分の営業保証金を**主たる事務所**（本店）の**最寄りの供託所**に**一括**して**供託**しなければならない（25条）。

答69 ×　(P.319)

有価証券をもって営業保証金に充てるときは、**国債証券は額面金額**であるが、政府保証債証券や**地方債証券は額面の90%**、**それ以外の有価証券は額面金額の80%**で評価される（25条、規則15条）。

答70 ○　(P.319)

宅建業者は、**営業保証金を供託**し、その旨を**免許権者に届け出た後**でなければ、**事業開始はできず**（25条）、**届出をせず**に、**事業を開始**すると、罰則として、**６か月以下の懲役**や罰金に処せられることがある（81条）。

答71 ×　(P.319)

宅建業者が**事業開始後**、新たに**従たる事務所を新設**したときは、その事務所分の営業保証金（１か所につき500万円）を**主たる事務所の最寄りの供託所**に**供託**し、**免許権者**に**届け出なければならない**（26条、25条）。

問72 Rank A 営業保証金の供託をしないときの措置 (R5-問30)

宅建業者Ａ（甲県知事免許）が免許を受けた日から６か月以内に甲県知事に営業保証金を供託した旨の届出を行わないとき、甲県知事はその届出をすべき旨の催告をしなければならず、当該催告が到達した日から１か月以内にＡが届出を行わないときは、その免許を取り消すことができる。

問73 Rank A 営業保証金の還付 (R2・10月-問35)

宅建業者Ａから建設工事を請け負った建設業者は、Ａに対する請負代金債権について、営業継続中のＡが供託している営業保証金から弁済を受ける権利を有する。

問74 Rank A 営業保証金の補充供託 (H18-問34)

宅建業者は、取引の相手方の権利の実行により営業保証金の額が政令で定める額に不足することになったときは、通知書の送付を受けた日から２週間以内に不足額を金銭で供託しなければならない。

問75 Rank A 営業保証金の保管替え等 (H11-問38)

宅建業者Ａが、営業保証金を金銭と有価証券で供託している場合で、本店を移転したため最寄りの供託所が変更したとき、Ａは、金銭の部分に限り、移転後の本店の最寄りの供託所への営業保証金の保管替えを請求することができる。

答72 ×　(P.320)

免許権者（甲県知事）は、宅建業者がその**免許を受けた日から3か月以内**に**営業保証金を供託した旨の届出を行わない**ときは、**届出をすべき旨の催告**を**しなければならず、催告が到達した日から1か月以内**に**届出をしない**ときは、**免許**を**取り消すことができる**（25条）。

答73 ×　(P.321)

営業保証金から**弁済**を受けられるのは、**宅建業に関し取引をした者**（宅建業者を除く）の**取引により生じた債権**に**限られる**（27条）。よって、建設業者は、建設工事の請負代金債権について、弁済を受ける権利を有しない。

答74 ×　(P.322)

営業保証金の額が不足することになったときは、**免許権者**から**通知書の送付を受けた日から2週間以内**に**不足額**を**供託**しなければならないが、この供託は「**金銭**だけではなく、**一定の有価証券**」でも**供託できる**（28条、25条）。

答75 ×　(P.323)

保管替えの請求が可能となるのは、**営業保証金**のすべてを**金銭のみで供託**している場合であり（29条）、**金銭と有価証券で供託**している場合は、その全額について、**二重に供託してから従前の営業保証金を取り戻す**ことになる。

問76 Rank A **営業保証金の取戻し** (R4-問41)

宅建業者の代表者が、その業務に関し刑法222条（脅迫）の罪により懲役の刑に処せられたことを理由に宅建業の免許を取り消された場合、当該宅建業者であった者は、当該刑の執行を終わった日から５年間は供託した営業保証金を取り戻すことができない。

問77 Rank A **営業保証金の取戻し** (H23-問30)

宅建業者Ａ社は、宅建業の廃業により営業保証金を取り戻すときは、営業保証金の還付を請求する権利を有する者（還付請求権者）に対して公告しなければならないが、支店の廃止により営業保証金を取り戻すときは、還付請求権者に対して公告する必要はない。

問78 Rank B **営業保証金の取戻し** (H9-問35)

保証協会に加入している宅建業者Ａ（甲県知事免許）は、保証協会加入前に供託していた営業保証金を取り戻す場合、還付請求権者に対する公告をした旨を甲県知事に届け出なければならない。

問79 Rank B **営業保証金の取戻し** (H23-問30)

Ａ社は、宅建業の廃業によりその免許が効力を失い、その後に自らを売主とする取引が結了した場合、廃業の日から10年経過していれば、還付請求権者に対して公告することなく、営業保証金を取り戻すことができる。

答76　×　(P.324)

宅建業者が免許を取り消された場合は、営業保証金は一定の手続きを経て取り戻すことができる(30条)。免許を取り消された結果、一定期間、免許欠格者となるか否かと、営業保証金の取戻しの可否は、無関係である。

答77　×　(P.324)

営業保証金の取戻しには、原則として、事前に公告をする必要があり、支店を廃止することにより、その支店分の営業保証金を取り戻す場合においても、還付請求権者に対する公告が必要である(30条)。

答78　×　(P.325)

宅建業者は、保証協会の社員になったことにより、営業保証金の供託が不要となったときは、公告なしに営業保証金を取り戻すことができるので(64条の14)、公告をしたときに要求される免許権者への届出も不要である。

答79　×　(P.325)

取り戻すことができる事由が発生した時から10年経過したときは公告なしに営業保証金の取戻しができるが、宅建業を廃業しても、取引を結了する目的の範囲内においては、なお宅建業者とみなされ、取引を継続できるので、「取引結了から10年経過」しないと公告なしの取戻しは認められない(30条、76条)。

6 保証協会制度

問80 Rank A **保証協会への加入** (H12-問45)

宅建業者は、宅建業を行うに当たり保証協会へ加入することが義務付けられているが、一の保証協会の社員となった後に、重ねて他の保証協会の社員となることはできない。

問81 Rank A **保証協会への加入** (H14-問43)

保証協会は、一般財団法人でなければならない。

問82 Rank A **保証協会への加入** (H8-問44)

宅建業者A（事務所数１）は、保証協会に加入するため弁済業務保証金分担金を納付する場合、国債証券、地方債証券その他一定の有価証券をもってこれに充てることができ、国債証券を充てるときは、その額面金額は60万円である。

問83 Rank A **保証協会への加入** (R1-問33)

宅建業者で保証協会に加入した者は、その加入の日から２週間以内に、弁済業務保証金分担金を保証協会に納付しなければならない。

問84 Rank A **保証協会への加入** (R1-問33)

保証協会の社員は、新たに事務所を設置したにもかかわらずその日から２週間以内に弁済業務保証金分担金を納付しなかったときは、保証協会の社員の地位を失う。

参考 基本書 第1章　総則
5 営業保証金と保証協会

答80　×　（『パーフェクト宅建士　基本書』P.325）

宅建業者は、保証協会に加入する場合は、**いずれか1つの保証協会の社員**となることしかできないが（宅建業法64条の4）、保証協会に加入しなくても**営業保証金制度を用いる**こともできるので、**加入が義務付けられているわけではない。**

答81　×　（P.325）

保証協会は、「**一般社団法人**」でなければならない（64条の2）。

答82　×　（P.326）

宅建業者は、**弁済業務保証金分担金**を**金銭**で**納付**しなければならず、有価証券での納付は認められない（64条の9）。

答83　×　（P.326）

保証協会に加入しようとする宅建業者は、「**加入しようとする日まで**」に、**弁済業務保証金分担金**を**保証協会に納付**しなければならない（64条の9）。

答84　○　（P.326）

保証協会の社員である宅建業者は、**新たに事務所を設置**したときは、**設置した日から2週間以内**に、**弁済業務保証金分担金**を**保証協会**に**納付**しなければならず、これを怠った場合、**保証協会の社員の地位**を**失う**（64条の9）。

問85 Rank A **保証協会への加入** (R2・12月-問30)

本店と３つの支店を有する宅建業者が保証協会に加入しようとする場合、当該保証協会に110万円の弁済業務保証金分担金を納付しなければならない。

問86 Rank A **保証協会の弁済業務制度** (H26-問39)

保証協会は、その社員である宅建業者から弁済業務保証金分担金の納付を受けたときは、その納付を受けた日から２週間以内に、その納付を受けた額に相当する額の弁済業務保証金を供託しなければならない。

問87 Rank A **保証協会の弁済業務制度** (H29-問39改)

営業保証金を供託している宅建業者Ａは、令和４年５月１日に、保証協会の社員である宅建業者Ｂに手付金500万円を支払い、宅地の売買契約を締結した。宅地の引渡しの前にＢが失踪し、宅地の引渡しを受けることができなくなったときは、Ａは、手付金について、弁済業務保証金から弁済を受けることができる。

問88 Rank A **保証協会の弁済業務制度** (H17-問45)

宅建業者Ａが保証協会に加入する前に、Ａと宅建業に関し取引をした者は、弁済業務保証金について弁済を受けることができない。

答85　×　(P.326)

弁済業務保証金分担金は、**本店60万円**、**支店1か所につき30万円**の**割合の合計額**であり、本問の宅建業者は、「60万円＋30万円×3＝**150万円**」の**分担金**を**納付しなければならない**（64条の9、令7条）。

答86　×　(P.327)

弁済業務保証金分担金の納付を受けた**保証協会**は、その日から「**1週間以内**」に、その**納付を受けた額に相当する額の弁済業務保証金**を供託所に**供託**しなければならない（64条の7）。

答87　×　(P.327)

本問において、営業保証金を供託している宅建業者Bの取引の相手方Aは、宅建業者ではあるが、**宅建業者が取引の相手方**である場合、その宅建業者は、**弁済業務保証金**から**弁済を受けることはできない**（64条の8）。

答88　×　(P.327)

宅建業者が**保証協会に加入する前**に、**宅建業に関して取引した者**（宅建業者を除く）も、**弁済業務保証金**から**弁済を受けることができる**（64条の8）。

問89 Rank A **保証協会の弁済業務制度** (H2-問50)

390万円の弁済業務保証金分担金を納付して保証協会の社員となった者との宅地建物の取引に関し債権を有する者（宅建業者を除く）は、5,500万円を限度として、当該保証協会が供託している弁済業務保証金から弁済を受ける権利を有する。

問90 Rank A **保証協会の弁済業務制度** (R2・10月-問36)

保証協会の社員と宅建業に関し取引をした者が、その取引により生じた債権に関し、弁済業務保証金について弁済を受ける権利を実行するときは、当該保証協会の認証を受けるとともに、当該保証協会に対し、還付請求をしなければならない。

問91 Rank A **保証協会の弁済業務制度** (R2・10月-問36)

保証協会は、弁済業務保証金の還付があったときは、当該還付額に相当する額の弁済業務保証金を供託しなければならない。

問92 Rank A **保証協会の弁済業務制度** (H25-問39)

保証協会は、弁済業務保証金の還付があったときは、当該還付に係る社員又は社員であった者に対し、当該還付額に相当する額の還付充当金をその主たる事務所の最寄りの供託所に供託すべきことを通知しなければならない。

答89　×　(P.327)

保証協会の社員である宅建業者と取引をした者が**弁済業務保証金から弁済を受けることができる限度額**は、当該社員が**社員でないとしたならばその者が供託すべき営業保証金に相当する額**である（64条の8）。**390万円の弁済業務保証金分担金**を納付している宅建業者は、**本店1**（60万円）＋**支店11**（30万円×11＝330万円）であるから、**営業保証金に換算**すると本店1（1,000万円）＋支店11（500万円×11＝5,500万円）で、**6,500万円**が**限度額**になる（64条の9、25条、令7条、2条の4）。

答90　×　(P.327)

弁済業務保証金から還付を受ける権利を実行するときは、弁済を受けることができる額について**保証協会の認証**を受けるとともに、「**供託所**」**に対し**、**還付請求**をしなければならない（64条の8）。

答91　○　(P.328)

保証協会は、**弁済業務保証金の還付があったとき**は、**還付された額に相当する額**の**弁済業務保証金**を**供託しなければならない**。なお、供託すべき期限は、国土交通大臣から通知書の送付を受けた日から2週間以内である（64条の8）。

答92　×　(P.328)

保証協会は、**弁済業務保証金の還付があった**ときは、還付に係る社員又は社員であった者に対し、**還付充当金**を「**保証協会に納付**」**すべきこと**を**通知しなければならない**（64条の10）。

問93 Rank A **保証協会の弁済業務制度** (H22-問43)

保証協会から還付充当金を納付すべきことの通知を受けた社員は、その通知を受けた日から１か月以内に、その通知された額の還付充当金を当該保証協会に納付しなければならない。

問94 Rank B **保証協会の弁済業務制度** (H6-問46)

保証協会に加入する宅建業者Ａは、Ａとの不動産取引により債権が生じたＢが還付を受け、当該還付額相当額の還付充当金を納付すべきことを保証協会から通知されたときは、２週間以内にこれを納付することを要し、その納付をしないときは、Ａの免許は効力を失う。

問95 Rank B **保証協会の弁済業務制度** (H12-問45)

保証協会に加入している宅建業者Ａが、保証協会から特別弁済業務保証金分担金を納付すべき旨の通知を受けた場合で、その通知を受けた日から２週間以内に、通知された額の特別弁済業務保証金分担金を保証協会に納付しないとき、Ａは、社員の地位を失う。

問96 Rank B **弁済業務保証金分担金の返還** (H30-問44)

保証協会の社員である宅建業者Ａは、保証協会の社員の地位を失った場合、Ａとの宅建業に関する取引により生じた債権に関し権利を有する者に対し、６か月以内に申し出るべき旨の公告をしなければならない。

答93　×　(P.328)

保証協会から還付充当金を納付すべきことの通知を受けた社員は、その通知を受けた日から「２週間以内」に、通知された額の還付充当金を保証協会に納付しなければならない（64条の10）。

答94　×　(P.329)

Ａが、保証協会から還付充当金を納付すべきことを通知されたときは、２週間以内に納付することを要し、その納付をしないときは、「社員の地位を失う」（64条の10）。

答95　×　(P.329)

保証協会から特別弁済業務保証金分担金を納付すべき旨の通知を受けた場合、その通知を受けた日から「１か月以内」に納付しないときは、社員の地位を失う（64条の12、64条の10）。

答96　×　(P.330)

保証協会の社員がその地位を失ったことにより、「保証協会が弁済業務保証金分担金を社員であった者に返還する」には、「保証協会」は、還付請求権者に対し、６か月以内に申し出るべき旨の公告をしなければならない（64条の11）。

問97 Rank B **社員の地位の喪失** (H30-問44)

保証協会の社員である宅建業者Aは、保証協会の社員の地位を失った場合において、保証協会に弁済業務保証金分担金として150万円の納付をしていたときは、全ての事務所で営業を継続するためには、１週間以内に主たる事務所の最寄りの供託所に営業保証金として1,500万円を供託しなければならない。

問98 Rank B **保証協会のその他の業務** (H25-問39)

保証協会は、社員の取り扱った宅建業に係る取引に関する苦情について、宅建業者の相手方等からの解決の申出及びその解決の結果を社員に周知させなければならない。

問99 Rank B **保証協会のその他の業務** (H21-問44)

保証協会は、そのすべての社員に対して、当該社員が受領した支払金や預り金の返還債務を負うことになったときに、その債務を連帯して保証する業務及び手付金等保管事業を実施することが義務付けられている。

問100 Rank A **保証協会のその他の業務** (R5-問44)

保証協会の社員は、自らが取り扱った宅建業に係る取引の相手方から当該取引に関する苦情について解決の申出が保証協会にあり、保証協会から関係する資料の提出を求められたときは、正当な理由がある場合でなければ、これを拒んではならない。

答97　×　(P.331)

宅建業者が**保証協会の社員の地位を失った**場合、**1週間以内**に**営業保証金**を主たる事務所の最寄りの供託所に**供託しなければならない**(64条の15)。この場合に供託すべき営業保証金の額は、**弁済業務保証金分担金**として**150万円**(本店1、支店3)を納付していた宅建業者Aは、**営業保証金**として「**2,500万円**」(本店＝1,000万円、支店500万円×3＝1,500万円)を**供託しなければならない**(64条の9、25条、令7条、2条の4)。

答98　○　(P.331)

保証協会は、必須業務として、保証協会の社員である宅建業者の取り扱った宅建業に係る**取引に関する苦情の申出**及びその**解決の結果**を**社員**に**周知させなければならない**(64条の3)。

答99　×　(P.331)

一般保証業務と**手付金等保管事業**は、**任意業務**であり、その**実施**は**義務付けられていない**(64条の3)。

答100　○　(P.331)

保証協会は、社員との取引に関する**苦情の解決**の申出があったときは、その処理をしなければならず(64条の3)、苦情の解決のため必要があると認めるときは、**社員**に対して**資料の提出を求める**ことができ、社員は**正当な理由がなければ**これを**拒めない**(64条の5)。

1 一般的規制①

問101 Rank A **誇大広告等の禁止** (H30-問26)

宅建業者が宅地の売買に関する広告をインターネットで行った場合において、当該宅地の売買契約成立後に継続して広告を掲載していたとしても、当該広告の掲載を始めた時点で当該宅地に関する売買契約が成立していなかったときは、宅建業法32条に規定する誇大広告等の禁止に違反しない。

問102 Rank B **誇大広告等の禁止** (R2・10月-問27)

宅建業者は、広告をするに当たり、実際のものよりも著しく優良又は有利であると人を誤認させるような表示をしてはならないが、誤認させる方法には限定がなく、宅地又は建物に係る現在又は将来の利用の制限の一部を表示しないことにより誤認させることも禁止されている。

問103 Rank A **誇大広告等の禁止** (R2・12月-問27)

宅建業者が業務に関して行う広告に関して、広告の表示が実際のものよりも著しく優良又は有利であると人を誤認させるようなものであっても、誤認による損害が実際に発生していなければ、監督処分の対象とならない。

問104 Rank A **誇大広告等の禁止** (H19-問38)

宅建業者Aは、実在しない宅地について広告又は虚偽の表示を行ってはならないが、実在する宅地については、実際に販売する意思がなくても、当該宅地の広告の表示に誤りがなければ、その広告を行うことができる。

答101　×　（『パーフェクト宅建士　基本書』P.333）

インターネット広告も誇大広告の規制対象であり、継続的広告において、途中で契約が成立して販売する宅地が存在していないにもかかわらず売買の広告を継続することはおとり広告として、誇大広告等の禁止に違反する（宅建業法32条）。

答102　○　（P.333）

広告について、実際のものよりも著しく優良又は有利と人を誤認させるような「表示」について、誤認させる方法には限定はなく、利用の制限の一部を表示しないことにより誤認させることも誇大広告等の禁止の対象になる（32条）。

答103　×　（P.333）

誇大広告等の禁止とは、誇大広告をすることの禁止であり、誤認により損害が実際に発生していなくとも、監督処分の対象となる（32条、65条）。

答104　×　（P.333）

実在しない宅地についての広告や、実在しても取引する意思のない宅地の広告は、おとり広告として、誇大広告等の禁止規定に違反するので、広告はできない（32条、国交省「考え方」）。

問105 Rank A **誇大広告等の禁止** (R5-問31)

宅建業者は、販売する宅地又は建物の広告に関し、著しく事実に相違する表示をした場合、監督処分の対象となるだけでなく、懲役若しくは罰金に処せられ、又はこれを併科されることもある。

問106 Rank A **広告開始時期の制限** (R2・10月-問27)

宅建業者は、宅地の造成又は建物の建築に関する工事の完了前においては、当該工事に必要な都市計画法に基づく開発許可、建築基準法に基づく建築確認その他法令に基づく許可等の申請をした後でなければ、当該工事に係る宅地又は建物の売買その他の業務に関する広告をしてはならない。

問107 Rank A **契約締結等の時期の制限** (H19-問38)

宅建業者Ａは、都市計画法29条１項の許可を必要とする宅地について開発行為を行いＢに売却する場合、Ｂが宅建業者であれば、その許可を受ける前であっても当該宅地の売買の予約を締結することができる。

問108 Rank A **契約締結等の時期の制限** (H27-問37)

宅建業者は、建築確認が必要とされる建物の建築に関する工事の完了前においては、建築確認を受けた後でなければ、当該建物の貸借の媒介をしてはならない。

答105 ○ (P.333)

販売する宅地又は建物の広告に関し、著しく事実に相違する表示をすることは、誇大広告等の禁止規定に違反する(32条)。この場合、監督処分の対象となるほか、罰則として6月以下の懲役若しくは100万円以下の罰金に処し、又はこれを併科されることがある(65条、66条、81条)。

答106 × (P.334)

いわゆる未完成物件については、工事に必要な許可、建築確認等の「処分を受けた後」でなければ、売買その他業務に関する広告をしてはならない(33条)。申請をしても申請どおりの処分がなされるかは未確定なので広告はできない。

答107 × (P.334)

未完成物件の契約締結等の時期の制限は、売買の予約契約でも、また宅建業者間取引でも適用されるので、都市計画法の開発許可を受けるまでは、売買の予約を締結することはできない(36条、78条)。

答108 × (P.334)

いわゆる未完成物件に関する契約締結等の時期の制限については、工事に必要な許可や建築確認があった後でなければ、宅建業者は、自ら当事者として売買や交換契約を締結したり、売買や交換契約の代理・媒介をすることはできないが、貸借契約の代理・媒介をすることは規制対象ではない(36条)。

問109 Rank A **取引態様の明示義務** (R2・10月-問27)

宅建業者が複数の区画がある宅地の売買について、数回に分けて広告をする場合は、広告の都度、取引態様の別を明示しなければならない。

問110 Rank B **取引態様の明示義務** (H24-問28)

建物の所有者と賃貸借契約を締結し、当該建物を転貸するための広告をする際は、当該広告に自らが契約の当事者となって貸借を成立させる旨を明示しなければ、宅建業法34条に規定する取引態様の明示義務に違反する。

問111 Rank B **取引態様の明示義務** (H7-問40)

宅建業者は、宅地又は建物の売買又は交換の媒介に関する広告をするときは、当該宅地又は建物について、依頼者が他の宅建業者に重ねて売買又は交換の媒介を依頼することの許否を明示しなければならない。

問112 Rank A **取引態様の明示義務** (R5-問31)

宅建業者は、宅地又は建物の売買に関する注文を受けたときは、遅滞なくその注文をした者に対して取引態様の別を明らかにしなければならないが、当該注文者が事前に取引態様の別を明示した広告を見てから注文してきた場合においては、取引態様の別を遅滞なく明らかにする必要はない。

答109 ○ (P.335)

広告には**取引態様の別**を**明示しなければならない**ので、数回に分けた広告のそれぞれに取引態様の別を明示しなければならない(34条)。

答110 × (P.335)

自ら貸借は、宅建業の「**取引**」**ではない**ので、建物を**転貸するための広告**には**宅建業法の適用はなく**、**取引態様の別**を**明示する義務もない**(2条、34条)。

答111 × (P.335)

媒介の場合の**取引態様の別の明示**は、「**媒介**」**との表示**でよく、その媒介が一般媒介か専任媒介かという**媒介の種類までの明示**をする**必要はない**(34条)。

答112 × (P.335)

宅建業者は、「**広告をするとき**」及び「**注文を受けたら遅滞なく**」の2段階で**取引態様の別を明示する義務がある**ので、取引態様の別を明示した広告を見てから注文した買主に対しても、**注文を受けたら遅滞なく取引態様の別**を**明示**しなければならない(34条)。

問113 Rank A 書面の交付義務 (H28-問41改)

宅建業者Ａは、宅建業者Ｂから宅地の売却についての依頼を受けた場合、媒介契約を締結したときは媒介契約の内容を記載した書面を交付（又は依頼者の承諾を得て、書面に記載すべき事項を一定の電磁的方法により提供）しなければならないが、代理契約を締結したときは代理契約の内容を記載した書面を交付（又は依頼者の承諾を得て、書面に記載すべき事項を一定の電磁的方法により提供）する必要はない。

問114 Rank A 媒介契約の種類 (H12-問36)

宅建業者Ａが、Ｂから自己所有の建物の売買を依頼され、一般媒介契約（専任媒介契約でない媒介契約）を締結した場合に、「依頼者Ｂが、宅建業者Ａ以外の宅建業者に重ねて売買の媒介の依頼をする際は、Ａに通知しなければならない」旨の定めをしたときは、その定めは無効である。

問115 Rank A 媒介契約の種類 (H27-問28改)

宅建業者Ａは、Ｂが所有する甲宅地の貸借に係る媒介の依頼を受け、Ｂと専任媒介契約を締結した。このとき、Ａは、Ｂに宅建業法34条の２第１項に規定する書面を交付（又は依頼者の承諾を得て、書面に記載すべき事項を一定の電磁的方法により提供）しなければならない。

答113 ×　(P.335)

媒介契約に関する規制は、**宅建業者間の取引にも適用される**ので、一定事項が記載された**書面の交付**（又は電磁的方法による提供）を**しなければならない**。**代理契約**には**媒介契約に関する規定が準用**されるので、**媒介契約と同様**である（34条の2、78条、34条の3）。

答114 ×　(P.336)

一般媒介契約には、**明示型**と**非明示型**が認められ、売買の**明示型**の一般媒介契約を締結した場合、**他の宅建業者に重ねて売買の媒介の依頼**をする際は**通知**を要求する旨の**定め**は、**有効**である（34条の2）。

答115 ×　(P.335)

宅建業法の規定する**媒介契約に関する規制**は、売買・交換の媒介契約を締結する場合に限られ、**貸借の媒介契約**を締結する場合は**適用されない**ので、貸借の媒介契約を締結しても、**媒介契約書面**（宅建業法34条の2第1項に規定する書面）の**交付義務はない**（34条の2）。

問116 Rank A **専任媒介契約と一般媒介契約の違い** (H22-問33)

宅建業者Aが、Bから自己所有の宅地の売買を依頼された場合において、Aは、Bとの間で一般媒介契約（専任媒介契約でない媒介契約）を締結する際、Bから媒介契約の有効期間を6か月とする旨の申出があったとしても、当該媒介契約において3か月を超える有効期間を定めてはならない。

問117 Rank B **専任媒介契約と一般媒介契約の違い** (H21-問32)

甲宅地の売却の媒介を依頼され、Bと専任媒介契約を締結した宅建業者Aが依頼者Bに対して、当該専任媒介契約に係る業務の処理状況を14日（ただし、Aの休業日は含まない。）に1回報告するという特約は有効である。

問118 Rank B **報告義務** (R5-問40)

宅建業者Aが、BからB所有の中古住宅の売却の依頼を受け、専任媒介契約を締結した。Aは、当該中古住宅について購入の申込みがあったときは、遅滞なく、その旨をBに報告しなければならないが、Bの希望条件を満たさない申込みだとAが判断した場合については報告する必要はない。

問119 Rank A **媒介契約書面の記載事項** (R5-問40)

宅建業者Aが、BからB所有の中古住宅の売却の依頼を受け、専任媒介契約を締結した。Aは、Bが他の宅建業者の媒介又は代理によって売買の契約を成立させたときの措置を法第34条の2第1項の規定に基づく書面に記載しなければならない。

答116　×　(P.337)

一般媒介契約には、専任媒介契約のように有効期間を最長で３か月に制限する**有効期間の制限はない**ので、有効期間を６か月と定めることができる（34条の２）。

答117　×　(P.337)

売買の**専任媒介契約**では、依頼者に**業務の処理状況**を「**２週間（14日）に１回以上**」の割合で**報告する義務**があるが、**休業日を含まずに14日に１回報告する旨の特約**は、**法の規制よりも長くなってしまう**ので、**無効**である（34条の２）。

答118　×　(P.336)

売買・交換の媒介契約を締結した宅建業者は、媒介契約の目的物である宅地建物の売買・交換の**申込みがあったとき**は、**遅滞なく**、その旨を**依頼者に報告**しなければならない（34条の２第８項）。依頼者の**希望条件を満たさない申込み**の場合等であっても、その都度、**報告**する必要がある（国交省「考え方」）。

答119　○　(P.339)

宅建業者は、**宅地建物の売却の専任媒介契約**を締結した場合、依頼者が**他の宅建業者の媒介・代理によって売買契約を成立させたときの措置**を34条の２第１項の書面（**媒介契約書面**）に**記載**しなければならない（34条の２第１項、規則15条の９）。

問120 Rank B **媒介契約書面の記載事項** (H16-問39)

Ｂから宅地の売却の媒介依頼を受け、専任媒介契約を締結した宅建業者ＡがＢに交付した媒介契約書が国土交通大臣が定めた標準媒介契約約款に基づかない書面である場合、その旨の表示をしなければ、Ａは業務停止処分を受けることがある。

答120 ○ (P.339)

国土交通大臣が定めた**標準媒介契約約款に基づくか否かの別**は、**媒介契約書面の記載事項**であるから、**標準媒介契約約款に基づかない場合**にも**その旨の表示（記載）**をしなければならず、この義務に違反したときは、**業務停止処分**を受けることがある（34条の2、規則15条の9、65条）。

第2章 業務上の規制

2 一般的規制②

※　特に断りがない限り、以下の設問では、①「説明」とは、重要事項の説明のことであり、②説明の相手方は、特に指定がない限り宅建業者ではないものとし、③重要事項説明書は、電磁的方法により提供する場合も含むものとする。

問121 Rank A **重要事項の説明** (R4-問28)

宅建業者が、重要事項説明書を作成する際、調査不足のため、重要事項説明書に記載された内容が事実と異なるものとなったが、意図的に事実と異なる内容を記載したものではないため、宅建業法違反とはならない。

問122 Rank A **重要事項の説明** (R4-問28)

宅地又は建物の取引は権利関係や法令上の制限など取引条件に関する事項が複雑で多岐にわたるため、重要事項説明書は、宅地又は建物の取引の専門的知識を有する宅建士が作成しなければならない。

問123 Rank A **重要事項の説明** (R1-問41)

宅建業者である売主は、他の宅建業者に媒介を依頼して宅地の売買契約を締結する場合、重要事項の説明義務を負わない。

問124 Rank B **重要事項の説明** (H28-問26)

宅建業者Ａ（甲県知事免許）は、自ら所有している物件について、直接賃借人Ｂと賃貸借契約を締結するに当たり、重要事項の説明を行わなかった。この場合、Ａは、甲県知事から業務停止を命じられることがある。

参考　基本書　第2章　業務上の規制
1 一般的規制

答121　×　(P.341)

宅建業者が物件の**調査不足**という**過失**に基づき、**重要事項説明書**（35条書面）に**記載した内容**が**事実と異なる**ものとなった場合、たとえそれが意図的（故意）でないとしても、**宅建業法違反**となる（35条）。

答122　×　(P.340)

宅建士が行うこと（法定事務）は、重要事項説明書（35条書面）に記名し、説明をすることであり、35条書面を**宅建士**が**作成する義務はない**（35条）。

答123　×　(P.340)

宅建業者である売主は、**自ら売買**という**宅建業の「取引」を行う**以上、**他の宅建業者に媒介を依頼するか否か**にかかわらず、買主に対して**重要事項の説明義務**を**負う**（35条）。

答124　×　(P.340)

Ａは**自ら貸借**を行っているが、そもそも「自ら貸借」は**宅建業の「取引」ではなく**、Ａは**重要事項の説明を行う必要はない**ので、業務停止処分を命じられることもない（２条）。

問125 Rank A **重要事項の説明** (H25-問29)

宅建業者でない売主と宅建業者である買主が、媒介業者を介さず宅地の売買契約を締結する場合、重要事項の説明義務を負うのは買主の宅建業者である。

問126 Rank A **重要事項の説明** (H29-問33)

宅建業者が宅地の売買の媒介を行う場合、売買の各当事者すなわち売主及び買主に対して、35条書面を交付して説明しなければならない。

問127 Rank B **重要事項の説明** (H8-問38)

売主A、買主Bの間の宅地の売買について宅建業者Cが媒介をした。買主Bが未成年者で、契約の締結について法定代理人の同意を得ていた場合、Cは、宅建士をして、未成年者Bに対してのみ35条書面を交付して説明をさせた場合でも、宅建業法の規定に違反しない。

問128 Rank A **重要事項の説明** (H13-問43)

宅建業者Aが、自ら所有する土地を20区画の一団の宅地に造成し、これを分譲しようとしている。Aが、現地案内所を設置して、そこで宅建業法35条の規定による重要事項の説明をさせようとするときには、その業務を行うのは、専任の宅建士でなければならない。

答125 ×　(P.340)

重要事項の説明とは、物件を取得しようとする**買主や借主に対して行うもの**であり、**売主に対して重要事項の説明を行う義務はない**(35条)。よって、買主の宅建業者は、売主に対して重要事項の説明義務を負うことはない。

答126 ×　(P.340)

重要事項の説明は、売買であれば、物件を取得しようとする**買主に対して行うもの**であり、**売主に**対して**重要事項の説明をする必要はない**(35条)。

答127 ○　(P.340)

重要事項の説明は、**売買であれば**、物件を取得しようとする**買主に対して行うもの**であり、未成年者が法定代理人の同意を得て宅地の購入をする場合の**買主は未成年者**なので、宅建業者Cは、宅建士をして、未成年者Bに対してのみ35条書面を交付して説明をさせれば、宅建業法の規定に違反しない(35条)。

答128 ×　(P.340)

重要事項の説明を**担当**するのは、**宅建士**であればよく、**専任の宅建士**である**必要はない**(35条)。

問129 Rank A **重要事項の説明** (R5-問42)

宅建士は、重要事項説明をする場合、取引の相手方から請求されなければ、宅建士証を相手方に提示する必要はない。

問130 Rank A **重要事項の説明** (H26-問36改)

「この物件の担当である宅建士が急用のため対応できなくなりましたが、せっかくお越しいただきましたので、重要事項説明書にある宅建士欄を訂正の上、宅建士である私が記名をし、代わりに重要事項説明をさせていただきます。私の宅建士証をお見せします。」との発言内容は、宅建業法の規定に違反しない。

問131 Rank A **重要事項の説明** (H27-問29)

重要事項の説明及び書面の交付は、取引の相手方の自宅又は勤務する場所等、宅建業者の事務所以外の場所において行うことができる。

問132 Rank A **重要事項の説明** (H15-問37)

宅地の売買について、売主Ａ、Ａの媒介業者Ｂ及び買主の媒介業者Ｃの三者がいずれも宅建業者である場合は、Ｂ及びＣのみならず、Ａも、買主に対して重要事項の説明をすべき義務を負う。

答129 ×

(P.340)

宅建士は、重要事項の説明をするときは、相手方から請求がなくても、宅建士証を相手方に提示しなければならない(35条)。

答130 ○

(P.340)

重要事項の説明は、宅建士が担当しなければならず、重要事項説明書+を交付して行う場合は、説明を担当する宅建士が書面に記名し、宅建士証を提示して行う必要がある(35条)。本問は、すべての手続きを履践しているので、宅建業法の規定に違反しない。

答131 ○

(P.340)

重要事項の説明や書面の交付を行う場所についての規制はない(35条)。

答132 ○

(P.341)

一つの売買に複数の宅建業者が関与する場合、それぞれの宅建業者が買主に対して重要事項説明義務を負う(35条)。

問133 Rank A **重要事項の説明** (H10-問39)

宅建業者であるＡ及びＢが、共同で宅地の売買の媒介をするため、協力して一の重要事項説明書を作成した。なお、Ａの宅建士をａ、Ｂの宅建士をｂとする。ＡとＢは、ａ１人を代表として、宅地の買主に対し重要事項説明書を交付して重要事項について説明させることができる。

問134 Rank A **重要事項の説明（IT重説）** (H30-問39)

宅建業者が建物の貸借の媒介を行う場合における宅建業法35条に規定する重要事項の説明において、宅建士は、テレビ会議等のＩＴを活用して重要事項の説明を行うときは、相手方の承諾があれば宅建士証の提示を省略することができる。

問135 Rank A **重要事項（登記）** (R1-問39)

宅建業者が宅地の売買の媒介を行う場合、登記された抵当権について、引渡しまでに抹消されるときは、重要事項の説明をしなくてよい。

問136 Rank A **重要事項（登記）** (H29-問41)

宅建業者が土地の売買の媒介を行う場合、移転登記の申請の時期の定めがあるときは、その内容を説明しなければならない。

答133 ○ (P.341)

複数の宅建業者が取引に関与した場合、関与したすべての宅建業者が重要事項の説明義務を負うが、実際の説明は１つの宅建業者が代表して行うことも可能である (35条)。よって、本問のように宅建業者Ａがその宅建士ａを説明担当者として重要事項の説明をさせることができる。

答134 × (P.341)

重要事項の説明は、テレビ会議等のＩＴを活用して行うこと（ＩＴ重説）ができるが、ＩＴ重説を行う際においては、通常の重要事項の説明と同様に、相手方の承諾があっても、宅建士証の提示は省略できない (35条、国交省「考え方」)。

答135 × (P.342)

登記された権利の種類及び内容は、重要事項の説明をするときに登記されていれば、引渡しまでに抹消される予定の登記であっても、説明をしなければならない (35条)。

答136 × (P.342)

移転登記の申請時期は、重要事項の説明対象ではないので、その内容を説明する必要はない (35条)。

問137 Rank A **重要事項（法令上の制限）** (H13-問37)

宅建業者Aは、Bから住宅用地の購入について依頼を受け媒介契約を締結していたところ、古い空き家が建った土地（甲地）を見つけ、甲地の所有者とBとの売買契約を締結させようとしている。甲地が都市計画法による第二種低層住居専用地域に指定されている場合で、その制限について重要事項の説明をするとき、Aは、Bに対して、低層の住宅が建築できることを告げれば足りる。

問138 Rank B **重要事項（法令上の制限）** (H22-問35改)

建物の売買の媒介の場合は、建築基準法に規定する建蔽率及び容積率に関する制限があるときはその概要を説明しなければならないが、建物の貸借の媒介の場合は説明する必要はない。

問139 Rank B **重要事項（私道負担）** (H22-問35)

宅地の売買の媒介の場合は、私道に関する負担について説明しなければならないが、建物の貸借の媒介の場合は説明する必要はない。

問140 Rank A **重要事項（ライフライン）** (H24-問30)

宅建業者は、建物の売買の媒介を行う場合、飲用水、電気及びガスの供給並びに排水のための施設が整備されていないときは、その整備の見通し及びその整備についての特別の負担に関する事項を説明しなければならない。

答137　×　(P.342)

都市計画法による**用途地域**（**第二種低層住居専用地域**など）**の定め**がある場合は、**都市計画法上の制限**や**建築基準法上の建築制限等**（用途規制、建蔽率、容積率等）も**説明しなければならない**（35条、令3条）。

答138　○　(P.342)

建物の売買の媒介の場合は、**建築基準法上の容積率や建蔽率**についてその概要を**説明しなければならない**が、**建物の貸借の媒介**の場合は、これから建物を借りようとする者にとって容積率や建蔽率の情報は重要ではないので、**重要事項の説明**は**不要**である（35条、令3条）。

答139　○　(P.343)

宅地の売買の媒介の場合は、私道に関する負担について**説明しなければならない**が、**建物の貸借の媒介**の場合は、これから建物を借りようとする者にとって重要ではないので、**重要事項の説明**は**不要**である（35条）。

答140　○　(P.343)

建物の売買の媒介の場合は、**ライフライン関係**について、その整備状況と、それが**未整備の場合**は、**整備の見通し**、**整備についての特別の負担に関する事項**を重要事項として**説明しなければならない**（35条）。

問141 Rank B 重要事項（ライフライン） (H29-問41)

宅建業者が住宅の売買の媒介を行う場合、宅地内のガス配管設備等に関して、当該住宅の売買後においても当該ガス配管設備等の所有権が家庭用プロパンガス販売業者にあるものとするときは、その旨を説明する必要がある。

問142 Rank B 重要事項（未完成物件） (H16-問38)

宅建業者が自ら売主として、マンション（建築工事完了前）の分譲を行うに当たり、建物の完成時における当該マンションの外壁の塗装については説明しなくてもよいが、建物の形状や構造については平面図を交付して説明しなければならない。

問143 Rank B 重要事項（建物状況調査） (H30-問27)

宅建業者Ａは、Ｂが所有し、居住している甲住宅の売却の媒介を、また宅建業者Ｃは、Ｄから既存住宅の購入の媒介を依頼され、それぞれ媒介契約を締結した。その後、Ｂ及びＤは、それぞれＡ及びＣの媒介により、甲住宅の売買契約を締結した。ＣがＤとの間で媒介契約を締結する２年前に、甲住宅は既に建物状況調査を受けていた。この場合において、Ａ及びＣは、甲住宅の売買契約が成立するまでの間に、Ｄに対し、建物状況調査を実施している旨及びその結果の概要について説明しなければならない。

答141　○　(P.343)

住宅の売買の媒介の場合は、ライフラインである**ガス供給施設**として、**ガス配管設備等の所有権が家庭用プロパンガス販売業者にある**ものとするときは、その旨を重要事項として**説明しなければならない**（35条、国交省「考え方」）。

答142　×　(P.343)

未完成物件である建物について、**外壁の塗装**は、外装（外壁の構造又は仕上げ）として、**説明が必要**である（35条、規則16条）。**建物の形状や構造**については、**平面図を交付**して状況が十分に理解できるように**説明しなければならない**（国交省「考え方」）。

答143　×　(P.343)

建物状況調査を実施している旨及びその内容について**説明義務**があるのは、**実施後１年以内**なので、媒介契約を締結する２年前に調査を実施している本件においては、**実施していない旨を説明**しなければならない（35条、規則16条の２の２）。

問144 Rank A **重要事項（建築等の書類の保存状況）** （R4-問36）

宅建業者が建物の売買の媒介を行う場合、当該建物が既存の住宅であるときは当該建物の検査済証（宅建業法施行規則16条の2の3第2号に定めるもの）の保存の状況について説明しなければならず、当該検査済証が存在しない場合はその旨を説明しなければならない。

問145 Rank A **重要事項（手付金、敷金等）** （H28-問36）

宅建業者が建物の売買の媒介を行う場合、当該建物の売買代金の額並びにその支払の時期及び方法について説明する義務はないが、売買代金以外に授受される金銭があるときは、当該金銭の額及び授受の目的について説明しなければならない。

問146 Rank B **重要事項（手付金、敷金等）** （H10-問41）

宅建業者が建物の貸借の媒介を行う場合、敷金の授受の定めがあるときは、当該建物の借賃の額のほか、敷金の額及び授受の目的についても重要事項の説明をしなければならない。

問147 Rank B **重要事項（契約の解除）** （H13-問39）

契約の解除については、特に定めをしなかったため、35条書面にはその旨記載し内容を説明したが、37条書面には記載しなかった場合、宅建業法の規定に違反しない。

答144　○　(P.343)

既存の住宅の売買の媒介を行う場合、建物の建築及び維持保全の状況に関する書類で国土交通省令で定めるもの（この書類には検査済証も含まれる）の保存の状況について、説明しなければならず、書類が存在しない場合は、その旨を説明しなければならない（35条、規則16条の２の３、国交省「考え方」）。

答145　○　(P.344)

建物の売買の媒介では、売買代金の額、支払時期及び方法は、説明対象ではないが、売買代金以外に授受される金銭があるときは、その金銭の額及び授受の目的について、説明しなければならない（35条）。

答146　×　(P.344)

建物の貸借の媒介では、借賃以外に授受される金銭の額及び授受の目的は説明対象であるから、敷金の額や授受の目的を説明しなければならないが、借賃の額は説明対象ではないので、説明をする義務はない（35条）。

答147　○　(P.344、351)

契約の解除に関する事項は、35条書面の記載事項であり、定めをしない場合もその旨の記載をして内容を説明しなければならない（35条）。なお、37条書面は、定めがある場合に限り、記載しなければならないが、定めがないのであれば記載の必要はない（37条）。

問148 Rank B 重要事項(損害賠償額の予定・違約金) (H16-問38改)

宅建業者ではない売主から依頼されて建物の売買の媒介を行うに当たり、損害賠償額の予定は説明しなくてもよいが、売主が建物の種類又は品質に関する契約不適合に関し、買主は引渡し日から２年以内に当該不適合を買主に通知しなければならない旨の特約については説明しなければならない。

問149 Rank B 重要事項（預り金等の保全） (H27-問32)

建物の売買の媒介に関し、受領しようとする預り金について保全措置を講ずる場合において、預り金の額が売買代金の額の100分の10以下であるときは、その措置の概要を説明する必要はない。

問150 Rank A 重要事項（ローン） (H9-問40)

宅建業者は、売買契約が成立するまでの間に、代金に関する融資のあっせんについて融資条件を説明したが、その融資が成立しないときの措置については買主に説明しなかった場合、宅建業法の規定に違反する。

問151 Rank A 重要事項（担保責任の履行） (H26-問34改)

宅建業者は、建物の売買の媒介を行う場合、売主が特定住宅瑕疵担保責任の履行の確保等に関する法律に基づく住宅販売瑕疵担保保証金の供託を行うときは、その措置の概要を説明する必要があるが、当該建物が種類又は品質に関して契約の内容に適合しない場合におけるその不適合を担保すべき責任の履行に関し保証保険契約の締結を行うときは、その措置の概要を説明する必要はない。

答148　×　(P.344)

損害賠償額の予定は、重要事項の説明対象であるから、**説明しなければならない**が、**契約不適合責任に関する特約**は、重要事項の説明対象ではなく、**説明する必要はない**（35条）。

答149　×　(P.344)

建物の売買の媒介において、**預り金を受領するとき**は、原則として、**保全措置を講ずるか否か及び保全措置を講じる場合の措置の概要**を説明しなければならないが、**預り金の額**が「**50万円未満**」**の場合**は、**説明をする必要がない**（35条、規則16条の３）。

答150　○　(P.344)

融資のあっせんの内容（**融資条件**を含む）と**あっせんが不成立の措置**（無条件解除を認めるなど）は、**説明しなければならない**ので、本問の場合、宅建業法の規定に違反する（35条）。

答151　×　(P.344)

建物の売買の媒介を行う場合、**契約不適合責任の履行確保の措置を講ずるか否か**及び**講ずるときの措置の概要**は、**説明しなければならない**が、この**履行確保措置**は、いわゆる**履行確保法の規定に基づく資力確保措置**も、それ**以外の保証保険契約の締結**も**対象**となる（35条、規則16条の４の２）。

問152 Rank A 重要事項（担保責任の履行） (H12-問39改)

宅建業者は、建物の売買の媒介において、売主が当該建物が種類又は品質に関して契約の内容に適合しない場合におけるその不適合を担保すべき責任を負わない旨の定めをする場合は、その内容について買主に説明しなければならない。

問153 Rank A 区分所有建物の場合の追加事項(敷地利用権) (H28-問36)

区分所有権の目的である建物の売買の媒介を行う場合、当該建物が借地借家法22条に規定する定期借地権の設定された土地の上に存するときは、当該定期借地権が登記されたものであるか否かにかかわらず、当該定期借地権の内容について説明しなければならない。

問154 Rank A 区分所有建物の場合の追加事項(共用部分) (H20-問37)

宅建業者は、マンションの分譲に際し、建物の区分所有等に関する法律２条４項に規定する共用部分に関する規約がまだ案の段階である場合、規約の設定を待ってから、その内容を説明しなければならない。

問155 Rank A 区分所有建物の場合の追加事項(専有部分の利用の制限) (R2・10月-問31)

宅建業者が区分所有建物の売買の媒介を行う場合、建物の区分所有等に関する法律２条３項に規定する専有部分の用途その他の利用の制限に関する規約の定めがあるときは、その内容を説明しなければならないが、区分所有建物の貸借の媒介を行う場合は、説明しなくてよい。

答152 × (P.344)

民法で定められた契約不適合責任は任意規定であり、原則として、民法の規定と異なる特約をすることができるが、契約不適合責任に関する特約は、重要事項の説明対象ではない（35条）。

答153 ○ (P.345)

区分所有建物の目的である建物の売買の媒介においては、当該建物を所有するための１棟の建物の敷地に関する権利の種類及び内容について、説明する義務があり、敷地に関する権利が定期借地権であるときは、定期借地権が登記されているか否かにかかわらず、その内容について説明しなければならない（35条、規則16条の２）。

答154 × (P.346)

区分所有建物の売買においては、共用部分に関する規約（案）があるときは、その内容について、説明する義務があり、規約の設定を待つことなく、その案の内容を説明しなければならない（35条、規則16条の２）。

答155 × (P.346)

区分所有建物について、専有部分の用途その他の利用の制限に関する規約の定めがあるときは、その内容は、売買の媒介を行う場合でも、貸借の媒介を行う場合でも、説明する義務がある（35条、規則16条の２）。

問156 Rank B **区分所有建物の場合の追加事項(専用使用権)** (H20-問37)

宅建業者は、マンションの分譲に際し、当該マンションの建物又はその敷地の一部を特定の者にのみ使用を許す旨の規約の定めがある場合、その内容だけでなく、その使用者の氏名及び住所について説明しなければならない。

問157 Rank A **区分所有建物の場合の追加事項(費用等減免規約)** (H14-問37)

宅建業者Ａは、マンションの分譲を行うに際し、当該マンションの管理規約案に「分譲業者であるＡは当該マンションの未販売住戸の修繕積立金を負担しなくてもよい」とする規定があったが、これについて説明しなかったとしても、宅建業法の規定に違反しない。

問158 Rank A **区分所有建物の場合の追加事項(修繕積立金)** (H29-問41)

宅建業者が中古マンションの売買の媒介を行う場合、当該マンションの計画的な維持修繕のための費用の積立てを行う旨の規約の定めがあるときは、その内容及び既に積み立てられている額について説明しなければならない。

問159 Rank B **区分所有建物の場合の追加事項(修繕積立金)** (H25-問29)

区分所有建物の売買において、売主が宅建業者である場合、当該売主は買主に対し、当該１棟の建物に係る計画的な維持修繕のための修繕積立金積立総額及び売買の対象となる専有部分に係る修繕積立金額の説明をすれば、滞納があることについては説明しなくてもよい。

答156 ×　(P.346)

区分所有建物の売買において、いわゆる専用使用権に関する規約の定めがあるときは、その内容について説明しなければならないが、使用者の氏名及び住所についての説明をする必要はない（35条、規則16条の２）。

答157 ×　(P.346)

マンション（区分所有建物）の売買（分譲）において、特定の者である分譲業者について、未販売住戸の修繕積立金を免除する旨の管理規約案があるときは、その内容を説明しなければならないので、宅建業法の規定に違反する（35条、規則16条の２）。

答158 ○　(P.346)

マンション（区分所有建物）の売買の媒介に際し、計画的な維持修繕のための費用の積立てを行う旨の規約の定めがあるときは、その内容及び既に積み立てられている額について説明しなければならない（35条、規則16条の２）。

答159 ×　(P.346)

区分所有建物の売買に関し、計画的な維持修繕のための費用の積立てを行う旨の規約の定めがあるときは、その内容及び既に積み立てられている額を説明しなければならず（35条、規則16条の２）、修繕積立金等の滞納があるときは、その額も説明しなければならない（国交省「考え方」）。

問160 Rank A **区分所有建物の場合の追加事項(管理の委託)** (H29-問41)

宅建業者は、区分所有建物の売買の媒介を行う場合、当該１棟の建物及びその敷地の管理が委託されているときは、その委託を受けている者の氏名（法人にあっては、その商号又は名称）及び住所（法人にあっては、その主たる事務所の所在地）を説明しなければならない。

問161 Rank A **区分所有建物の場合の追加事項(修繕実施状況)** (H14-問37)

宅建業者は、中古マンションの売買の媒介を行うに際し、当該マンションの修繕の実施状況について、当該マンションの管理組合及び管理業者に確認したところ、修繕の実施状況の記録が保存されていなかったため、購入者にこの旨説明し、実施状況については説明しなかった場合は、宅建業法の規定に違反しない。

問162 Rank A **その他説明すべき重要事項(造成宅地防災区域)** (H23-問32改)

宅建業者が建物の売買の媒介を行う場合、当該建物が宅地造成及び特定盛土等規制法の規定により指定された造成宅地防災区域内にあるときは、その旨を説明しなければならないが、当該建物の貸借の媒介を行う場合においては、説明する必要はない。

問163 Rank A **その他説明すべき重要事項(土砂災害警戒区域)** (H16-問37)

宅建業者は、売買の対象となる宅地が土砂災害警戒区域等における土砂災害防止対策の推進に関する法律によって指定された土砂災害警戒区域内である場合は、当該区域内における制限を説明すれば足り、対象物件が土砂災害警戒区域内にある旨の説明をする必要はない。

答160　○　(P.346)

区分所有建物の売買の媒介を行う際、１棟の建物及びその敷地の管理が委託されているときには、委託を受けている者の氏名及び住所（法人の場合は、商号又は名称及び主たる事務所の所在地）を説明しなければならない（35条、規則16条の２）。なお、これは区分所有建物の貸借の媒介でも同じである。

答161　○　(P.347)

区分所有建物の売買の媒介を行う際、建物の維持修繕の実施状況が記録されているときはその内容を説明しなければならないが、記録がなければ説明する必要はない（35条、規則16条の２）。宅建業者は、管理組合や管理業者等に問い合わせて、記録がないことが確認できた場合は、調査義務を尽くしたといえるので、宅建業法の規定に違反しない（国交省「考え方」）。

答162　×　(P.348)

建物の売買の媒介でも、建物の貸借の媒介でも、建物が宅地造成及び特定盛土等規制法により指定された造成宅地防災区域内にあるときは、その旨を説明する必要がある（35条、規則16条の４の３）。

答163　×　(P.348)

宅地の売買を行う際、当該宅地が、土砂災害警戒区域等における土砂災害防止対策の推進に関する法律によって指定された土砂災害警戒区域内である場合は、当該区域内における制限だけでなく、当該区域内にある旨を説明する必要がある（35条、規則16条の４の３）。

問164 Rank A **その他説明すべき重要事項(津波災害警戒区域)** (H25-問30)

宅建業者は、重要事項説明において、取引の対象となる宅地又は建物が、津波防災地域づくりに関する法律の規定により指定された津波災害警戒区域内にあるときは、その旨を説明しなければならない。

問165 Rank A **重要事項（法令上の制限）** (R4-問36)

宅建業者が建物の貸借の媒介を行う場合、当該建物が、水防法施行規則11条１号の規定により市町村（特別区を含む）の長が提供する図面にその位置が表示されている場合には、当該図面が存在していることを説明すれば足りる。

問166 Rank A **その他説明すべき重要事項(石綿の使用)** (R2・10月-問31)

建物の売買の媒介を行う場合、当該建物について、石綿の使用の有無の調査の結果が記録されているか照会を行ったにもかかわらず、その存在の有無が分からないときは、宅建業者が自ら石綿の使用の有無の調査を実施し、その結果を説明しなければならない。

問167 Rank B **重要事項（耐震診断）** (R4-問34)

宅建業者が建物の売買の媒介の際に行う宅建業法35条に規定する重要事項の説明に関し、当該建物（昭和56年５月31日以前に新築の工事に着手したもの）が指定確認検査機関、建築士、登録住宅性能評価機関又は地方公共団体による耐震診断を受けたものであるときは、その旨を説明しなければならない。

答164 ○ (P.348)

宅建業者は、対象物件が宅地でも建物でも、取引の種類が売買（交換）でも貸借でも、宅地や建物が津波災害警戒区域内にあるときは、その旨について、説明しなければならない（35条、規則16条の４の３）。

答165 × (P.348)

建物が水防法施行規則11条１号の規定により市町村等の長が提供する図面（水害ハザードマップ）にその位置が表示されているときは、図面の存在だけではなく、当該図面における当該建物の所在地を説明しなければならない（35条、規則16条の４の３）。

答166 × (P.348)

建物の売買の媒介を行う際は、当該建物について石綿の使用の調査結果が記録されているときは、その内容について説明しなければならないが（35条、規則16条の４の３）、調査の結果の存在の有無が分からないときは、照会をしたが調査結果の記録がない旨を説明すれば足り、宅建業者が自ら調査を実施する必要はない（国交省「考え方」）。

答167 × (P.348)

昭和56年５月31日以前に新築工事に着手した建物が、指定確認検査機関、建築士、登録住宅性能評価機関又は地方公共団体による耐震診断を受けたものであるときは、耐震診断を受けたということ（その旨）だけではなく、その内容を説明しなければならない（35条、規則16条の４の３）。

問168 Rank B **その他説明すべき重要事項（耐震診断）** (H23-問32)

宅建業者が、昭和60年10月１日に新築の工事に着手し、完成した建物の売買の媒介を行う場合、当該建物が指定確認検査機関による耐震診断を受けたものであっても、その内容は説明する必要はない。

問169 Rank B **その他説明すべき重要事項（住宅性能評価）** (H22-問35)

建物の売買の媒介の場合は、住宅の品質確保の促進等に関する法律５条１項に規定する住宅性能評価を受けた新築住宅であるときはその旨を説明しなければならないが、建物の貸借の媒介の場合は説明する必要はない。

問170 Rank A **貸借の場合の説明すべき事項（台所、浴室等）** (H16-問38)

宅建業者が事業用建物の賃貸借の媒介を行うに当たっても、居住用建物と同様に、台所、浴室等の設備の整備状況について説明しなければならない。

問171 Rank A **貸借の場合の説明すべき事項（契約の期間・更新）** (H10-問41)

宅建業者が建物の貸借の媒介を行う場合、当該建物の貸借について、契約期間及び契約の更新に関する事項の定めがないときは、その旨説明しなければならない。

答168　○　(P.348)

建物の売買の媒介を行う際は、「昭和56年５月31日以前に着工」された建物について、耐震診断を受けたものであるときには、その内容を説明しなければならないが、昭和60年10月１日に新築工事に着手された建物については、説明は不要である（35条、規則16条の４の３）。

答169　○　(P.348)

建物の売買の媒介を行う際に、当該建物がいわゆる品確法の住宅性能評価を受けた新築住宅であるときは、その旨について説明しなければならないが、建物の貸借の媒介を行う際は、この説明は不要である（35条、規則16条の４の３）。

答170　○　(P.348)

建物の貸借の媒介を行う際は、その建物が居住用である賃貸マンション等でも、事業用である倉庫等でも、台所、浴室等の設備の整備状況について説明しなければならない（35条、規則16条の４の３）。

答171　○　(P.348)

建物の貸借の媒介を行う際は、契約期間及び契約の更新に関する事項は重要事項の説明対象なので、こうした事項について定めがない場合は、定めがない旨を説明しなければならない（35条、規則16条の４の３）。

問172 Rank A 貸借の場合の説明すべき事項(契約の期間・更新) (H12-問39)

宅建業者は、建物の貸借の媒介をするに際し、当該貸借が借地借家法38条１項の定期建物賃貸借である場合は、貸主がその内容を書面で説明したときでも、定期建物賃貸借である旨を借主に重要事項として説明しなければならない。

問173 Rank B 貸借の場合の説明すべき事項(敷金等の精算) (H17-問38)

宅建業者がマンションの一室の貸借の媒介を行う場合、敷金の授受の定めがあるときは、その敷金の額、契約終了時の敷金の精算に関する事項及び金銭の保管方法を説明しなければならない。

問174 Rank A 貸借の場合の説明すべき事項(管理の委託) (R1-問41)

建物管理が管理会社に委託されている建物の貸借の媒介をする宅建業者は、当該建物が区分所有建物であるか否かにかかわらず、その管理会社の商号及びその主たる事務所の所在地について、借主に重要事項の説明をしなければならない。

問175 Rank A 貸借の場合の説明すべき事項(管理の委託) (R1-問39)

宅建業者が宅地の貸借の媒介を行う場合、借地権の存続期間を50年とする賃貸借契約において、契約終了時における当該宅地の上の建物の取壊しに関する事項を定めようとするときは、その内容について重要事項の説明をしなければならない。

答172 ○ (P.348)

　定期建物賃貸借の媒介を行う際は、宅建業者は当該貸借契約が定期建物賃貸借である旨を説明しなければならない（35条、規則16条の４の３）。この宅建業法上の重要事項の説明義務は、借地借家法上の賃貸人の説明義務（借地借家法38条）とは別個のものであるから、貸主が書面で説明したときでも、宅建業者は重要事項として説明する義務がある（国交省「考え方」）。

答173 × (P.348)

　マンションの貸借の媒介を行う際は、敷金の授受の定めがあるときは、その敷金の額、契約終了時の敷金の精算に関する事項を説明しなければならないが、金銭の保管方法は、説明する義務はない（宅建業法35条、規則16条の４の３）。

答174 ○ (P.349)

　建物の貸借の媒介を行う際は、当該建物が、区分所有建物であるか否かにかかわらず、当該建物の管理が管理会社（法人）に委託されているときは、当該法人の商号及び主たる事務所の所在地を借主に説明しなければならない（35条、規則16条の２、16条の４の３）。

答175 ○ (P.349)

　宅地の貸借の媒介を行う際に、契約終了時における当該宅地の上の建物の取壊しに関する事項を定めようとするときは、その内容について、説明しなければならない（35条、規則16条の４の３）。

問176 Rank A **割賦販売の特例** (H26-問35)

宅建業者は、土地の割賦販売の媒介を行う場合、割賦販売価格のみならず、現金販売価格についても説明しなければならない。

問177 Rank A **供託所等の説明** (H15-問42)

保証協会の社員である宅建業者Aは、自己所有の宅地を宅建業者Bに売却する場合、売買契約が成立するまでの間に、Aが保証協会の社員である旨の説明は行わなくてもよい。

問178 Rank A **供託所等の説明** (H25-問36)

宅建業者A社は、営業保証金を供託している供託所及びその所在地を説明しないままに、自らが所有する宅地について宅建業者ではない買主との間で売買契約が成立したので、当該買主に対し、その供託所等を37条書面に記載の上、説明した場合、宅建業法の規定に違反しない。

問179 Rank A **供託所等の説明** (H9-問35)

保証協会の社員である宅建業者Aは、宅建業に関する取引の相手方に対し、取引が成立するまでの間に、宅建士をして保証協会の社員である旨及び当該保証協会の名称を説明させなければならない。

答176 ○ (P.349)

土地の割賦販売の媒介を行う際は、現金販売価格、割賦販売価格等について、説明しなければならない（35条）。

答177 ○ (P.349)

買主が宅建業者である場合、そもそも宅建業者は還付請求はできないので、供託所等に関する説明を行う必要はない（35条の2）。

答178 × (P.349)

宅建業者は、取引の相手方に対し、契約が成立するまでの間に、供託所等について説明しなければならないので、37条書面の交付時期である契約締結後に説明を行うことは宅建業法の規定に違反する（35条の2）。

答179 × (P.349)

宅建業者の供託所等に関する説明は、宅建士にその説明を担当させる必要はない（35条の2）。

問180 Rank B **供託所等の説明** (H24-問33)

宅建業者A社は、自ら所有する宅地を売却するに当たっては、当該売却に係る売買契約が成立するまでの間に、その買主に対して、供託している営業保証金の額を説明しなければならない。

問181 Rank B **供託所等の説明** (R3・12月-問32)

宅建業者は、取引の相手方に対して供託所等の説明を行う場合に書面を交付することは要求されていないが、重要事項説明書に記載して説明することが望ましい。

答180　×　(P.349)

宅建業者が行うべき**供託所等に関する説明**には、**供託している営業保証金の額**は含まれないので、営業保証金の額は**説明する必要はない**（35条の２）。

答181　○　(P.349)

宅建業者が**供託所等に関する説明**をする際に、**書面を交付する義務はない**が（35条の２）、**重要事項説明書に記載して説明することが望ましい**旨の国交省の「考え方」が示されている。

3 一般的規制③

※　以下の設問では、契約書面（37条書面）の「書面」には、特に断りのない限り、交付されるべき者の承諾を得て、一定の電磁的方法により提供されるものを含むものとする。

問182 Rank A **契約書面の交付** （H14-問38）

宅建業法37条に規定する書面は、宅地又は建物の取引に係る契約書とは本来別個のものであるから、必ず取引の契約書とは別に当該書面を作成し、交付しなければならない。

問183 Rank A **電磁的方法による提供** （R5-問26）

宅建業者が自ら売主として締結する売買契約において、当該契約の相手方から宅建業法施行令３条の４第１項に規定する承諾を得なければ、37条書面の電磁的方法による提供をすることができない。

問184 Rank B **契約書面の交付** （R4-問44）

宅建業者Aは、自ら売主として宅建業者Bの媒介により、宅建業者Cと宅地の売買契約を締結した。37条書面については、A、B、Cの三者で内容を確認した上で各自作成し、交付せずにそれぞれ自ら作成した書類を保管した場合、宅建業法の規定に違反する。

参考　基本書　第2章　業務上の規制

1 一般的規制

答182　×　（『パーフェクト宅建士　基本書』P.350）

37条書面と契約書とは**本来は別個のもの**であるが、**37条で規定する記載事項がすべて記載された契約書**であれば、**契約書の交付**をもって**37条書面の交付**とすることが**認められる**（37条、国交省「考え方」）。

答183　○　（P.350）

37条書面は、**電磁的方法による提供**が認められる。ただし、電磁的方法による提供をする場合は、その提供をする相手方から、**書面**又は**一定の情報通信の技術を利用する方法**による**承諾を得なければならない**（令3条の4）。なお、電磁的方法による提供では、相手方が電磁的方法を出力して書面を作成できるものであること、電子署名やタイムスタンプの利用により改変が行われていないかどうかを確認できる措置を講ずる必要もある。

答184　○　（P.350）

37条書面は、**作成**するだけではなく、その**交付**も**要求**するのが宅建業法の規定である（37条）。

問185 Rank A **契約書面の交付** (H17-問40)

居住用建物の賃貸借契約において、貸主と借主にそれぞれ別の宅建業者が媒介するときは、どちらか一方の宅建業者が契約書面を作成したとしても、契約書面の交付については双方の宅建業者がその義務を負う。

問186 Rank A **契約書面の交付** (H17-問39改)

宅建業者Cが媒介をして、売主A、買主Bの間の宅地の売買契約が成立した場合、Cは、宅建士に記名させ、AとBに対して37条書面を交付したが、両者に対して書面に記載された事項を説明しなかったとしても、宅建業法の規定に違反しない。

問187 Rank B **契約書面の交付** (H17-問40)

貸主である宅建業者Aが、宅建業者Bの媒介により借主Cと事業用建物の賃貸借契約を締結するに当たって、Bが作成・交付した契約書面に宅建業法37条違反があった。この場合、Bのみが監督処分及び罰則の対象となる。

問188 Rank A **契約書面の交付時期等** (R2・10月-問37)

宅建業者Aが、自ら売主として宅地の売買契約を締結した。Aは、買主Bが宅建業者であっても、37条書面を遅滞なく交付しなければならない。

答185 ○ (P.350)

貸主と借主のそれぞれに**宅建業者が媒介**して賃貸借契約を締結する際は、**それぞれの媒介業者**が**貸主と借主に37条書面の交付義務を負う**ので、どちらか一方の宅建業者が37条書面を作成したとしても、その交付については、それぞれの宅建業者が義務を負う（37条）。

答186 ○ (P.350)

37条書面は、**内容の説明義務はない**ので、宅建業者Cは、売主Aと買主Bに宅建士の記名のある**37条書面を交付すればよい**（37条）。

答187 ○ (P.350)

宅建業者Bは媒介して建物の貸借を行っているので、貸主A及び借主Cに法定事項が記載された37条書面の交付義務を負うが、**宅建業者A**は**自ら貸借**を行っているにすぎず、これは宅建業の「**取引**」ではないので、**Aは、37条書面の交付義務はない**。よって、**Bに宅建業法37条違反があった**場合、**Bのみ**が**監督処分及び罰則の対象**になる（2条、37条）。

答188 ○ (P.350)

37条書面の交付義務の規定は、**宅建業者間取引にも適用**されるので、**売主である宅建業者A**は**買主である宅建業者B**に、**37条書面**を売買契約締結後遅滞なく**交付しなければならない**（37条）。なお、買主Bも売主Aに37条書面の交付義務を負う。

問189 Rank A **契約書面の交付時期等** (H29-問40)

宅建業者Aは、宅建業者ではない売主Bから中古住宅を購入する契約を締結したが、Bが売主であるため、Bに37条書面を交付する必要はない。

問190 Rank B **契約書面の記載事項** (H21-問35)

宅建業者は、自ら売主として宅建業者でない法人との間で建物の売買契約を締結した場合、当該法人において当該契約の任に当たっている者の氏名を、37条書面に記載しなければならない。

問191 Rank B **契約書面の記載事項** (R1-問36)

宅建業者Aは、その媒介により建築工事完了前の建物の売買契約を成立させ、当該建物を特定するために必要な表示について37条書面で交付する際、宅建業法35条の規定に基づく重要事項の説明において使用した図書の交付により行った。

問192 Rank B **契約書面の記載事項** (H28-問42)

宅建業者A（消費税課税事業者）は、自ら売主として土地付建物の売買契約を締結したときは、37条書面に代金の額を記載しなければならないが、消費税等相当額については記載しなくてもよい。

問193 Rank A **契約書面の記載事項** (H18-問41改)

宅建業者Aは、自ら売主として工事完了前の土地付建物の売買契約を締結するとき、契約書（37条書面）の記載事項のうち、当該物件の引渡時期が確定していないときは、その記載は省略できる。

答189 ×　(P.350)

宅建業者AがBから中古住宅を購入する契約を締結した場合、買主である宅建業者Aは、売主Bに対して、37条書面を交付しなければならない（37条）。

答190 ×　(P.351)

37条書面には、当事者が法人の場合、その名称又は商号及び主たる事務所の所在地を記載しなければならないが、契約の任に当たっている者の氏名を記載する必要はない（37条）。

答191 ○　(P.351)

37条書面の記載事項である建物を特定するために必要な表示は、未完成物件においては、重要事項の説明の際に使用した図書の交付により行う（37条、国交省「考え方」）。

答192 ×　(P.351)

代金の額は、37条書面に必ず記載しなければならない事項であり、代金の額の記載に際しては、消費税相当額を記載しなければならない（37条、国交省「考え方」）。

答193 ×　(P.351)

物件の引渡時期は、37条書面に必ず記載しなければならない事項であるから、引渡時期が確定していないのであれば、その旨を記載しなければならない（37条）。

問194 Rank A **契約書面の記載事項** (H21-問36)

宅建業者Aが、甲建物の売買の媒介を行う場合において、Aは、37条書面に甲建物の所在、代金の額及び引渡しの時期は記載したが、移転登記の申請の時期は記載しなかった場合、宅建業法の規定に違反する。

問195 Rank A **契約書面の記載事項** (R2・12月-問37改)

建物の売買の媒介を行う場合、既存の建物の構造耐力上主要な部分等の状況について、当事者双方が確認した事項がない場合、確認した事項がない旨を37条書面に記載しなければならない。

問196 Rank A **契約書面の記載事項** (H30-問34改)

宅建業者が媒介により既存建物の貸借の契約を成立させた場合、宅建業法37条の規定により、当該貸借の各当事者に交付すべき書面に、既存建物の構造耐力上主要な部分等の状況について当事者双方が確認した事項について必ず記載しなければならない。

問197 Rank A **契約書面の記載事項** (H13-問35)

宅建業者は、宅地の売買を媒介し、契約が成立した場合、代金以外の金銭の授受に関する定めがあるときは、その額並びに当該金銭の授受の時期及び目的を37条書面に記載しなければならない。

答194 ○ (P.351)

建物の売買の媒介を行う際には、37条書面に、建物の所在、代金の額、引渡しの時期、移転登記の申請の時期は、必ず記載しなければならない（37条）。

答195 ○ (P.351)

既存建物の売買の媒介を行う場合、37条書面には、建物の構造耐力上主要な部分等の状況について当事者の双方が確認した事項は、必ず記載しなければならず、確認した事項がないときは、当該事項がない旨を記載しなければならない（37条）。

答196 × (P.351)

既存建物の貸借の媒介においては、その売買等とは異なり、37条書面に、建物の構造耐力上主要な部分等の状況について当事者双方が確認した事項は、記載する必要がない（37条）。

答197 ○ (P.351)

宅建業者は、宅地の売買の媒介により売買契約が成立したときは、代金以外の金銭の授受に関する定めがあるときは、その額、金銭の授受の時期及び目的について、37条書面に記載しなければならない（37条）。

問198 Rank A **契約書面の記載事項** (R2・12月-問37)

代金又は交換差金についての金銭の貸借のあっせんに関する定めがない場合、定めがない旨を37条書面に記載しなければならない。

問199 Rank A **契約書面の記載事項** (H21-問35)

宅建業者が、その媒介により契約を成立させた場合において、契約の解除に関する定めがあるときは、当該契約が売買、貸借のいずれに係るものであるかを問わず、37条書面にその内容を記載しなければならない。

問200 Rank A **契約書面の記載事項** (R2・12月-問37)

損害賠償額の予定又は違約金に関する定めがない場合、定めがない旨を37条書面に記載しなければならない。

問201 Rank A **契約書面の記載事項** (R1-問34)

宅建業者が自ら売主として建物の売買を行う場合、当事者の債務の不履行を理由とする契約の解除に伴う損害賠償の額として売買代金の額の10分の２を超えない額を予定するときは、37条書面にその内容を記載しなくてよい。

問202 Rank A **契約書面の記載事項** (R2・10月-問33)

宅建業者が自ら売主として宅地の売買契約を締結した場合、代金についての金銭の貸借のあっせんに関する定めがある場合における当該あっせんに係る金銭の貸借が成立しないときの措置については、37条書面に記載する必要はない。

答198 ×
(P.351)

金銭の貸借のあっせんに関する定めがあるときは、あっせんに係る金銭の貸借が成立しないときの措置について37条書面に記載しなければならないが、定めがない場合は記載する必要はない（37条）。

答199 ○
(P.351)

宅建業者がその媒介により契約を成立させた場合、その契約が売買契約でも貸借契約でも、37条書面には、契約の解除に関する定めがあるときはその内容について、記載しなければならない（37条）。

答200 ×
(P.351)

損害賠償額の予定又は違約金に関する定めは、定めがある場合のみ、37条書面に記載しなければならず、定めがない場合は記載する必要はない（37条）。

答201 ×
(P.351)

宅建業者が自ら売主として建物の売買を行う場合において、損害賠償額の予定をする場合は、代金額の10分の2を超える額か否かに関係なく、その内容を37条書面に記載しなければならない（37条）。

答202 ×
(P.351)

宅建業者が宅地の売買契約を締結したときは、代金についての金銭の貸借のあっせんに関する定めがある場合における当該あっせんに係る金銭の貸借が成立しないときの措置について、37条書面に記載しなければならない（37条）。

問203 Rank B **契約書面の記載事項** (H22-問34)

土地付建物の売買契約において、買主が金融機関から住宅ローンの承認を得られなかったときは契約を無条件で解除できるという取り決めがある場合、当該売買の媒介を行う宅建業者は、自ら住宅ローンのあっせんをする予定がなくても、37条書面にその取り決めの内容を記載する必要がある。

問204 Rank A **契約書面の記載事項** (H29-問38改)

宅建業者Aは、自ら売主となる宅地の売買契約において、当該宅地の種類又は品質に関する契約不適合責任に関する特約を定めたが、買主が宅建業者であり、当該契約不適合責任に関する特約を自由に定めることができるため、37条書面にその内容を記載しなかった。

問205 Rank A **契約書面の記載事項** (R2・12月-問35)

宅建業者が媒介により建物の売買契約を成立させた場合において、天災その他不可抗力による損害の負担に関する定めがあるときは、重要事項説明書にその旨記載していたとしても、その内容を37条書面に記載しなければならない。

問206 Rank A **契約書面の記載事項** (H27-問38改)

宅建業者Aが売主を代理して中古マンションの売買契約を締結した場合において、当該マンションの種類又は品質に関する契約不適合責任の履行に関して講ずべき保証保険契約の締結その他の措置についての定めがあるときは、Aは、その内容を37条書面に記載しなければならず、当該書面を売主及び買主に交付しなければならない。

答203 ○ (P.351)

宅建業者が自ら住宅ローンのあっせんをする予定がなくとも、ローン不成立のときに無条件解除を認める定めをする場合は、契約の解除に関する定めとして37条書面に記載する必要がある（37条）。

答204 × (P.352)

宅地を自ら売主として売却した宅建業者は、買主が宅建業者であったとしても、契約不適合責任に関する特約を定めたときは、その内容について、37条書面に記載して交付しなければならない（37条）。

答205 ○ (P.352)

天災その他不可抗力による損害の負担（危険負担）に関する定めの内容は、35条書面の記載事項ではないが、仮にその特約の内容を35条書面に記載していたとしても、37条書面では、危険負担の定めをするときは、その内容について、記載しなければならないことに変わりはない（37条）。

答206 ○ (P.352)

宅建業者が売主を代理して中古マンションの売買契約を締結した場合、宅建業者は、契約不適合責任の履行に関して講ずべき保証保険契約の締結等の措置についての定めがあるときはその内容を37条書面に記載し、契約の両当事者である売主及び買主に交付しなければならない（37条）。

問207 Rank A **契約書面の記載事項** (H27-問38)

宅建業者Aが自ら買主として宅地の売買契約を締結した場合において、当該宅地に係る租税その他の公課の負担に関する定めがあるときは、Aは、その内容を37条書面に記載しなければならず、売主が宅建業者であっても、当該書面を交付しなければならない。

問208 Rank A **契約書面の記載事項** (R2・12月-問37)

宅地又は建物に係る租税その他の公課の負担に関する定めがない場合、定めがない旨を37条書面に記載しなければならない。

問209 Rank A **契約書面への宅建士の記名** (H26-問42改)

宅建業者Aが売主として宅建業者Bの媒介により、土地付建物の売買契約を締結した場合、Bが37条書面を作成し、その宅建士をして当該書面に記名させれば、Aは、宅建士による37条書面への記名を省略することができる。

問210 Rank B **契約書面への宅建士の記名** (H23-問34)

宅建業者は、37条書面の作成を宅建士でない従業者に行わせることができる。

問211 Rank A **契約書面への宅建士の記名** (H22-問37改)

37条書面に記名する宅建士は、宅建業法35条に規定する書面に記名した宅建士と同一の者でなければならない。

答207　○　(P.352)

　宅建業者が自ら買主として宅地の売買契約を締結した場合、**租税その他の公課の負担に関する定めがあるとき**は、**その内容**について**37条書面に記載しなければならず**、また、**37条書面に関する規制**は**宅建業者間取引でも適用される**ので、**売主が宅建業者**であっても、自ら買主である宅建業者Aは、売主に37条書面を交付する義務を負う（37条、78条）。

答208　×　(P.352)

　租税その他の公課の負担に関する定めは、**任意的記載事項**であり、定めがある場合にはその内容を記載しなければならないが、**定めがない場合**は**記載する必要はない**（37条）。

答209　×　(P.353)

　1つの取引に複数の宅建業者が関与した場合、**すべての宅建業者に37条書面の交付義務がある**ので、**媒介業者Bが代表して37条書面を作成**した場合でも、その37条書面には、宅建業者Aと宅建業者Bの**両方の宅建業者の宅建士の記名が必要**となる（37条）。

答210　○　(P.353)

　37条書面に**記名**するのは、**宅建士でなければならない**が、**37条書面の作成**は、**宅建士に行わせる必要はない**（37条）。

答211　×　(P.353)

　宅建業者は、**35条書面**及び**37条書面**に**宅建士**をして**記名させなければならない**が、**両書面に記名する宅建士**は**同一の者である必要はない**（35条、37条）。

問212 Rank A **契約書面の交付義務の違反** （H10-問43改）

宅建業者は、宅建士をして37条書面に記名させなければならず、これに違反したときは、指示処分を受けるほか、罰金刑に処せられることがある。

答212　○　(P.353)

宅建業者は、37条書面に宅建士をして記名させなければならず、違反した場合は指示処分を受けるほか、50万円以下の罰金刑に処せられることがある（37条、65条、83条）。

4 自ら売主規制（8種制限）①

問213 Rank A 自ら売主規制（8種制限） (H8-問48)

宅建業者でないAが、A所有のマンションをBの媒介によりCに売却し、その後CがDに転売した場合（B・C・Dは、宅建業者であるものとする。）、AC間及びCD間のそれぞれの売買契約において、「違約金の額を代金の額の3割とする」旨の特約をしても、その特約は、それぞれ代金の額の2割を超える部分については無効である。

問214 Rank A 他人物売買の禁止 (H28-問41)

宅建業者Aは、宅建業者でないBが所有する宅地について、自らを売主、宅建業者Cを買主とする売買契約を締結することができる。

問215 Rank A 担保責任についての特約の制限 (H18-問41改)

宅建業者Aは、自ら売主として行う造成済みの宅地の売買において、買主である宅建業者と「Aは宅地の種類又は品質に関して契約の内容に適合しない場合におけるその不適合を担保すべき責任を一切負わない」旨の特約を記載した売買契約を締結した。これは宅建業法に違反しない。

問216 Rank A 他人物売買の禁止 (R1-問27)

宅建業者は、宅建業者でない者を取引の相手方として、自己の所有に属しない宅地又は建物についての自ら売主となる売買契約を締結してはならないが、当該売買契約の予約を行うことはできる。

答213　×　（『パーフェクト宅建士　基本書』P.360）

宅建業者が自ら売主となって宅建業者でない者にマンションを売却する場合は８種規制としての違約金の額を代金額の２割までとする制限が適用されるが、ＡＣ間の売買は、売主Ａが宅建業者ではないので、８種規制は適用されず、ＣＤ間の売買も宅建業者間の取引なので、８種規制は適用されない。したがって、代金額の２割を超える違約金でも無効となることはない（宅建業法38条、78条）。

答214　○　（P.355）

宅建業者は、自己の所有に属しない宅地について、自ら売主となって、宅建業者でない者を買主とする売買契約を締結することが原則としてできないが、買主が宅建業者である場合は、この規定の適用はないので、売買契約を締結できる（33条の２、78条）。

答215　○　（P.355）

宅地の種類又は品質に関する契約不適合責任についての特約の制限は８種規制であり、宅建業者間の取引には適用されないので、本問のような免責特約をしても、宅建業法の規定に違反しない（40条、78条）。

答216　×　（P.355）

宅建業者は、自己の所有に属しない宅地又は建物について、原則として、自ら売主となる売買契約（売買契約の予約も含む）を締結してはならない（33条の２）。

問217 Rank A **他人物売買の禁止** (H17-問35)

宅建業者Aが所有する土地付建物について、宅建業者でないBが賃借していたが、Aは、当該土地付建物を停止条件付で宅建業者でないCに売却した場合、宅建業法の規定に違反しない。

問218 Rank A **他人物売買の禁止** (H21-問31)

宅建業者Aが自ら売主としてB所有の甲宅地を宅建業者でない買主Cに売却する場合において、Aは、甲宅地の造成工事の完了後であれば、Bから甲宅地を取得する契約の有無にかかわらず、Cとの間で売買契約を締結できる。

問219 Rank A **他人物売買の禁止** (H26-問31)

宅建業者Aが自ら売主として宅建業者ではない買主Bとの間で宅地の売買契約を締結する場合において、Aは、Bに売却予定の宅地の一部に甲市所有の旧道路敷が含まれていることが判明したため、甲市に払下げを申請中である。この場合、Aは、重要事項説明書に払下申請書の写しを添付し、その旨をBに説明すれば、売買契約を締結することができる。

問220 Rank A **他人物売買の禁止** (H17-問35)

Cの所有する宅地について、宅建業者AはCと停止条件付で取得する売買契約を締結し、その条件が成就する前に当該物件について宅建業者ではないBと売買契約を締結した。これは宅建業法の規定に違反する。

答217　○　(P.355)

　宅建業者Aが所有する土地付建物をBに賃貸していても、当該土地付建物は宅建業者Aが所有しており、この**土地付建物を売却**しても**他人物売買を行っているわけではない**ので、**宅建業法の規定**に**違反しない**（33条の2）。

答218　×　(P.355)

　造成工事完了後の宅地については、宅建業者Aは、宅地の所有者Bから**取得する契約**を**締結しないと**、宅建業者でない買主Cと**売買契約**を**締結できない**（33条の2）。

答219　×　(P.356)

　甲市所有の旧道路敷は、**自ら売主である宅建業者Aの所有ではない**。自己の所有に属しない宅地を宅建業者でないBに売却するには、所有者甲市と所有権の取得契約を締結しなければならない。しかし、本問は**払下申請中**にすぎず、**取得契約は締結していない**ので、**重要事項の説明の有無にかかわらず**、**AはBとの間**で**売買契約**を**締結**することは**できない**（33条の2）。

答220　○　(P.356)

　宅建業者は、**自己の所有に属しない宅地**について、**原則**として、**自ら売主となる売買契約**を**締結**することは**できない**が、**例外**として**宅地の所有者**とその**所有権を取得する契約**を締結している場合は**売買契約を締結すること**が**許される**。もっとも、本問のように**所有権を取得する契約**が**停止条件付の場合**は、**条件が成就するまで**は、他人物売主である宅建業者が確実に所有権を取得できるとはいえないので、**売買契約**を**締結**することは**できない**（33条の2）。

問221 Rank A 他人物売買の禁止 (H5-問39)

宅建業者AがBから土地を取得して、自ら売主となって宅建業者ではないCに分譲する場合で、AB間の契約が売買の予約である場合、Aは予約完結権を行使するまでの間は、Cと、売買契約を締結してはならない。

問222 Rank A 他人物売買の禁止 (H21-問31)

宅建業者Aが自ら売主として、B所有の甲宅地を宅建業者でない買主Cに売却する場合において、Aは、Bから当該宅地を取得する契約が締結されているときであっても、その取得する契約に係る代金の一部を支払う前であれば、Cとの間で売買契約を締結することができない。

問223 Rank B 他人物売買の禁止 (H7-問47)

宅建業者Aは土地区画整理組合Bの施行する土地区画整理事業の施行地区内の宅地（造成工事完了済み）について、Cに売買又は売買の媒介をすることとした。なお、B及びCは宅建業者ではない。Aは自ら売主として、Bが換地処分後に取得する保留地予定地をCに販売するときには、あらかじめ、Bからその保留地予定地を取得する契約を締結しておかなければならない。

答221 × (P.356)

宅建業者は、原則として、自ら売主として他人物の売買契約を締結することはできないが、例外として、その宅建業者が土地の所有者と所有権を取得する予約契約を締結していれば、予約完結権を行使する前であっても、宅建業者でない買主と売買契約を締結することが認められる（33条の2）。

答222 × (P.356)

宅建業者は、原則として、自ら売主として他人物の売買契約を締結することはできないが、例外として、その宅建業者が宅地の所有者と所有権を取得する契約を締結していれば、その取得に係る代金の支払いが未了であっても、宅建業者でない買主と売買契約を締結することが認められる（33条の2）。

答223 ○ (P.356)

宅建業者Aが自ら売主として造成工事完了後の保留地予定地である宅地を宅建業者ではないCに販売するときは、あらかじめ、土地区画整理組合Bから保留地予定地を取得する契約を締結しておく必要がある（33条の2）。

問224 Rank B **他人物売買の禁止** (H21-問31)

宅建業者Aが自ら売主として、B所有の甲宅地を宅建業者でない買主Cに売却する場合において、Aは、甲宅地の売買が宅建業法41条1項に規定する手付金等の保全措置が必要な売買に該当するとき、Cから受け取る手付金について当該保全措置を講じておけば、Cとの間で売買契約を締結することができる。

答224　○　(P.356)

「**宅建業法41条１項に規定する手付金等の保全措置が必要な売買」**とは、**未完成物件の売買**を指す。Ｂ所有の宅地（未完成）を宅建業者Ａが宅建業者ではないＣに売却するには、**手付金等の保全措置が必要な場合**（手付金等の額が代金額の５％超又は1,000万円超）は、法定の**保全措置を講じれば**、Ｃとの間で**売買契約を締結できる**（33条の２、41条）。

5 自ら売主規制（8種制限）②

問225 Rank A **クーリング・オフ** (H14-問36)

宅建業者が自ら売主となる宅地の売買契約について、当該宅建業者の「事務所」において契約の申込み及び締結をした買主は、宅建業法37条の２の規定による売買契約の解除はできない。

問226 Rank A **クーリング・オフ** (H12-問41)

自ら売主となる宅建業者Ａが、一団の宅地の分譲について宣伝のみを行う現地案内所で宅建業者ではない買主Ｂに契約に関する説明を行い、翌日Ａの事務所等の近くのホテルのロビーで売買契約を締結した場合は、Ｂは、当該売買契約を解除できる。

問227 Rank A **クーリング・オフ** (H14-問45)

宅建業者である買主Ｂは、建物の物件の説明を自ら売主である宅建業者Ａの事務所で受けた。後日、Ａの事務所近くの喫茶店で買受けを申し込むとともに売買契約を締結した場合、Ｂはクーリング・オフにより売買契約を解除することができる。

問228 Rank A **クーリング・オフ** (H10-問36)

宅建業者ではない買主Ｂが自ら売主である宅建業者Ａの事務所で買受けの申込みをし、１週間後にＢの自宅の近所の喫茶店で売買契約を締結した場合、Ｂは、当該契約を締結した日から８日以内であれば、クーリング・オフにより売買契約を解除することができる。

答225 ○ (P.358)

宅建業者の「事務所」で売買契約の申込み及び締結をした買主は、クーリング・オフによる売買契約の解除はできない（37条の2）。

答226 ○ (P.357)

売買契約を締結しているホテルのロビーは、クーリング・オフが適用されない「事務所等」ではないので、買主Bのクーリング・オフによる売買契約の解除は認められる（37条の2）。

答227 × (P.357)

宅建業者間の取引には、クーリング・オフ制度の適用はなく、宅建業者Bのクーリング・オフによる売買契約の解除は認められない（37条の2、78条）。

答228 × (P.358)

買受けの申込みをした場所と売買契約を締結した場所が異なる場合は、買受けの申込みをした場所を基準にクーリング・オフの適用があるかを判断するところ、本問では売主である宅建業者Aの事務所で買受けの申込みをしているので、クーリング・オフによる契約の解除は認められない（37条の2）。

問229 Rank A **クーリング・オフ** (R1-問38)

宅建業者Ａが、自ら売主として宅建業者でないＢとの間で宅地の売買契約を締結した場合における宅建業法37条の２の規定に基づくいわゆるクーリング・オフに関し、Ａが媒介を依頼した宅建業者Ｃの事務所でＢが買受けの申込みをし、売買契約を締結した場合、Ａからクーリング・オフについて何も告げられていなければ、当該契約を締結した日から起算して８日経過していてもクーリング・オフにより契約を解除することができる。

問230 Rank A **クーリング・オフ** (R2・12月-問39)

宅建業者Ａが、自ら売主として宅建業者ではない買主Ｂとの間で宅地の売買契約を締結した。Ｂは、売買契約締結後に速やかに建物建築工事請負契約を締結したいと考え、自ら指定した宅建業者であるハウスメーカー（Ａから当該宅地の売却について代理又は媒介の依頼は受けていない）の事務所で買受けの申込み及び売買契約の締結をし、その際、クーリング・オフについて書面で告げられた。その６日後、Ｂが当該契約について解除の書面を送付した場合、Ａは契約の解除を拒むことができない。

問231 Rank A **クーリング・オフ** (H13-問43)

宅建業者Ａが、自ら所有する土地を20区画の一団の宅地に造成し、これを分譲しようとしている。Ａが、専任の宅建士を置いて現地案内所を設置している場合、当該案内所で買受けの申込みをした者は、申込みの日から起算して８日以内であれば、無条件で申込みの撤回ができる。

答229 ×　（P.358）

クーリング・オフが適用されない宅建業者の「事務所」には、自ら売主である宅建業者の事務所以外に、**自ら売主業者が媒介や代理を依頼した宅建業者の事務所も含まれる**（37条の2、規則16条の5）。本問の宅建業者Cは、自ら売主である宅建業者Aから媒介を依頼されている宅建業者であり、この宅建業者の事務所もクーリング・オフの適用されない事務所となるので、**買主Bは、クーリング・オフによる契約の解除**をすることは**できない**。

答230 ○　（P.357、359）

買受けの申込みをした場所は、**自ら売主である宅建業者Aが媒介や代理を依頼した宅建業者の事務所ではない**ので、**クーリング・オフの適用がある。**Bはクーリング・オフについて**書面で告げられた日**から**6日後**に**解除の書面を送付**しており、**Aは**契約の**解除を拒むこと**は**できない**（37条の2）。

答231 ×　（P.358）

専任の宅建士を置いている案内所で**クーリング・オフが可能であるか否か**は、その**案内所**が**土地に定着する施設であるか否か**によって**変わってくる**ので、無条件で申込みの撤回ができるとは限らない（37条の2、規則16条の5）。

問232 Rank A **クーリング・オフ** (H7-問41)

宅建業者が15戸の一団の建物の分譲をするに当たって、当該建物の一棟に専任の宅建士を置いた案内所を設置した場合、その案内所でなされた買受けの申込みについては、宅建業法37条の２の規定により撤回されることがある。

問233 Rank A **クーリング・オフ** (H20-問39)

宅建業者Ａが、自ら売主となり、宅建業者でない買主Ｂとの間で締結した宅地の売買契約について、Ｂは自らの希望により勤務先で売買契約に関する説明を受けて買受けの申込みをし、その際にＡからクーリング・オフについて何も告げられずに契約を締結した。この場合、Ｂは、当該契約締結の日から８日を経過するまでは、契約の解除をすることができる。

問234 Rank A **クーリング・オフ** (H25-問34)

宅建業者Ａ社が、自ら売主として宅建業者でない買主Ｂとの間で締結した宅地の売買契約について、Ｂは、自ら指定した喫茶店において買受けの申込みをし、契約を締結した。Ｂが翌日に売買契約の解除を申し出た場合、Ａ社は、既に支払われている手付金及び中間金の全額の返還を拒むことができる。

答232 ×　(P.358)

分譲する建物のうちの一棟に設置された案内所であるから土地に定着する施設であり、かつ、専任の宅建士も置かれていることから、当該案内所は、クーリング・オフの適用のない場所に該当し、買受けの申込みが撤回されることはない(37条の2、規則16条の5)。

答233 ×　(P.358)

買主Bの自らの希望により勤務先で買受けの申込み及び売買契約を締結した場合は「買主が申し出た場合の自宅または勤務先」に該当し、クーリング・オフの適用のない場所となるので、Bは契約の解除をすることはできない(37条の2、規則16条の5)。

答234 ×　(P.357、360)

買主Bが指定した場所は、自宅や勤務先ではなく、「喫茶店」であるから、クーリング・オフの適用がある場所である(37条の2、規則16条の5)。こうした場所で買受けの申込みをし、契約を締結した場合、買主Bが翌日に行ったクーリング・オフは認められ、その場合、宅建業者A社は、既に支払われている手付金及び中間金の返還を拒むことはできない(37条の2)。

問235 Rank A **クーリング・オフ** (H30-問37)

宅建業者である売主Ａが、宅建業者Ｂの媒介により宅建業者でない買主Ｃと新築マンションの売買契約を締結した。Ｃは、Ｂからの提案によりＣの自宅で買受けの申込みを行ったが、クーリング・オフについては告げられず、その10日後に、Ａの事務所で売買契約を締結した場合、クーリング・オフによる契約の解除はできない。

問236 Rank A **クーリング・オフ** (H7-問47)

宅建業者Ａは土地区画整理組合Ｂの施行する土地区画整理事業の施行地区内の宅地（造成工事完了済み）について、Ｃに売買の媒介をすることとした。なお、Ｂ及びＣは宅建業者ではない。Ａが、施行地区内の土地を一時借り受け設置したテント張りの案内所において、ＢＣ間の保留地予定地の売買契約の締結を媒介した場合、Ｃは、当該売買契約をクーリング・オフにより解除できる。

問237 Rank A **クーリング・オフ** (H24-問37)

宅建業者Ａ社が、自ら売主として宅建業者でない買主Ｂとの間で、建物についてモデルルームにおいて買受けの申込みをし、後日、Ａ社の事務所において売買契約を締結した。この場合、Ｂは、既に当該建物の引渡しを受け、かつ、その代金の全部を支払ったときであっても、Ａ社からクーリング・オフについて何も告げられていなければ、宅建業法37条の２の規定に基づき、いわゆるクーリング・オフによる契約の解除をすることができる。

答235　×　(P.357、359)

①売主が宅建業者で買主は宅建業者ではなく、クーリング・オフの適用場面である。②買受けの申込み場所と売買契約の締結場所が異なる場合は、買受けの申込みを行った場所を基準にクーリング・オフの可否を判断するところ、申込み場所の自宅は、買主Cの申出によるものではないので、クーリング・オフができる場所である。③クーリング・オフについて書面で告げられると、クーリング・オフは、その日から8日以内に限定されるが、本問では、Cは、告げられていない。よって、Cはクーリング・オフによる解除はできる（37条の2）。

答236　×　(P.357)

売主である土地区画整理組合Bは宅建業者でなく、宅建業者でない者同士であるBC間の売買を宅建業者Aが媒介しても、買主Cはクーリング・オフによる売買契約の解除はできない（37条の2）。

答237　×　(P.358、359)

買受けの申込みを行ったモデルルームは、土地に定着する案内所とみなされるので、原則としてクーリング・オフはできず、さらにBは購入した建物の引渡しを受け、かつ、代金の全部を支払っているので、クーリング・オフによる解除はできない（37条の2、規則16条の5、国交省「考え方」）。

問238 Rank A **クーリング・オフ** (H15-問39)

宅建業者Ａが自ら売主となり、宅建業者でない買主Ｂとの間で宅地の売買契約を締結した。Ｂは喫茶店で買受けの申込みをした際に、Ａからクーリング・オフについて書面で告げられ、その４日後にＡの事務所で契約を締結した場合、契約締結日から起算して８日が経過するまでは、契約の解除ができる。

問239 Rank A **クーリング・オフ** (H12-問41)

自ら売主となる宅建業者Ａが、売買契約を締結した際に、売買契約の解除ができる旨及びその方法について口頭のみで告知した場合は、その告知した日から起算して10日後で、かつ、代金の一部を支払った後であっても、宅建業者ではない買主Ｂは、当該売買契約を解除できる。

問240 Rank A **クーリング・オフ** (H25-問34)

宅建業者Ａ社が、自ら売主として宅建業者でない買主Ｂとの間で締結した宅地の売買契約について、Ｂは、月曜日にホテルのロビーにおいて買受けの申込みをし、その際にクーリング・オフについて書面で告げられ、契約を締結した。Ｂは、翌週の火曜日までであれば、契約の解除をすることができる。

答238 ×　(P.357、359)

喫茶店で買受けの申込みをしており、クーリング・オフ制度は適用されるが、クーリング・オフについて書面で告げられると、クーリング・オフができるのは、「告げられた日から起算して8日が経過するまで」となる(37条の2、規則16条の5)。「契約締結日から起算」するのではない。

答239 ○　(P.359)

①クーリング・オフについては書面で告げないと、8日の起算は始まらず、②引渡しを受け、かつ、代金の全部を支払わない限り、クーリング・オフは否定されないので、宅建業者でないBのクーリング・オフによる解除は認められる(37条の2)。

答240 ×　(P.357、359)

クーリング・オフが可能となるのは、告げられた日からその日を含んで起算して8日以内であるから、月曜日に書面で告げられた場合は、「翌週の月曜日まで」がクーリング・オフが可能な期間となる(37条の2)。

問241 Rank B **クーリング・オフ** (H24-問37改)

宅建業者A社が、自ら売主として、宅建業者でない買主Bと建物の売買契約を締結したが、当該売買契約は、Bが自らの希望により自宅近くの喫茶店において買受けの申込みをし、売買契約を締結したものであった。売買契約締結の3日後にA社から当該契約に係るクーリング・オフについて書面で告げられた場合、Bは、当該契約締結日から起算して10日目において、宅建業法37条の2の規定による契約の解除をすることができる。

問242 Rank A **クーリング・オフ** (H19-問41)

宅建業者Aが、自ら売主として、宅建業者でないBと建物の売買契約を締結した場合において、Bがホテルのロビーで買受けの申込みをし、3日後にBの自宅で売買契約を締結したとすると、Bは、当該建物の引渡しを受け、かつ、その代金の全部を支払っているときでも、宅建業法37条の2の規定に基づき、当該売買契約の解除をすることができる。

問243 Rank A **クーリング・オフ** (H15-問39)

宅建業者Aが自ら売主となり、宅建業者でない買主Bとの間で宅地の売買契約を締結した。当該契約について、Bが自ら指定したレストランで買受けの申込みをし、翌日、Aの事務所で契約を締結した際に代金の全部を支払っていた場合、契約締結の6日後、Bは宅地の引渡しを受ける前にクーリング・オフの書面を送付したときは、Aは、代金の全部が支払われていることを理由に契約の解除を拒むことができる。

答241　○　（P.357、359）

仮に、**売買契約を締結**したのが、**1月1日**だとする。**書面で告げられた**のはその3日後だから（翌日＝1日後）、**1月4日**となる。1月4日に告げられると、**告げられた1月4日を含んで8日間**（1月11日まで）が**クーリング・オフが可能な期間**となる。本問の**契約締結日から起算して10日目**（1月10日）であれば、**クーリング・オフは可能**である（37条の2）。

答242　×　（P.357、359）

たとえクーリング・オフが可能な場所（ホテルのロビー）で買受けの申込みをした場合でも、買主Bは**建物の引渡しを受け、かつ、代金の全部を支払っている**ので、クーリング・オフによる**解除**は**認められない**（37条の2）。

答243　×　（P.357、359）

クーリング・オフが可能な場所（レストラン）**で買受けの申込み**をしており、**代金の全部を支払っているが、引渡しは未了**であることから、宅建業者Aは、Bの**解除**を**拒むことはできない**（37条の2）。

問244 Rank A **クーリング・オフ** (R2・10月-問40)

宅建業者Aが、自ら売主として、宅建業者ではないBとの間で宅地の売買契約を締結した。Bが喫茶店で当該宅地の買受けの申込みをした場合において、クーリング・オフによる契約の解除ができる期間内に、Aが契約の履行に着手したとき、クーリング・オフによる解除は認められない。

問245 Rank A **クーリング・オフ** (H8-問49)

宅建業者Aが自ら売主として、宅建業者でない買主Bに宅建業法37条の２の規定により契約を解除できる旨を告げた場合で、同条の規定により解除できる期間を経過したとき、Bは、Aに債務不履行があっても、不履行を理由に契約を解除できない。

問246 Rank B **クーリング・オフ** (H30-問37)

宅建業者である売主Aが、宅建業者Bの媒介により宅建業者でない買主Cと新築マンションの売買契約を締結した。クーリング・オフについて告げる書面には、Bの商号又は名称及び住所並びに免許証番号を記載しなければならない。

問247 Rank B **クーリング・オフ** (H16-問42)

売主を宅建業者A、買主を宅建業者ではないBとする宅地の売買契約において、Bが当該売買契約の解除を行う場合は、Aに対して、国土交通大臣が定める書式の書面をもってその意思表示を行わなければならない。

答244　×　（P.357、359）

クーリング・オフによる解除は、手付解除ではないので、**相手方が履行に着手するか否かは関係がなく**、クーリング・オフによる**解除**は**認められる**（37条の２）。

答245　×　（P.359）

クーリング・オフによる解除と**債務不履行による解除**は、**別の制度**であるから、クーリング・オフによる解除が認められない場合でも、**債務不履行による解除**は**認められる**（37条の２、民法541条）。

答246　×　（P.359）

売主である宅建業者Ａの商号又は名称、住所、免許証番号は記載しなければならないが、**媒介を行った宅建業者Ｂの情報**は、クーリング・オフについて**告げる書面**に**記載する必要はない**（宅建業法37条の２、規則16条の６）。

答247　×　（P.359）

買主が**クーリング・オフによる解除の意思表示**を行うときは、**書面**で行う必要があるが、特にその**書式について**の**規定はない**（37条の２）。

問248 Rank A **クーリング・オフ** (H13-問44)

宅建業者でないAは、宅建業者Bに対し、Bが売主である宅地建物について、Aの自宅付近の喫茶店で、その買受けの申込みをした。Aがクーリング・オフによる申込みの撤回を行う場合、Aは、申込みの撤回を書面により行う必要があり、その効力は、Aが申込みの撤回を行う旨の書面を発した時に生ずる。

問249 Rank A **クーリング・オフ** (H29-問31)

宅建業者Aが、自ら売主として、宅建業者でないBとの間でマンション（代金3,000万円）の売買契約を締結しようとする場合において、BがAに対し、宅建業法37条の2の規定に基づき、書面により買受けの申込みの撤回を行った場合、その効力は、当該書面をAが受け取った時に生じることとなる。

問250 Rank A **クーリング・オフ** (H27-問39)

宅建業者Aが自ら売主となる売買契約に関し、宅建業者でない買主Bが、宅建業法37条の2の規定に基づくクーリング・オフについてAより書面で告げられた日から7日目にクーリング・オフによる契約の解除の書面を発送し、9日目にAに到達した場合には、クーリング・オフによる契約の解除はできない。

答248 ○ (P.357、359)

買主Aの**クーリング・オフによる申込みの撤回**は、**書面**で行う必要があり、その**効力**は、**書面を発した時**に**生じる**（37条の２）。

答249 × (P.359)

買主Bが**クーリング・オフによる申込みの撤回**を**書面**で行った場合、その**効力**は、「**書面を発した時**」に**生じる**（37条の２）。

答250 × (P.359)

買主Bによる**クーリング・オフによる解除の書面**は、**発信した時に効力を生じる**ので、宅建業者Aからクーリング・オフについて**書面で告げられた日から８日以内**（７日目）に**発送**すれば、**到達が８日を過ぎていても**（**９日目**）、クーリング・オフによる**解除は認められる**（37条の２）。

問251 Rank A **クーリング・オフ** (H23-問35)

宅建業者A社が、自ら売主として宅建業者でない買主Bとの間で締結した投資用マンションの売買契約について、Bが宅建業法37条の2の規定に基づき、いわゆるクーリング・オフによる契約の解除が行われた場合、A社は、契約解除に伴う違約金の定めがある場合、クーリング・オフによる契約の解除が行われたときであっても、違約金の支払を請求することができる。

問252 Rank A **クーリング・オフ** (H14-問45)

宅建業者でない買主Bからクーリング・オフによる売買契約の解除があった場合、この解除が法的要件を満たし、かつ、自ら売主である宅建業者Aが手付金を受領しているとき、Aは契約に要した費用を手付金から控除して返還することができる。

問253 Rank A **クーリング・オフ** (R2・10月-問40)

宅建業者Aが、自ら売主として、宅建業者でないBとの間で宅地の売買契約を締結した。Bが喫茶店で当該宅地の買受けの申込みをした場合において、AとBとの間でクーリング・オフによる契約の解除をしない旨の合意をしたときでも、Bのクーリング・オフは認められる。

問254 Rank A **クーリング・オフ** (H16-問42)

売主が宅建業者Aで、買主を宅建業者でないBとする宅地の売買契約において、Bが契約の解除ができる期間は、売買契約の解除ができる旨及びその方法について告げられた日から起算して8日間とされるが、特約で当該期間を10日間に延長したり、7日間に短縮した場合、これらの特約は有効である。

答251 ×
(P.360)
クーリング・オフによる解除がなされても、これは買主の宅建業法上認められた権利の行使であり、債務不履行をしているわけではないので、**売主である宅建業者**は、**違約金の支払い**は**請求できない**(37条の2)。

答252 ×
(P.360)
クーリング・オフによる解除がなされても、これは買主の宅建業法上認められた権利の行使であり、手付解除をしているわけではないので、**売主である宅建業者**は、手付金から費用等を控除することなく、受領した手付金の全額を返還しなければならない(37条の2)。

答253 ○
(P.360)
Bが**買受けの申込み**をした**喫茶店**は、**クーリング・オフの適用のある場所**である。にもかかわらず**クーリング・オフをしない旨の合意**をすることは、**宅建業法の規定よりも買主に不利な特約**となり、**無効**である(37条の2)。よって、**Bのクーリング・オフ**は**認められる**。

答254 ×
(P.360)
クーリング・オフができる旨及びその方法について**書面で告げられた日から起算して8日間**という宅建業法の規定を**特約で10日間に延長**することは、**買主に有利な特約**として**有効**であるが、これを**7日間に短縮すること**は、宅建業法の規定より**買主に不利な特約**として**無効**になる(37条の2)。

問255 Rank A **クーリング・オフ** (H27-問34)

宅建業者Ａが自ら売主として、宅建業者でないＢとの間で建物の売買契約を締結した。ＡＢ間の売買契約における「宅建業法37条の２の規定に基づくクーリング・オフによる契約の解除の際に、ＡからＢに対して損害賠償を請求できる」旨の特約は有効である。

答255 ×
（P.360）

クーリング・オフによる契約の解除をした場合、**売主である宅建業者**は、**損害賠償請求をすることはできない旨**が宅建業法に規定されているところ、本問の特約は**宅建業法の規定よりも買主に不利なので無効**である（37条の2）。

6 自ら売主規制（8種制限）③

問256 Rank A 損害賠償額の予定等の制限 (H17-問43)

宅建業者Aは、自ら売主として、宅建業者であるBとのマンション（販売価額3,000万円）の売買契約の締結に際して、当事者の債務不履行を理由とする契約の解除に伴う損害賠償の予定額を1,200万円とする特約を定めた。この特約は無効である。

問257 Rank A 損害賠償額の予定等の制限 (H28-問28)

宅建業者Aは、自ら売主として、宅建業者でないBとの間でマンション（代金4,000万円）の売買契約を締結した。Aは、建築工事完了後のマンションの売買契約を締結する際に、当事者の債務不履行を理由とする契約の解除に伴う損害賠償の予定額を1,000万円とする特約を定めた場合、宅建業法の規定に違反しない。

問258 Rank A 損害賠償額の予定等の制限 (H22-問40)

宅建業者Aが、自ら売主として、宅建業者でないBとの間で宅地（代金2,000万円）の売買契約を締結する場合において、Aは、当事者の債務の不履行を理由とする契約の解除に伴う損害賠償の予定額を300万円とし、かつ、違約金を300万円とする特約をすることができる。

問259 Rank A 損害賠償額の予定等の制限 (H21-問37)

自らが売主である宅建業者Aと、宅建業者でないBとの間での建物の売買契約（代金2,000万円）の締結に当たり、手付金として100万円の受領を予定していた。この場合において、損害賠償の予定額を定めるときは、300万円を超えてはならない。

答256 ×
(P.360)

買主も宅建業者である場合、宅建業者間の取引には8種規制の適用はないので、代金額の20%を超える損害賠償の予定額を特約で定めても、無効とはならない（38条、78条）。

答257 ×
(P.360)

宅建業者が売主となって、宅建業者でない者を買主とする取引では、当事者の債務不履行を理由とする契約の解除に伴う損害賠償の予定額について、代金額の20%（本問では代金額4,000万円の20%である800万円）を超える特約は、宅建業法の規定に違反する（38条）。

答258 ×
(P.360)

当事者の債務不履行を理由とする契約の解除に伴う損害賠償の予定額と違約金は、合算して、代金額（2,000万円）の20%（400万円）を超える特約はすることができない（38条）。本問は、合算すると600万円となるので、この特約をすることはできない。

答259 ×
(P.360)

手付金の額は、代金額の20%まで、損害賠償の予定額は、代金額の20%までであり、それぞれは別個の規制である。つまり、合算して代金額の20%までという規制はないので、手付金として100万円の受領を予定しても、損害賠償の予定額は400万円まで定めることができる（38条、39条）。

問260 Rank B 損害賠償額の予定等の制限 (H20-問40)

宅建業者Aは、自ら売主として、宅建業者でないBと建物の売買契約を締結する場合、Aの違約によりBが受け取る違約金を売買代金の額の10分の3とするとの特約を定めることができる。

問261 Rank A 損害賠償額の予定等の制限 (H27-問36)

宅建業者Aは、自ら売主として、宅建業者でないBとの間の建物（代金2,400万円）の売買契約において、当事者の債務不履行を理由とする契約の解除に伴う損害賠償の予定額を480万円とし、かつ、違約金の額を240万円とする特約を定めた場合、当該特約は全体として無効となる。

問262 Rank A 損害賠償額の予定等の制限 (H22-問39)

宅建業者Aが、自ら売主として宅建業者でない買主Bとの間で宅地の売買契約を締結するに際して、当事者の債務不履行を理由とする契約の解除に伴う損害賠償の予定額を定めていない場合、損害賠償の請求額は売買代金の額を超えてはならない。

答260　×　（P.360）

宅建業法は、**代金額の20%を超える違約金の定め**を認**めない。**これは、**買主が受け取る違約金の額**を**代金額の20%を超える額とする定め**（**宅建業法の規定よりも買主に有利な特約**）であっても**認められない**ので、本問のような特約は、定めることはできない（38条）。

答261　×　（P.360）

当事者の債務不履行を理由とする契約の解除に伴う**損害賠償の予定額**と**違約金**は、**合算**して、**代金額**（2,400万円）の**20%**（480万円）**を超える特約**を**することができず**、20%を超える特約を定めた場合は、**特約全体が無効となるのではなく**、**20%を超える部分**（240万円）が**無効となる**（38条）。

答262　×　（P.360）

当事者の債務不履行を理由とする契約の解除に伴う**損害賠償の予定額を定める場合**は、**代金額の20%までに制限**されるが（38条）、損害賠償額の予定をするかどうかは当事者の自由であり、**損害賠償額の予定をしない場合**は、売買代金の額に**制限されることなく**、その実損額について、**損害賠償の請求**をすることが**可能**である。

問263 Rank A 損害賠償額の予定等の制限　(H8-問46)

宅建業者Aが自ら売主として、宅建業者でない買主Bと宅地（価格5,000万円）の売買契約を締結した。債務不履行による契約解除に伴う損害賠償の予定額を500万円とする旨の特約をした場合でも、Aの実際に被った損害の額が予定額を超えることを証明できるときは、Aは、1,000万円を限度として、500万円を超える額の損害賠償を請求することができる。

問264 Rank A 手付の額の制限等　(H8-問49)

宅建業者Aが自ら売主として、宅建業者でないBと宅地の売買契約（手付あり）を締結した。手付の放棄により契約を解除できる旨の特約がない場合でも、Bは、Aが契約の履行に着手するまでは手付を放棄して契約を解除できる。

問265 Rank B 手付の額の制限等　(H12-問40)

宅建業者Aが、自ら売主として、宅建業者でないBと中古の土地付建物の売買契約（代金5,000万円、手付金1,000万円）を締結する場合、AB間で、手付金を違約手付とする旨の特約を定めた場合においても、別途Bの債務不履行による契約解除に伴う損害賠償の予定額を定めることができる。

答263 ×　(P.360)

当事者の債務不履行を理由とする契約の解除に伴う**損害賠償の予定額を定める場合**は、**代金額**（5,000万円）**の20%**（1,000万円）**までに制限**されるところ、本問の**予定額を500万円とする定め**は**有効**である（38条）。**損害賠償額の予定をした場合**、実損額にかかわらず、**予定額に拘束されるの**で、**実損額が予定額を超える旨を証明**しても、**予定額**の500万円を**超えて、損害賠償は請求できない**（民法420条）。

答264 ○　(P.361)

宅建業者が売主となって**宅建業者でない買主**に**宅地を売却**する場合に手付を授受すると、その**手付**は、**解約手付とみなされる**。**解約手付**は、**相手方が契約の履行に着手するまでは、手付解除ができる**ので、**買主B**は相手方である**売主Aが契約の履行に着手するまで**は、**手付を放棄**して、**契約を解除できる**（宅建業法39条）。

答265 ×　(参考P.361)

手付は**解約手付とみなされる**が、それと矛盾しない範囲で、当事者が手付金を違約手付とする特約も**有効**であり、この場合は、手付には、解約手付の性格と、特約による違約手付の性格が併有することになる。そして、**損害賠償額の予定**は**違約金と合算**して**代金額**（5,000万円）の**20%**（1,000万円）**までに制限**されるが、本問では**違約手付として1,000万円とする旨の特約を定めている**ので、別途**損害賠償額の予定**を**定めることはできない**（38条）。

問266 Rank A **手付の額の制限等** (H28-問28改)

宅建業者Aが自ら売主として宅建業者でないBとの間で建築工事完了前のマンション（代金4,000万円）の売買契約を締結する際に、Bから手付金500万円を受領した。Aは、Bに当該手付金500万円を現実に提供して、契約を一方的に解除することができる。

問267 Rank A **手付の額の制限等** (H14-問40改)

宅建業者Aが自ら売主となって宅建業者でない買主Bと建物（完成物件）を売買する場合、Bが手付を支払った後、代金の一部を支払った場合は、Aは手付の倍額を現実に提供することによる契約解除はできない。

問268 Rank A **手付の額の制限等** (H23-問37)

宅建業者A社が自ら売主となって宅建業者でない買主Bとの間で締結する建築工事完了後の建物の売買契約の締結に際し、BがA社に手付金を支払い、さらに中間金を支払った場合、Bは、A社が契約の履行に着手しないときであっても、支払った手付金を放棄して契約の解除をすることができない。

答266　×　(P.361)

売主である宅建業者Ａが手付解除するには、相手方である買主Ｂに「手付金の倍額（1,000万円）」を現実に提供しなければ、手付解除をすることはできない（39条）。

答267　○　(P.361)

手付は解約手付とみなされるが、解約手付は、相手方が履行に着手した場合は、手付解除ができない（39条）。本問において、買主Ｂが代金の一部を支払うことは履行の着手に該当し、売主Ａは、手付金の倍額を現実に提供しても、手付解除はできない。

答268　×　(P.361)

手付は解約手付とみなされるが、解約手付は、相手方が履行に着手した場合は、手付解除ができない（39条）。本問では、買主Ｂは中間金を支払うことで履行に着手しているが、相手方である売主Ａ社は履行に着手していないので、履行に着手した買主Ｂは、手付を放棄して、契約の解除をすることができる。

問269 Rank A **手付の額の制限等** (H21-問37改)

自らが売主である宅建業者Aと、宅建業者でないBとの間で締結した建物の売買契約において、Bが手付金の放棄による契約の解除ができる期限は、金融機関からBの住宅ローンの承認が得られるまでとする旨の定めをした。この場合、Aは、自らが契約の履行に着手する前であっても、当該承認が得られた後は、Bの手付金の放棄による契約の解除を拒むことができる。

問270 Rank A **手付の額の制限等** (H22-問40)

宅建業者Aが、自ら売主として宅建業者でない買主Bとの間で宅地（代金2,000万円）の売買契約を締結した。Aは、Bの承諾があっても、「Aが契約の履行に着手した後であっても、Bは手付を放棄して、当該売買契約を解除することができる」旨の特約をすることができない。

問271 Rank A **手付の額の制限等** (H30-問29)

Aは、Bとの間で、Aが所有する建物を代金2,000万円で売却する売買契約を締結した。Aは宅建業者であるが、Bは宅建業者ではない場合において、Aは、本件売買契約の締結に際して、500万円の手付を受領することは、宅建業法の規定に違反しない。

答269 ×　(P.361)

手付は**解約手付とみなされる**が、**解約手付**は、**相手方が履行に着手するまで**は、買主は手付を放棄して**契約を解除できる**。また、**この規定に反する特約で買主に不利なもの**は**無効**である（39条）。本問の手付解除を「金融機関からBの住宅ローンの承認が得られるまで」に制限する特約は、「相手方が履行に着手するまで」は解除を認める宅建業法の規定よりも、買主に不利であり、特約は無効となるので、Aが契約の履行に着手するまでは、承認が得られた後でも**Bの手付解除**を**拒めない**。

答270 ×　(P.361)

本問の特約は、**売主Aが履行に着手した後も**、なお**買主Bの手付解除を認めるもの**であり、**宅建業法の規定よりも買主に有利な特約**なので、この**特約**をすることは**認められる**（39条）。

答271 ×　(P.361)

売主が宅建業者で**買主が宅建業者ではない売買契約**は、**８種規制の適用場面**であり、**手付の額**は、**代金額の20％（400万円）までに制限**されるので、**500万円の手付を受領**することは**宅建業法の規定**に**違反する**（39条）。

問272 Rank A **手付の額の制限等** (R1-問37)

宅建業者Aが、自ら売主として、宅建業者でないBとの間で締結する建築工事完了前のマンション（代金3,000万円）の売買契約を締結した場合において、Aが150万円を手付金として受領し、さらに建築工事完了前に中間金として500万円を受領しようとする場合、Aは、手付金と中間金の合計額650万円について宅建業法41条に定める手付金等の保全措置を講じたとしても、当該中間金を受領することができない。

問273 Rank A **手付の額の制限等** (H8-問46)

宅建業者Aが自ら売主として、宅建業者でない買主Bと宅地（価格5,000万円）の売買契約を締結した。売買契約の締結に際し、AがBから1,500万円の金銭を手付として受領した場合で、その後、Bが手付を放棄して契約を解除したときには、Aは、受領した金銭を一切返還する必要はない。

問274 Rank A **担保責任についての特約の制限** (H27-問39改)

宅建業者Aが自ら売主となって、宅建業者でない買主Bとの間で土地付建物の売買契約を締結するに当たって、Bが建物を短期間使用後取り壊す予定である場合には、建物が種類又は品質に関して契約の内容に適合しない場合におけるその不適合を担保すべき責任を負わない旨の特約を定めることができる。

答272 ×　(P.361)

中間金は**手付金等の保全措置**の「**手付金等**」に**該当**するので、宅建業者Ａは、**中間金500万円を受領する前**に**手付金も含めた650万円**について**法定の保全措置**を**講じなければならない**が（41条）、**中間金**は**手付額の制限の「手付」ではない**ので、**中間金の額**が**代金額の20%に制限されることはない**（39条）。

答273 ×　(P.362)

売主が宅建業者で**買主が宅建業者ではない売買契約**は、**８種規制の適用場面**であり、**手付の額**は、**代金額の20%（1,000万円）までに制限**され、**20%を超える部分は無効**であるから、手付解除がなされた場合でもＡはＢに対して、1,000万円を超える部分である**500万円**は**返還する必要**がある（39条）。

答274 ×　(P.363)

宅建業者Ａは、自ら売主となる土地付建物の売買契約において、**契約不適合責任**（契約不適合を担保すべき責任）につき、原則として、**民法の規定よりも買主に不利な特約**を**することはできない**（40条）。本問の**免責特約**は、**民法の規定よりも買主に不利な特約**であり、このような特約を定**めることはできない**。

問275 Rank A **担保責任についての特約の制限** (H9-問41改)

宅建業者Aが、自ら売主として宅建業者でない買主Bとの間で締結した建物の売買契約において、建物に種類又は品質に関して契約の内容に適合しない不適合があった場合でも、その不適合が売主であるAの責めに帰すものでないとき、Aは担保責任を負わない旨の特約は、有効である。

問276 Rank A **担保責任についての特約の制限** (H29-問27改)

宅建業者Aが、自ら売主として宅建業者でない買主Bとの間で締結した宅地の売買契約において、Aが宅地の種類又は品質に関して契約の内容に適合しない場合におけるその不適合を担保すべき責任を負う期間内は、損害賠償の請求をすることはできるが、契約を解除することはできないとする特約を定めた場合、その特約は有効である。

問277 Rank A **担保責任についての特約の制限** (H23-問37改)

宅建業者A社が、自ら売主として宅建業者でない買主Bとの間で締結する建築工事完了後の建物の売買契約において、Bが建物の種類又は品質に関して契約の内容に適合しない場合におけるその不適合を担保すべき責任を追及するには、Bが当該建物の契約不適合を知った時から2年以内に通知することを要する旨の特約を定めることができる。

答275　×　(P.363)

本問の売主Aの責めに帰すものでないとき、Aは担保責任を負わない旨の特約は、民法の規定よりも買主に不利な特約であり、このような特約を定めることはできない（40条）。

答276　×　(P.363)

本問の解除を認めない旨の特約は、民法の規定よりも買主に不利な特約であり、このような特約を定めることはできない（40条）。

答277　○　(P.363)

本問の買主Bが担保責任を追及するには、Bが契約不適合を知った時から2年以内に通知することを要する旨の特約は、民法の「知った時から1年以内」に通知を要する旨の規定（民法566条）よりも買主に有利な特約であり、この特約は定めることができる（宅建業法40条）。

問278 Rank B **担保責任についての特約の制限** （R2・10月-問42）

宅建業者Aが、自ら売主として宅建業者でないBとの間で締結する宅地の売買契約において、当該宅地の種類又は品質に関して契約の内容に適合しない場合におけるその不適合を担保すべき責任を負うべき期間をBがその不適合を知った時から２年とする特約を定めた場合、この特約は有効である。

問279 Rank A **担保責任についての特約の制限** （H9-問41改）

自ら売主である宅建業者Aが種類又は品質に関する契約不適合責任について、買主が通知すべき期間を契約締結の日から２年以内とする旨の特約は、常に有効である。

問280 Rank B **担保責任についての特約の制限** （H6-問43改）

種類又は品質に関する契約不適合を通知すべき期間について、宅建業者でない買主Bが契約不適合の事実を知った時から１年間と定めても、売主である宅建業者Aは、当該物件の引渡し後２年間は、契約不適合責任を負わなければならない。

答278　×　（P.363）

契約不適合を通知すべき期間ではなく、**通知したことを前提に売主が負うべき契約不適合責任を知った時から２年とする特約**（民法では、契約不適合責任は、通知によって保全すれば時効消滅するまで続くと解されている）は、民法の規定よりも**買主に不利なもの**として**無効となる**（40条）。

答279　×　（P.363）

仮に、**契約締結後に引渡しがなされる**場合であれば、**通知すべき期間**を**引渡し日から起算**すると、**２年未満となってしまう**。したがって、その場合、この特約は、宅建業法が民法の規定よりも買主に不利であっても許容する**通知すべき期間**が「**引渡しの日から２年以上**」**にならない**ので、常に有効とはいえない（40条）。

答280　×　（P.363）

契約不適合責任を追及する前提として、**民法**は、**買主が契約不適合を知った時から１年以内に通知することを要求**するが、**本問の特約**は、**民法の規定と同じ**であり、**民法の規定よりも買主に不利な特約ではない**。よって、本問の特約は有効であり、Aは、「引渡し後２年間」ではなく、**契約不適合責任が時効等で消滅するまで、契約不適合責任を負わなければならない**（40条）。

問281 Rank A **担保責任についての特約の制限** (H21-問38改)

宅建業者Aが自ら売主として、宅建業者でない買主Bとの間で締結した建物の売買契約において、Aは種類又は品質に関する契約不適合責任を一切負わないとする特約を定めた場合、この特約は無効となり、BはAに当該建物の引渡しの日から２年以内に通知すれば、BはAに契約不適合責任を追及できる。

問282 Rank A **担保責任についての特約の制限** (H15-問41改)

宅建業者Aが自ら売主となり、宅建業者でない買主Bとの間で中古住宅及びその敷地である土地を、代金3,500万円、うち手付金500万円で売買契約を締結する場合、Aが種類又は品質に関する契約不適合責任を負うためのBがAに通知すべき期間について定める場合、「引渡しの日から１年」とする特約は無効であり、当該期間は「引渡しの日から２年」となる。

問283 Rank A **手付金等の保全措置** (H15-問41改)

宅建業者Aが、自ら売主となり、宅建業者でない買主Bとの間で、中古住宅及びその敷地である土地を、代金3,500万円、うち手付金500万円で売買契約を締結する場合において、Aは、契約締結日に手付金を受領する場合、その全額について受領後直ちに、宅建業法41条の２に規定する手付金等の保全措置を行わなければならない。

答281　×　(P.363)

契約不適合担保責任につき、**原則**として、**民法の規定よりも買主に不利な特約**をすることはできず、不利な特約は**無効となる**（40条）。その場合、**買主**は、「**契約不適合を知った時から１年以内に売主に通知**」すれば、**契約不適合責任**を**追及できる**（民法566条）。

答282　×　(P.363)

契約不適合責任を追及する前提として、本問の「**引渡しの日から１年**」**以内に通知することを要する旨の特約**は、宅建業法が許容する「**引渡しの日から２年**」**以上の期間を設定しなければならないとする規定**に**反しており**、**無効**となる（宅建業法40条）。特約が無効となった結果、民法の規定に従い、買主Ｂは「**契約不適合を知った時から１年**」以内に売主に**通知**すれば、契約不適合責任を追及できる（民法566条）。

答283　×　(P.364)

手付金等の保全措置は、保全措置が必要な「**手付金等の受領前**」**に講じなければならず**、「受領後直ちに」保全措置を講じても、宅建業法の規定に違反する（宅建業法41条の２）。

問284 Rank B **手付金等の保全措置** (H27-問40改)

宅建業者Aは、自ら売主として、宅建業者でない買主Bとの間で、建築工事完了前の建物に係る売買契約（代金3,000万円）を締結するに当たり、保険事業者との間において、手付金等について保証保険契約を締結して、手付金300万円を受領し、後日保険証券等をBに交付した場合、宅建業法の規定に違反しない。

問285 Rank A **手付金等の保全措置** (H10-問36)

宅建業者Aが自ら売主として、宅建業者でないBとの宅地の売買契約の締結に際し、AがBから預り金の名義で50万円を受領しようとする場合で、当該預り金が売買代金に充当されないものであるとき、Aは、国土交通省令で定める保全措置を講じなければならない。

問286 Rank A **手付金等の保全措置** (H24-問34)

宅建業者A社は、自ら売主として宅建業者でない買主Bとの間で、中古マンション（代金2,000万円）の売買契約を締結し、その際、代金に充当される解約手付金200万円を受領した。本件売買契約締結前に、A社は、Bから申込証拠金として10万円を受領しており、本件売買契約締結時に、当該申込証拠金を代金の一部とした上で、A社は、宅建業法41条の2に定める保全措置を講じた後、Bから本件手付金を受領したときは、宅建業法の規定に違反しない。

答284 ×　(P.364)

　手付金等の保全措置を講じる際に、**保険事業者による保証保険**による場合は、保険事業者と保険契約を締結し、かつ、保険証券等を交付した後（保険証券又はこれに代わる書面を交付するか、買主の承諾を得て一定の電磁的方法を講じた後）に手付金等を受領できる（41条）。すなわち、**書面等の交付等**は、**手付金等を受領する前**に**行う必要**がある。

答285 ×　(P.364)

　保全措置が必要となる「**手付金等**」とは、①**契約締結後引渡し前に授受される金銭**で、**かつ**、②**売買代金に充当されるもの**をいうが、本問の「**預り金**」は、**売買代金に充当されないもの**であるから、**手付金等には該当せず**、**保全措置**を**講じる必要はない**（41条）。

答286 ○　(P.365)

　完成物件である**中古マンション**（**代金2,000万円**）については、**代金額の10%**（**200万円**）**を超える手付金等を受領するとき**は、売主である宅建業者は、**受領前**に法定の**保全措置**を**講じなければならない**。本問では、**売買契約締結時**に**申込証拠金を代金の一部**としているので、**手付金等に該当**し、その後、**解約手付金200万円**を受領すると**合計して210万円**となることから、Ａは、**解約手付金200万円を受領する前**に**210万円について保全措置を講じて**おり、**宅建業法の規定**には**違反しない**。

問287 Rank A **手付金等の保全措置** (H25-問40)

宅建業者Ａが、自ら売主として、宅建業者でない買主Ｂと建築工事完了前のマンションを4,000万円で売却する契約を締結する際、100万円の手付金を受領し、さらに200万円の中間金を受領する場合であっても、手付金が代金の５％以内であれば保全措置を講ずる必要はない。

問288 Rank B **手付金等の保全措置** (H4-問41)

宅建業者Ａが自ら売主となって宅建業者でないＢと工事完成済みの価格4,500万円のマンションの売買契約を締結した。ＡはＢから手付金1,000万円を受領するにあたって、銀行と保証委託契約を締結し、その契約を証する書面をＢに交付したが、その後当該マンションを6,000万円で買いたいというＣが現れたので、2,000万円をＢに支払って、Ｂとの売買契約を解除した場合、宅建業法の規定に違反する。

問289 Rank B **手付金等の保全措置** (H25-問40)

宅建業者Ａは、宅建業者Ｂに販売代理の依頼をし、宅建業者でない買主Ｃと建築工事完了前のマンションを3,500万円で自ら売主として売却する契約を締結した。この場合、Ａ又はＢのいずれかが保全措置を講ずることにより、Ａは、代金の額の５％を超える手付金を受領することができる。

答287　×　(P.365)

未完成物件においては、**代金額（4,000万円）の５％（200万円）を超える手付金等を受領しようとする場合**は、法定の**保全措置**が**必要**となるところ、**すでに受領している手付金100万円**に対し、さらに**200万円の中間金を受領すると、合計で300万円**となり、代金額の**５％を超える**ことになるので、**300万円**について**保全措置**を講じないと、**中間金200万円**は**受領できない**（41条）。「手付金」と「手付金等」は、その定義が異なるので注意すること。

答288　○　(P.361)

そもそも**代金額（4,500万円）の20％（900万円）を超える手付金**を受け取ること自体が、**手付額の制限**に**違反する**（39条）。手付金等の保全措置を講じても、手付金の額が代金額の20％を超えていたら、宅建業法の規定に違反する。

答289　×　(P.364)

８種規制は、自ら売主となる宅建業者に課せられる規制であり、**手付金等の保全措置を講じなければならない**のは、**自ら売主である宅建業者Ａ**である。代理を依頼された宅建業者Ｂが保全措置を講じても、法定の保全措置を講じたことにはならず、代金額の５％を超える手付金等を受領することはできない（41条）。

問290 Rank B **手付金等の保全措置** (H27-問40)

宅建業者Aは、自ら売主として、宅建業者でない買主Bとの間で、建築工事完了前のマンションの売買契約（代金3,000万円）を締結し、その際に手付金150万円を、建築工事完了後、引渡し及び所有権の登記までの間に、中間金150万円を受領したが、合計額が代金の10分の１以下であるので保全措置を講じなかった場合、宅建業法の規定に違反しない。

問291 Rank B **手付金等の保全措置** (H9-問44)

宅建業者Aが、自ら売主として、宅建業者でないBと建築工事完了後の分譲住宅についての売買契約（手付金500万円）を締結した。手付金の額が分譲住宅の本体価額（売買代金の額から消費税及び地方消費税に相当する額を控除した額）の10％を超えていても、売買代金の額の10％以下である場合には、Aは、保全措置を講じる必要はない。

問292 Rank A **手付金等の保全措置** (H26-問33)

宅建業者Aが、自ら売主として宅建業者でない買主Bとの間で建築工事完了前の建物を5,000万円で売買する契約をした場合において、Aは、宅建業法41条１項に規定する保全措置を講じることなくBから手付金100万円を受領した後、500万円の保全措置を講じた上で中間金500万円を受領したときは、Aは宅建業法の規定に違反しない。

答290 ×　(P.365)

売買契約時に未完成物件であれば、その後に建物が完成しても、未完成物件としての基準（代金額の５％＝150万円を超える手付金等を受領するには保全措置が必要）が適用される（41条、国交省「考え方」)。本問では、すでに受領している手付金150万円と建築工事完了後に受領する中間金150万円を合計した300万円について法定の保全措置を講じないと、中間金150万円は受領できない。

答291 ○　(P.365)

完成物件において、手付金等の保全措置が必要となる代金額の10％は、税抜価額ではなく、消費税等相当額を含んだ税込価額で判断する（41条の２、国交省「考え方」)。よって、手付金等の額が本体価額の10％を超えていても、売買代金（税込価額）の10％以下である場合は、保全措置を講じる必要はない。

答292 ×　(P.365)

中間金の受領により手付金等の合計額が保全措置が必要な額（未完成物件では、代金額の５％を超える額）に達する場合、すでに受領している手付金（手付金等）との合計額について、中間金（手付金等）の受領前に保全措置が必要なので、中間金受領の前に「600万円の保全措置」を講じないと、宅建業法の規定に違反する（41条)。

問293 Rank A 手付金等の保全措置 (H14-問41)

宅建業者Aが、自ら売主となり、宅地又は建物を売買する場合、宅建業者ではない買主Bとの未完成物件の売買契約において、手付金等を受領するときは、保証委託契約による保全措置の対象は、代金の額の5／100を超え、かつ、この金額が1,000万円を超える部分である。

問294 Rank A 手付金等の保全措置 (H9-問44)

宅建業者Aが、自ら売主として、宅建業者でないBと建築工事完了後の分譲住宅について売買契約（手付金500万円）を締結する場合、手付金の額が売買代金額の10％を超える場合でも、営業保証金の額の範囲内であるときは、Aは、保全措置を講じる必要はない。

問295 Rank A 手付金等の保全措置 (H19-問34)

宅建業者Aが、自ら売主となって宅建業者でない買主Bに建築工事完了前のマンションを１億円で販売する場合に、AがBから手付金として1,500万円を受領しようとするとき、当該マンションについてBへの所有権移転の登記がされたときは、Aは、保全措置を講じなくてもよい。

答293 ×　(P.365)

未完成物件で手付金等の保全措置を講じなければならない代金額の5%を超えるか、「又は」、1,000万円を超える金額の手付金等となった場合、「受領する手付金等の全額」について、法定の保全措置を講じなければならない（41条）。

答294 ×　(P.365)

供託している営業保証金の額とは関係なく、完成物件では、受領しようとする手付金等の額が代金額の10%を超える場合には、保全措置が必要である（41条の2）。

答295 ○　(P.365)

買主への所有権移転登記がなされたときは、買主はマンションを確実に取得できたことになるので、手付金等の保全措置は講じなくてもよい（41条）。

問296 Rank B **手付金等の保全措置** (H4-問41)

宅建業者Aが自ら売主となって宅建業者でないBとマンション（工事完了済）の売買契約（価格4,500万円）を締結した。AがBから手付金900万円を受領するにあたって、銀行と保証委託契約を締結し、その契約を証する書面をBに交付したが、その後、Bへの所有権移転登記を行ったので、当該保証委託契約を解約した場合、宅建業法の規定に違反する。

問297 Rank A **手付金等の保全措置の方法** (H4-問41)

宅建業者Aは、買主である宅建業者ではないBから手付金600万円を受領するにあたって、半額については銀行と保証委託契約を締結し、また、残りの半額については友人を連帯保証人としてそれぞれの契約を証する書面をBに交付した場合、宅建業法の規定に違反しない。

問298 Rank A **手付金等の保全措置の方法** (H19-問34)

宅建業者Aが、自ら売主となって宅建業者でない買主Bに建築工事完了前のマンションを1億円で販売した。Aが1,000万円の手付金について銀行との間に保全措置を講じている場合、Aが資金調達に困り工事請負代金を支払うことができず、当該マンションの引渡しが不可能となったときは、Bは、手付金の全額の返還を当該銀行に請求することができる。

答296　×　（P.365）

買主への所有権移転登記がなされたときは、買主はマンションを確実に取得できたことになるので、**手付金等の保全措置**は**不要**となる（41条）。所有権移転登記を行った際に、**既に保全措置を講じている手付金等**がある場合、その**保全措置**は**解約**しても、宅建業法の規定に**違反しない**（41条）。

答297　×　（P.366）

保証委託契約を締結することによる**手付金等の保全措置**の**連帯保証人**は、**銀行等の金融機関**又は国土交通大臣が指定する者でなければならず、**友人を連帯保証人**にしても、**法定の保全措置**を**講じたとはいえない**ので、宅建業法の規定に**違反**する（41条、41条の2）。

答298　○　（P.366）

手付金等の保全措置として**銀行を連帯保証人とする保全措置**を講じた場合、主たる債務者Aが債務を履行しないときは、買主BはAとの売買契約を解除し、連帯保証人である**銀行に対し**、**支払った手付金等の全額の返還**を**請求できる**（41条）。

問299 Rank B **手付金等の保全措置の方法** (H23-問38)

宅建業者Ａ社が、自ら売主として宅建業者でない買主Ｂと建築工事完了前のマンション（代金3,000万円）の売買契約を締結し、Ｂから手付金200万円を受領した。Ａ社が保険事業者との間で保証保険契約を締結することにより保全措置を講じている場合、当該措置内容は、少なくとも当該保証保険契約が成立したときから建築工事の完了までの期間を保険期間とするものでなければならない。

問300 Rank A **手付金等の保全措置の方法** (H30-問38改)

宅建業者である売主は、宅建業者でない買主との間で、戸建住宅の売買契約（所有権の登記は当該住宅の引渡し時に行うものとする）を締結した。当該住宅が建築工事の完了前で、売主が買主から保全措置が必要となる額の手付金を受領する場合、売主は、事前に、国土交通大臣が指定する指定保管機関と手付金等寄託契約を締結し、かつ、当該契約を証する書面を買主に交付した後（又は買主の承諾を得て一定の電磁的方法を講じた後）でなければ、買主からその手付金を受領することができない。

問301 Rank A **手付金等の保全措置** (H22-問41)

宅建業者Ａが自ら売主として宅建業者でない買主Ｂとの間で締結した建築工事完了前のマンションの売買契約において、当該マンションの代金の額の10%に相当する額の中間金を支払う旨の定めをしたが、Ａが保全措置を講じないことを理由に、Ｂが当該中間金を支払わないときは、Ａは、Ｂの当該行為が債務不履行に当たるとして契約を解除できる。

答299 ×　(P.366)

保険事業者との間で**保証保険契約を締結することによる保全措置**を講じる場合の**措置内容**は、**保険契約が成立したときから「引渡しまでの期間」を保険期間**とするものでなければならない（41条）。

答300 ×　(P.366)

未完成物件の売買の場合の**手付金等の保全措置の方法**は、①**銀行等による保証**、又は、②**保険事業者による保証保険**のいずれかであり、**指定保管機関と手付金等寄託契約を締結する方法の保全措置**は、**完成物件の売買**でなければ、**認められない**（41条、41条の２）。

答301 ×　(P.367)

未完成物件であるマンションの売買契約では、**受領しようとする手付金等の額**が**代金額の５％を超える**場合、売主である宅建業者は、**法定の保全措置を講じる必要**があるが、**宅建業者**が**保全措置を講じようとしないとき**は、**買主**は約定されていた**手付金等を支払わないことができる**（41条）。よって、本問でＢが中間金を支払わないことは**債務不履行に当たらない**ので、Ａは、**契約**を**解除できない**。

問302 Rank A **割賦販売契約の解除等の制限** (H23-問39)

宅建業者A社は、自ら売主として、宅建業者ではない買主Bとの間で、宅地の割賦販売の契約を締結したが、Bが賦払金の支払を遅延した。A社は、20日の期間を定めて書面にて支払を催告したが、Bがその期間内に賦払金を支払わなかったため、契約を解除することができる。

問303 Rank A **割賦販売契約の解除等の制限** (H14-問41)

宅建業者Aが、自ら売主となり、宅地又は建物を宅建業者でないBと割賦販売契約により売買する場合、Bが割賦金の支払を40日以上遅滞したときは、催告なしに契約の解除又は支払時期の到来していない割賦金の支払を請求できると定めた契約書の条項は有効である。

問304 Rank A **所有権留保等の禁止** (H15-問35)

宅建業者Aは、自ら売主として宅建業者でないBと4,000万円の宅地の割賦販売の契約を締結し、引渡しを終えた。残代金1,000万円が未払であったため、Bは代金債務を保証する保証人を立てたが、Aは、宅地の所有権の登記をA名義のままにしておいた場合、宅建業法の規定に違反しない。

答302　×　（P.367）

賦払金の支払がなされない場合、宅建業者は、「30日以上」の相当期間を定めて支払を書面で催告し、期間内に履行がなされない場合でなければ、売買契約を解除したり、支払時期の未到来の賦払金の支払請求をすることはできない（42条）。

答303　×　（P.368）

賦払金の支払がなされない場合、宅建業者は、「30日以上」の相当期間を定めて支払を書面で催告し、期間内に履行がなされない場合でなければ、売買契約を解除したり、支払時期の未到来の賦払金の支払請求をすることはできず、このような宅建業法の規定に反する特約は無効である（42条）。

答304　×　（P.369）

宅建業者が自ら売主として宅建業者でない者と割賦販売の契約を締結したときは、代金額の30％（1,200万円）を超える金銭を受領するまでに、原則として、登記その他売主の義務を履行しなければならず、例外として保証人を立てるなど他に担保を設定する見込みがない場合は、所有権留保が許される（43条）。Aは、代金額の30％を超える3,000万円を受領しており、かつ、Bは保証人を立てているのだから、所有権留保（登記をA名義のままにしておくこと）は、宅建業法の規定に違反する。

問305 Rank A **所有権留保等の禁止** (H23-問39)

宅建業者A社は、自ら売主として、宅建業者ではない買主Bとの間で、宅地（代金3,000万円）の割賦販売の契約を締結し、引渡しを終えたが、Bは300万円しか支払わなかったため、宅地の所有権の登記をA社名義のままにしておいた場合、宅建業法の規定に違反しない。

問306 Rank A **所有権留保等の禁止** (H21-問37)

自らが売主である宅建業者Aは、宅建業者でないBとの間で宅地の割賦販売の契約（代金3,000万円）を締結し、当該宅地を引き渡した。この場合において、Aは、Bから1,500万円の賦払金の支払を受けるまでに、当該宅地に係る所有権の移転登記をしなければならない。

答305 ○ (P.369)

宅建業者が自ら売主として宅建業者でない者と割賦販売の契約を締結したときは、代金額の30％（900万円）を超える金銭を受領するまでに、原則として、登記その他売主の義務を履行しなければならない（43条）。本問では、宅建業者Aは、300万円しか受領しておらず、代金額の30％を超える金銭を受領していないので、所有権留保をしても、宅建業法の規定に違反しない。

答306 × (P.369)

宅建業者Aは、代金額3,000万円の30％（900万円）を超える額の金銭の支払いを受けるまでに、所有権の登記をしなければならない（43条）。

第2章 業務上の規制

7 報酬・その他の制限

問307 Rank A **報酬額の制限** (R1-問32改)

宅建業者A（消費税課税事業者）は、宅地（代金200万円。消費税等相当額を含まない。）の売買の媒介について、通常の売買の媒介と比較して現地調査等の費用を多く要しない場合でも、売主Bと合意していた場合には、Bから19万8,000円を報酬として受領することができる。

問308 Rank A **報酬額の制限** (R1-問32改)

宅建業者A（消費税課税事業者）は、宅地（代金200万円。消費税等相当額を含まない。）の売買の代理について、通常の売買の代理と比較して現地調査等の費用が８万円（消費税等相当額を含まない）多く要した場合、売主Bと合意していた場合には、AはBから308,000円を上限として報酬を受領することができる。

問309 Rank A **報酬額の制限** (H12-問38)

宅建業者Aが、建物の貸借の媒介をするに当たり、依頼者からの依頼に基づくことなく広告した場合でも、その広告が貸借の契約の成立に寄与したとき、Aは、報酬とは別に、その広告料金を請求できる。

答307　×　(『パーフェクト宅建士　基本書』P.371)

売買の媒介で**代金200万円**の宅地なので、宅建業者Ａは依頼者Ｂから**200万円×５％＝10万円**に、また、Ａが課税事業者なので**消費税等相当額**である10％を加え、**11万円**を限度に報酬を受領できる。なお、現地調査の費用は、依頼者の特別の依頼があって、その負担について依頼者の承諾があれば、報酬とは別途に受領できる余地はある（宅建業法46条、報酬告示）。

答308　○　(P.374)

200万円（宅地の代金）**×５％＝10万円**（基準額）に、依頼を受けているのが**売買の代理**であるから**10万円×２＝20万円**となり、**通常の売買の代理と比較して現地調査等の費用が８万円**（税抜）**多く要する**ので、**売主と合意**していた本問の場合は、**低廉な空家等の特例**を適用し、多く要する現地調査費用を加え、20万円＋８万円＝28万円となり、宅建業者Ａは課税事業者なので**消費税等相当額**である10％（２万8,000円）を上乗せした**30万8,000円**を上限に報酬を受領できる（46条、報酬告示）。

答309　×　(P.375)

依頼者の依頼に基づく広告であれば、その実費である**広告料金**を**報酬とは別に請求できる**が、**依頼に基づかない広告**は、それがどんなに**契約の成立に寄与**しても、**請求**することは**できない**（46条、報酬告示、国交省「考え方」）。

問310 Rank A **報酬額の制限** (H25-問37改)

宅建業者A社（消費税課税事業者）は、売主Bから土地付建物の売却の代理の依頼を受け、宅建業者C社（消費税課税事業者）は買主Dから戸建て住宅の購入の媒介の依頼を受け、BとDとの間で売買契約を成立させた。なお、土地付建物の代金は5,300万円（うち、土地代金は2,000万円）で、消費税額及び地方消費税額を含むものとする。A社はBから1,716,000円の報酬を受領し、C社はDから1,716,000円を報酬として受領したほか、Dの特別の依頼に基づき行った遠隔地への現地調査に要した特別の費用について、Dが事前に負担を承諾していたので、50,000円を受領した。これは宅建業法の規定に違反しない。

問311 Rank A **報酬額の掲示** (H9-問42)

宅建業者は、その事務所及び契約行為等を行う案内所ごとに、公衆の見やすい場所に、国土交通大臣が定めた報酬の額を掲示しなければならない。

問312 Rank B **不当な履行遅延の禁止** (H24-問40)

不当な履行遅延の禁止（宅建業法44条）は、宅地若しくは建物の登記若しくは引渡し又は取引に係る対価の支払を対象とするのみである。

答310 ○ (P.376)

土地付建物の税込価額が5,300万円で、うち土地代金（消費税非課税）は2,000万円なので、5,300万円－2,000万円＝3,300万円（税込。うち300万円が消費税分）が消費税が課税された建物代金となり、土地付建物の税抜価額は、5,000万円となる。これに速算法を適用すると、5,000万円×３％＋６万円＝156万円（基準額）となり、税抜報酬では、売買の代理依頼を受けたＡ社は売主Ｂから156万円×２＝312万円（税込343万2,000円）、売買の媒介依頼を受けたＣ社は買主Ｄから156万円（税込171万6,000円）となるが、複数業者が取引に関わった場合は、複数業者の受領する報酬総額は合計で312万円（税込だと343万2,000円）に制限されるところ、Ａ社はＢから171万6,000円（税込）、Ｃ社はＤから171万6,000円（税込）の報酬を受領することは合計額の見地からも、媒介の依頼者の一方から受領できる報酬の見地からも適法である。さらに、Ｃ社がＤの特別の依頼に基づき行った遠隔地への現地調査に要した特別の費用について、Ｄが事前に負担を承諾していたので、5万円を受領したことも、適法である（国交省「考え方」）。

答311 × (P.378)

宅建業者は、事務所ごとに、公衆の見やすい場所に、国土交通大臣が定めた報酬の額を掲示しなければならないが、案内所には報酬額の掲示義務はない（46条）。

答312 ○ (P.378)

違反すれば懲役刑も科されることのある不当な履行遅延の禁止の対象は、①宅地建物の登記、②宅地建物の引渡し、③取引に係る対価の支払に限定される（44条）。

問313 Rank B **不当な履行遅延の禁止** (H26-問41)

宅建業者が、自ら売主となる宅地建物売買契約成立後、媒介を依頼した他の宅建業者へ報酬を支払うことを拒む行為は、不当な履行遅延（宅建業法44条）に該当する。

問314 Rank A **守秘義務** (H24-問40改)

宅建業者は、個人情報の保護に関する法律２条５項に規定する個人情報取扱事業者に該当しない場合、業務上取り扱った個人情報について、正当な理由なく他に漏らしても、秘密を守る義務（宅建業法45条）に違反しない。

問315 Rank A **守秘義務** (R2・12月-問36)

宅建業者は、裁判の証人として、その取り扱った宅地建物取引に関して証言を求められた場合、秘密に係る事項を証言することができる。

問316 Rank A **守秘義務** (H12-問31)

宅建業者の従業者である宅建士は、正当な理由がある場合又はその従業者でなくなった場合を除き、宅建業の業務を補助したことについて知り得た秘密を他に漏らしてはならない。

答313 ×　(P.378)

不当な履行遅延の禁止の対象は、①宅地建物の登記、②宅地建物の引渡し、③**取引に係る対価の支払に限定される**ところ、自ら売主業者が売買の媒介を依頼したことに伴う報酬支払は、「自ら売買」という「取引」の対価の支払ではなく、有償の特約をした準委任契約に基づく対価の支払である。これは宅建業の「**取引**」**に係る対価（売買代金等）の支払ではない**（44条）。

答314 ×　(P.378)

宅建業者は、**個人情報取扱事業者**（個人情報データベース等を事業の用に供している者）**であるか否かにかかわりなく**、守秘義務が課せられ、**正当な理由なく業務上取り扱ったことについて知り得た秘密**を他に漏らすことは**できない**（45条）。

答315 ○　(P.378)

裁判の証人として事実を**証言**することは、法律上の義務であり、秘密を漏らしても**正当な理由がある**ので、**守秘義務**には**違反せず**、**証言できる**（45条）。

答316 ×　(P.378)

宅建業者だけではなく、**宅建業者の従業者**も、**宅建士であろうとなかろうと正当な理由なくして業務を補助したことについて知り得た秘密を他に漏らしてはならず**、これは**従業者でなくなった場合**も**同様**である（75条の3）。

問317 Rank A **重要な事実の不告知等の禁止** (H13-問37)

宅建業者Ａは、購入の媒介依頼者Ｂが住宅の建設を急いでおり更地の取得を希望していることを知っていた場合でも、見つけた土地に空き家が建っていたが、空き家について登記がされていないときは、Ｂに対して空き家が存する事実を告げる必要はない。

問318 Rank A **重要な事実の不告知等の禁止** (H20-問38)

宅地の売買の媒介において、当該宅地の周辺環境について買主の判断に重要な影響を及ぼす事実があったため、買主を現地に案内した際に、宅建士でない宅建業者Ａの従業者が当該事実について説明をしても、宅建業法の規定に違反しない。

問319 Rank A **不当に高額な報酬の要求の禁止** (R2・12月-問34)

宅建業者は、その業務に関し、相手方に不当に高額の報酬を要求した場合、たとえ受領していなくても宅建業法違反となる。

問320 Rank A **手付貸与等による誘引行為の禁止** (H28-問34)

宅建業者Ａが、宅地の売買契約締結の勧誘に当たり、相手方が手付金の手持ちがないため契約締結を迷っていることを知り、手付金の分割払いを持ちかけたことは、契約締結に至らなかったとしても宅建業法に違反する。

答317 ×　(P.379)

更地の取得を希望している買主に引き合わせる土地に空き家が存在している場合、その建物について登記がなくても取り壊して除去するのに相当の費用がかかる等、買主にとって重要な事実として空き家がある旨を告げる必要がある（47条）。

答318 ○　(P.379)

重要事項の説明は、宅建士でなければ担当することはできないが（35条）、本問の説明は、相手方の判断に重要な影響を及ぼす事項について、事実を告げる行為であり、かかる重要な事実を告知する行為は、宅建士ではない従業者が説明しても、宅建業法の規定には違反しない（47条）。

答319 ○　(P.379)

法定額の2倍や3倍に相当する不当に高額の報酬を要求すると、たとえ現実には法定の範囲内の報酬しか受領していなかったとしても、要求するだけで宅建業法に違反する（47条）。

答320 ○　(P.380)

手付について貸付けその他信用の供与をすることにより契約の締結を誘引する行為は、宅建業法に違反する（47条）。この点、契約締結に至らなかったとしても、手付金の分割払いは、本来支払われるべき手付金の残金について、宅建業者が信用供与（お金を貸している）することになるので、この禁止規定に該当し、宅建業法に違反する（国交省「考え方」）。

問321 Rank B **手付貸与等による誘引行為の禁止** (H29-問34)

宅建業者が、自ら売主として、宅地及び建物の売買の契約を締結するに際し、手付金について、当初提示した金額を減額することにより、買主に対し売買契約の締結を誘引し、その契約を締結させることは、宅建業法の規定に違反しない。

問322 Rank B **手付貸与等による誘引行為の禁止** (H12-問35)

宅建業者Aは、建物の売買の媒介をするに当たり、買主が手付金を支払えなかったので、手付金に関し銀行との間の金銭の貸借のあっせんをして、当該建物の売買契約を締結させても、宅建業法の規定に違反しない。

問323 Rank B **断定的判断の提供行為の禁止** (H24-問32)

宅地を購入しようとするBは、契約するかどうかの重要な判断要素の1つとして、当該宅地周辺の将来における交通整備の見通し等について宅建業者A社に確認した。A社は、将来の交通整備について新聞記事を示しながら、「確定はしていないが、当該宅地から徒歩2分のところにバスが運行するという報道がある」旨を説明したことは、宅建業法の規定に違反しない。

答321　○　(P.380)

手付金の減額は、当初予定されていた**手付金の額が減るだけ**で、宅建業者が買主が支払うべき**手付**について、**貸付その他の信用供与をしているわけではない**。よって、宅建業法が禁止する**手付貸与等による契約の締結の誘引行為**には**該当せず**、**宅建業法の規定に違反しない**(47条)。

答322　○　(P.380)

宅建業者が、**手付金の融資を銀行にあっせん**して契約の締結を誘引しても、手付について信用供与をしている（お金を貸している）のは銀行であり、**宅建業者が信用供与をしているわけではない**ので、**手付貸与等による契約の誘引の禁止規定**には**該当せず**、**宅建業法の規定**に**違反しない**(47条)。

答323　○　(P.380)

宅建業者が、**契約の締結を勧誘**する際に、**契約の目的物である宅地**の**将来**の環境、**交通その他の利便**について**誤解させるべき断定的判断を提供**することは、**禁止**される(47条の2、規則16条の12)。本問では、「**確定はしていない**」**ことを前提**に、「新聞記事を示し」て「報道がある」旨の**事実を示しただけ**で、宅建業者の**断定的判断の提供**は**ない**ので、**宅建業法の規定**に**違反しない**。

問324 Rank A **その他の行為の禁止** (H29-問28)

宅建業者Aの従業者Bは、投資用マンションの販売において、勧誘に先立ちAの名称を告げず、自己の氏名及び契約締結の勧誘が目的であることを告げた上で勧誘を行ったが、相手方から関心がない旨の意思表示があったので、勧誘の継続を断念した場合、宅建業法の規定に違反する。

問325 Rank A **従業者名簿の備付け** (R2・10月-問39)

宅建業者は、その事務所ごとに従業者名簿を備えなければならないが、退職した従業者に関する事項は、個人情報保護の観点から従業者名簿から消去しなければならない。

問326 Rank B **帳簿の備付け義務** (H28-問29)

宅建業者Aは、宅建業法49条の規定によりその事務所ごとに備えるべきこととされている業務に関する帳簿について、取引の関係者から閲覧の請求を受けたが、閲覧に供さなかった場合、宅建業法の規定に違反する。

答324　○　（P.381）

宅建業に係る**契約締結の勧誘**をするに際しては、**勧誘に先立ち**、①**宅建業者の商号又は名称**、②勧誘を行う者の氏名、③勧誘目的である旨を**告げなければならない**ところ、本問では**宅建業者の名称を告げていない**ので、**宅建業法の規定に違反する**（47条の２、規則16条の12）。

答325　×　（P.382）

宅建業者は、**事務所ごと**に**従業者名簿**を**備えなければならず**、**最終の記載をした日から10年間保存**しなければならないところ、**従業者名簿**には、**その事務所の従業者でなくなったときの年月日も記載しなければならない**ので、仮に**退職したから**といって**消去**すると、**宅建業法の規定**に**違反する**ことになる（48条、規則17条の２）。

答326　×　（P.382）

宅建業者は、**事務所ごと**に**帳簿を備え**、取引のあった都度、法定事項を記載しなければならない。かかる帳簿には取引の関係者の個人情報も記載されているので、取引の関係者からの**閲覧請求**に応じて、むやみに閲覧させると守秘義務違反に問われるおそれさえあるので、**閲覧させる義務はない**（45条、49条、規則18条）。

問327 Rank B **標識の掲示義務** (H24-問42)

宅建業者A社（国土交通大臣免許）が行う宅建業者B社（甲県知事免許）を売主とする分譲マンション（100戸）に係る販売代理について、A社が単独で当該マンションの所在する場所の隣地に案内所を設けて売買契約の締結をしようとする場合において、代理委託を受けた宅建業者A社は、当該案内所に宅建業法50条１項の規定に基づく標識を掲げなければならないが、当該標識には、売主である宅建業者B社の商号又は名称及び免許証番号も記載しなければならない。

問328 Rank A **標識の掲示義務** (H20-問42)

宅建業者は、販売予定の戸建住宅の展示会を実施する際、会場で売買契約の締結や売買契約の申込みの受付を行わない場合であっても、当該会場内の公衆の見やすい場所に国土交通省令で定める標識を掲示しなければならない。

問329 Rank A **案内所等の届出** (H6-問39改)

宅建業者A（甲県知事免許）は、乙県でも新たに宅地分譲と建築請負を行うことにして、宅地分譲については、宅建業者B（乙県知事免許）と販売代理契約を締結した上、Bが分譲地（50区画）に売買契約の申込みを受ける案内所を設けて行うこととし、建築請負については、Aが乙県に出張所を設けて行うこととした。Bは、案内所の届出を、乙県知事にのみ行えばよい。

答327 ○ (P.383)

自ら売主となる宅建業者B社から一団のマンションの販売代理の委託を受けた宅建業者A社が単独で案内所を設置する場合、案内所にはA社が標識を掲示する義務があるが、その標識には、A社は、売主であるB社の情報（商号又は名称及び免許証番号）も記載しなければならない（50条、規則19条）。

答328 ○ (P.383)

展示会場も案内所等に該当する。また、契約行為等を行わない案内所等でも、標識を掲示しなければならない（50条、規則19条）。

答329 ○ (P.384)

宅建業者Aから代理の依頼を受けて、宅建業者Bが契約行為等を行う案内所を設置するので、Bが案内所の届出を行わなければならない。そして、Bは、案内所の所在地を管轄し、Bの免許権者でもある乙県知事にのみ、業務開始の10日前までに案内所の届出を行えばよい（50条、31条の3、規則19条）。

1 監督・罰則等

問330 Rank A 宅建士に対する指示処分 (H3-問50改)

宅建業者Aの事務所ａの専任の宅建士として従事する甲県知事の登録を受けたBが、Aに事務所ａ以外の事務所の専任の宅建士である旨の表示をすることを許し、Aがその旨の表示をしたときは、甲県知事は、Bに対し、２年間宅建士としてすべき事務を行うことを禁止することができる。

問331 Rank B 宅建業者に対する指導・助言・勧告 (H30-問32)

国土交通大臣は、すべての宅建士に対して、購入者等の利益の保護を図るため必要な指導、助言及び勧告をすることができる。

問332 Rank B 聴聞 (H23-問44)

国土交通大臣又は都道府県知事は、宅建業者に対し、業務の停止を命じ、又は必要な指示をしようとするときは聴聞を行わなければならない。

問333 Rank A 処分権者 (H19-問36)

宅建業者Aが、乙県内で行う建物の売買に関し、取引の関係者に損害を与えるおそれが大であるときは、Aは、免許権者である甲県知事から指示処分を受けることはあるが、乙県知事から指示処分を受けることはない。

参考 基本書　第3章　監督・罰則
1 監督処分等　**2** 罰則
3 合格の取消し等

答330　×　（『パーフェクト宅建士　基本書』P.393）

宅建士が、自己が専任の宅建士として従事する事務所以外の事務所の専任の宅建士である旨の表示を許し、当該宅建業者がその旨の表示をしたときは、宅建士は監督処分として事務禁止処分を受けることがある。しかし、事務禁止処分の期間は、最長で１年間であり、甲県知事は、「２年間」の事務禁止処分をすることはできない（宅建業法68条）。

答331　×　（P.395）

国土交通大臣は、すべての宅建業者に対して、必要な指導・助言・勧告ができる（71条）。しかし、指導・助言・勧告制度は、宅建業者に対する制度であり、「宅建士」に対する制度としては存在しないので、宅建士に対する指導・助言・勧告はできない。

答332　○　（P.387）

国土交通大臣又は都道府県知事は、宅建業者に対し監督処分をするときは、原則として、聴聞を行わなければならない（65条、69条）。なお、その期日における審理は、公開で行わなければならない。

答333　×　（P.389）

指示処分は、免許権者のほか、宅建業者が業務を行った都道府県の知事もすることができるため、乙県知事は指示処分をすることができる（65条）。

問334 Rank A **処分権者** (H18-問45)

宅建業者Ａ（甲県知事免許）が、甲県の区域内の業務に関し甲県知事から指示を受け、その指示に従わなかった場合で、情状が特に重いときであっても、国土交通大臣は、Ａの免許を取り消すことはできない。

問335 Rank B **処分事由** (H23-問27)

宅建業者Ａ社は、引き続いて１年以上事業を休止したときは、免許の取消しの対象となる。

問336 Rank B **罰則** (H29-問34)

宅建業者が、手付金について信用の供与をすることにより、宅地及び建物の売買契約の締結を誘引する行為を行った場合、監督処分の対象となるほか、罰則の適用を受けることがある。

問337 Rank B **合格の取消し** (H21-問29)

都道府県知事は、不正手段によって宅建士資格試験を受けようとした者に対して、その試験の受験を禁止することができ、また、その禁止処分を受けた者に対し２年を上限とする期間を定めて、受験を禁止することができる。

答334 ○ (P.391)

免許取消処分をすることができるのは、**免許権者のみ**である。したがって、本問の場合でＡの情状が特に重いときでも、国土交通大臣は、Ａの免許を取り消すことができない(66条)。

答335 ○ (P.391)

免許権者は、宅建業者が**免許を受けてから**１年以内に事業を開始しなかった、又は**引き続いて１年以上事業を休止**した場合は、**免許**を**取り消さなければならない**(66条)。

答336 ○ (P.396)

手付貸与等による契約の締結の誘引の禁止規定に違反した場合、指示処分、業務停止処分、免許取消処分という**監督処分の対象**となるほか、懲役刑や罰金刑という**罰則の適用**も**受けることがある**(47条、65条、81条)。

答337 × (P.398)

都道府県知事は、**不正手段によって試験を受けようとした者**に対して、**試験の受験を禁止**することができ、「**３年**」**を上限**とする期間を定めて**受験を禁止できる**(17条)。

1 売主・請負人の担保責任

問338 Rank A **売主・請負人の担保責任** (R1-問45)

宅建業者は、自ら売主として新築住宅を販売する場合だけでなく、新築住宅の売買の媒介をする場合においても、住宅販売瑕疵担保保証金の供託又は住宅販売瑕疵担保責任保険契約の締結（以下、「資力確保措置」）を講じる義務を負う。

問339 Rank A **品確法による責任の強化** (R2・12月-問45)

宅建業者Aが自ら売主として、宅建業者でない買主Bに新築住宅を販売する場合において、Aは、住宅販売瑕疵担保責任保険契約の締結をした場合、当該住宅を引き渡した時から10年間、当該住宅の構造耐力上主要な部分、雨水の浸入を防止する部分、給水設備又はガス設備の隠れた瑕疵によって生じた損害について保険金の支払を受けることができる。

参考 基本書 第４章　住宅瑕疵担保履行法
❶ 売主・請負人の担保責任

答338　×　（『パーフェクト宅建士　基本書』P.400）

　資力確保措置が義務付けられるのは、宅建業者が**新築住宅の売主**となる場合であり、**売買の媒介をする宅建業者**に**資力確保措置を講じる義務**は**ない**（履行法２条、品確法95条）。

答339　×　（P.400）

　担保責任の対象は、**構造耐力上主要な部分の瑕疵**及び**雨水の浸入を防止する部分の瑕疵**によって生じた損害であり、「給水設備又はガス設備の隠れた瑕疵」によって生じた損害は、保険金支払いの対象にはならない（履行法２条、品確法95条）。

2 住宅販売瑕疵担保保証金の供託

問340 Rank B 資力確保措置 (R2・10月-問45)

宅建業者Aが自ら売主として宅建業者ではない買主Bに新築住宅を販売する場合において、Aが媒介を依頼した宅建業者又はBが住宅販売瑕疵担保責任保険契約の締結をしていれば、Aは資力確保措置を講じる必要はない。

問341 Rank A 資力確保措置 (R3・12月-問45)

宅建業者Aが自ら売主として宅建業者ではない買主Bに新築住宅を販売する場合、Aは、Bの承諾を得たときには、Bに引き渡した新築住宅について、資力確保措置を講じなくてもよい。

問342 Rank A 資力確保措置 (R3・10月-問45)

宅建業者Aが、自ら売主として宅建業者ではない買主Bに新築住宅を販売する場合、AB間の新築住宅の売買契約において、当該新築住宅の構造耐力上主要な部分に瑕疵があってもAが瑕疵担保責任を負わない旨の特約があったときは、資力確保措置を講じる義務はない。

問343 Rank A 資力確保措置 (H22-問45)

宅建業者は、自ら売主として宅建業者である買主との間で新築住宅の売買契約を締結し、当該住宅を引き渡す場合、資力確保措置を講ずる義務を負う。

参考　基本書　第４章　住宅瑕疵担保履行法
2 住宅販売瑕疵担保保証金の供託

答340　×　（『パーフェクト宅建士　基本書』P.401）

住宅瑕疵担保履行法上、**資力確保措置を講じる義務**を負うのは、**新築住宅の売主である宅建業者Ａ**であり、たとえ**媒介の依頼を受けた宅建業者**や**買主**が**保険契約を締結していても、Ａは、資力確保措置を講ずる必要がある**（履行法２条、品確法95条）。

答341　×　（P.401）

住宅の品質確保の促進等に関する法律により義務付けられた担保責任の履行を確実にするため、**住宅瑕疵担保履行法**により、**新築住宅の売主**（宅建業者Ａ）に**資力確保措置を講じることを義務付けており**、これは買主が資力確保措置が不要である旨の**承諾をしていた**としても、**免れない**（履行法２条、11条）。

答342　×　（P.401）

住宅の品質確保の促進等に関する法律は新築住宅の構造耐力上主要な部分の瑕疵担保責任を義務付けており、これを**免責する旨の特約**は、そもそも**無効**である（品確法95条）。よって、売主である宅建業者は、担保責任の履行を確実にするための資力確保措置を講じる義務がある（履行法２条）。

答343　×　（P.401）

買主が宅建業者である場合、売主である宅建業者には、**資力確保措置を講じる義務はない**（２条）。

問344 Rank A **資力確保措置** (R3・10月-問45)

宅建業者Aが、自ら売主として宅建業者ではない買主Bに新築住宅を販売する場合、Bが建設業者であるときは、Aは、Bに引き渡した新築住宅について、資力確保措置を講じる義務を負わない。

問345 Rank B **資力確保措置** (R2・12月-問45)

宅建業者Aが自ら売主として、宅建業者ではない買主Bに新築住宅を販売する場合において、住宅販売瑕疵担保責任保険契約は、新築住宅を引き渡したAが住宅販売瑕疵担保責任保険法人と締結する必要があり、Bが保険料を支払うものではない。

問346 Rank B **資力確保措置** (H26-問45)

住宅販売瑕疵担保責任保険契約は、新築住宅の買主が保険料を支払うことを約し、住宅瑕疵担保責任保険法人と締結する保険契約である。

問347 Rank B **資力確保措置** (R3・12月-問45)

宅建業者Aが自ら売主として宅建業者ではない買主Bに新築住宅を販売する場合、Aが住宅販売瑕疵担保責任保険契約を締結するときは、保険金額は2,000万円以上でなければならないが、Bの承諾を得たときには、保険金額を500万円以上の任意の額とすることができる。

答344 ×　(P.401)

買主が宅建業者である場合は、資力確保措置を講じる義務がないが、買主が建設業者である場合は、資力確保措置を講じる義務がある（2条）。

答345 ○　(P.401)

住宅販売瑕疵担保責任保険契約は、新築住宅の売主である宅建業者が保険料を支払うことを約し、住宅瑕疵担保責任保険法人と締結する保険契約である（2条）。

答346 ×　(P.401)

住宅販売瑕疵担保責任保険契約は、新築住宅の売主である宅建業者が保険料を支払うことを約し、住宅瑕疵担保責任保険法人と締結する保険契約である（2条）。

答347 ×　(参考P.401)

住宅販売瑕疵担保保険契約における保険金額は、2,000万円以上でなければならず、これは買主の承諾を得た場合でも変わらない（2条）。

問348 Rank A **資力確保措置** (H27-問45改)

住宅販売瑕疵担保責任保険契約を締結している宅建業者は、当該保険に係る新築住宅に、構造耐力上主要な部分及び雨水の浸入を防止する部分の瑕疵（構造耐力又は雨水の浸入に影響のないものを除く。）がある場合に、特定住宅販売瑕疵担保責任の履行によって生じた損害について保険金を請求することができる。

問349 Rank A **資力確保措置** (R3・10月-問45)

宅建業者Ａが、自ら売主として宅建業者ではない買主Ｂに新築住宅を販売する場合、Ａが住宅販売瑕疵担保責任保険契約を締結するときは、当該契約は、ＢがＡから当該新築住宅の引渡しを受けた時から２年以上の期間にわたって有効なものでなければならない。

問350 Rank B **資力確保措置** (H28-問45)

宅建業者Ａが、自ら売主として、宅建業者でないＢに新築住宅を販売し、Ａが住宅瑕疵担保責任保険法人と住宅販売瑕疵担保責任保険契約の締結をした場合、Ｂが住宅の引渡しを受けた時から10年以内に当該住宅を転売したときは、Ａは、住宅瑕疵担保責任保険法人にその旨を申し出て、当該保険契約の解除をしなければならない。

問351 Rank B **紛争処理** (R3・10月-問45)

宅建業者Ａが、自ら売主として宅建業者ではない買主Ｂに新築住宅を販売する場合、Ａが住宅販売瑕疵担保責任保険契約を締結したときは、Ａ及びＢは、指定住宅紛争処理機関に特別住宅紛争処理の申請をすることにより、当該新築住宅の瑕疵に関するＡとＢとの間の紛争について、あっせん、調停又は仲裁を受けることができる。

答348 ○ (P.401)

保険契約を締結している**宅建業者**は、**構造耐力上主要な部分**及び**雨水の浸入を防止する部分**の**瑕疵**（**構造耐力又は雨水の浸入に影響のないものを除く**）について、**保険金**を**請求できる**（2条、品確法95条）。

答349 × (P.401)

住宅販売瑕疵担保責任保険契約は、**引渡しを受けた時**から**10年以上**の期間にわたって**有効なもの**でなければならない（履行法2条）。

答350 × (P.401)

保険契約は買主が新築住宅の**引渡しを受けた時から10年以上**、**有効**でなければならず、国土交通大臣の承認を得たときを除き、その**変更や解除**は**できない**（2条）。

答351 ○ (参考P.401)

住宅販売瑕疵担保責任保険契約を締結して資力確保措置を講じた場合、新築住宅の瑕疵についての紛争は、当事者が**指定住宅紛争処理機関**に**申請**することで、簡易で迅速な**紛争処理**が**可能**になる（33条）。

問352 Rank A **保証金の供託額** (H29-問45)

宅建業者Aが自ら売主として、宅建業者でない買主Bに新築住宅を販売する場合において、Aが住宅販売瑕疵担保保証金を供託する場合、その住宅の床面積が55㎡以下であるときは、新築住宅の合計戸数の算定に当たって、床面積55㎡以下の住宅2戸をもって1戸と数えることになる。

問353 Rank A **保証金の供託時期** (R4-問45)

自ら売主として新築住宅を販売する宅建業者は、基準日から3週間を経過する日までの間において、当該基準日前10年間に自ら売主となる売買契約に基づき宅建業者ではない買主に引き渡した新築住宅（住宅販売瑕疵担保責任保険契約に係る新築住宅を除く）について、住宅販売瑕疵担保保証金の供託をしていなければならない。

問354 Rank A **保証金の供託等の届出** (R1-問45)

自ら売主として新築住宅を宅建業者でない買主に引き渡した宅建業者は、基準日ごとに基準日から3週間以内に、当該基準日に係る資力確保措置の状況について、宅建業の免許を受けた国土交通大臣又は都道府県知事に届け出なければならない。

問355 Rank A **保証金の供託等の届出** (H30-問45)

自ら売主として新築住宅を宅建業者でない買主に引き渡した宅建業者は、その住宅を引き渡した日から3週間以内に、資力確保措置の状況について、宅建業の免許を受けた国土交通大臣又は都道府県知事に届け出なければならない。

答352　○　（P.402）

住宅販売瑕疵担保保証金を**供託すべき額**の算定基準となる**販売新築住宅の合計戸数**においては、**床面積が55㎡以下のもの**は、**２戸をもって１戸と数える**（11条、令５条）。

答353　○　（P.401）

宅建業者が**住宅販売瑕疵担保保証金の供託**をする場合、**基準日から３週間を経過する日までの間**に、住宅販売瑕疵担保保証金の**供託をしていなければならない**（11条）。

答354　○　（P.402）

宅建業者は、**基準日ごと**に**資力確保措置の状況**について**届け出なければならず**、その**届出をすべき期限**は、**基準日から３週間以内**である（12条、規則16条）。

答355　×　（P.402）

宅建業者は、基準日ごとに**基準日から３週間以内**に**資力確保措置の状況**について**届け出なければならない**のであり、「新築住宅を引き渡した日から３週間以内」ではない（12条、規則16条）。

問356 Rank A **保証金の供託等の届出** (R2・10月-問45)

宅建業者A（甲県知事免許）が、自ら売主として宅建業者ではない買主Bに新築住宅を販売する場合において、新築住宅をBに引き渡したAは、基準日ごとに基準日から50日以内に、当該基準日に係る資力確保措置の状況について、甲県知事に届け出なければならない。

問357 Rank A **新築住宅の売買契約の新たな締結の制限**(H30-問45)

自ら売主として新築住宅を宅建業者でない買主に引き渡した宅建業者は、基準日に係る資力確保措置の状況について届出をしなければ、当該基準日の翌日から起算して50日を経過した日以後においては、新たに自ら売主となる新築住宅の売買契約を締結することができない。

問358 Rank B **新築住宅の売買契約の新たな締結の制限**(H26-問45)

自ら売主として新築住宅を宅建業者でない買主に引き渡した宅建業者は、基準日に係る資力確保措置の状況について届出をしなければ、当該基準日から起算して50日を経過した日以後、新たに自ら売主となる新築住宅の売買契約を締結してはならない。

問359 Rank A **新築住宅の売買契約の新たな締結の制限**(H27-問45)

自ら売主として新築住宅を宅建業者でない買主に引き渡した宅建業者は、基準日に係る資力確保措置の状況について届出をしなければ、当該基準日以後、新たに自ら売主となる新築住宅の売買契約を締結することができない。

答356 ×　(P.402)

基準日ごとに「基準日から３週間以内」に、資力確保措置の状況について、免許権者に届け出なければならない（12条、規則16条）。

答357 ○　(P.403)

資力確保措置の状況について届出をしなければ、基準日の翌日から起算して50日を経過した日以後においては、新たに自ら売主となる新築住宅の売買契約を締結することができない（13条）。

答358 ×　(P.403)

資力確保措置の状況について届出をしなければ、基準日の「翌日から起算」して50日を経過した日以後においては、新たに自ら売主となる新築住宅の売買契約を締結することができない（13条）。

答359 ×　(P.403)

資力確保措置の状況について届出をしなければ、「基準日の翌日から起算して50日を経過した日以後」においては、新たに自ら売主となる新築住宅の売買契約を締結することができない（13条）。

問360 Rank A **保証金の還付** (R1-問45改)

住宅販売瑕疵担保責任保険契約を締結している宅建業者は、当該保険に係る新築住宅に、構造耐力上主要な部分又は雨水の浸入を防止する部分の瑕疵（構造耐力又は雨水の浸入に影響のないものを除く。）がある場合に、特定住宅販売瑕疵担保責任の履行によって生じた損害について保険金を請求することができる。

問361 Rank B **保証金の還付** (R3・12月-問45)

宅建業者Ａが自ら売主として宅建業者ではない買主Ｂに新築住宅を販売する場合、Ａが住宅販売瑕疵担保責任保険契約を締結したときは、住宅の構造耐力上主要な部分又は雨水の浸入を防止する部分の瑕疵があり、Ａが相当の期間を経過してもなお特定住宅販売瑕疵担保責任を履行しないときは、Ｂは住宅販売瑕疵担保責任保険契約の有効期間内であれば、その瑕疵によって生じた損害について保険金を請求することができる。

問362 Rank A **保証金の還付** (H30-問45)

住宅販売瑕疵担保責任保険契約を締結している宅建業者は、当該住宅を引き渡した時から10年間、住宅の構造耐力上主要な部分の瑕疵によって生じた損害についてのみ保険金を請求することができる。

答360 ○ (P.403)

住宅販売瑕疵担保責任保険契約を締結している**宅建業者**は、**構造耐力上主要な部分**と**雨水の浸入を防止する部分**の瑕疵がある場合、**担保責任の履行によって生じた損害**について、**保険金**を**請求できる**（2条、品確法95条）。

答361 ○ (P.403)

住宅販売瑕疵担保責任保険契約を締結した**宅建業者**が**相当の期間を経過**しても**担保責任を履行しない**場合、**買主**が**保険金を請求できる**（履行法2条）。

答362 × (P.401)

構造耐力上主要な部分の瑕疵によって生じた損害だけではなく、**雨水の浸入を防止する部分の瑕疵から生じた損害**についても、住宅を引き渡した時から10年間は、**保険金**を**請求する対象**となる（2条、品確法95条）。

問363 Rank A **保証金の還付** （H29-問45）

宅建業者Ａが自ら売主として、宅建業者でない買主Ｂに新築住宅を販売する場合において、Ａは、住宅販売瑕疵担保責任保険契約の締結をした場合、当該住宅を引き渡した時から10年間、当該住宅の給水設備又はガス設備の瑕疵によって生じた損害について保険金の支払を受けることができる。

問364 Rank A **供託所の所在地等に関する説明** （H29-問45改）

宅建業者Ａが自ら売主として宅建業者でない買主Ｂに新築住宅を販売する場合、Ａは、住宅販売瑕疵担保保証金の供託をするときは、Ｂに対し、当該住宅を引き渡すまでに、供託所の所在地等について記載した書面を交付し又は買主の承諾を得て電磁的方法により提供して、説明しなければならない。

答363 ×　(P.401)

構造耐力上主要な部分の瑕疵によって生じた損害と、**雨水の浸入を防止する部分の瑕疵から生じた損害**については、住宅を引き渡した時から10年間は、**保険金**を**請求する対象**となるが、住宅の給水設備又はガス設備の瑕疵によって生じた損害は、保険金の支払の対象とはならない（履行法２条、品確法95条）。

答364 ×　(P.403)

住宅販売瑕疵担保保証金の供託をしている宅建業者は、新築住宅の買主に対し、**売買契約を締結するまで**に、住宅販売瑕疵担保保証金の供託をしている供託所の所在地等について記載した**書面**を**交付**又は買主の承諾を得て**電磁的方法**により**提供**して、**説明しなければならない**（15条）。

パーフェクト宅建士

一問一答 Pocketのヒ・ミ・ツ!

Q. **なんだか細かい知識を問う問題ばかり収録されている気がします……。**

A. **基本問題もいっぱいあります! あわせて、細かい知識を問われる問題の得点力も上げていきましょう!**

基本的な知識を身に付けるのはもちろん必須ですが、それだけで合格できるほど甘くないのが宅建試験。

本試験では毎年のように、新しい切り口の問題や難しい問題が出題されますが、それらの問題は**合格者でも落とすことが多く**、正解できなくても合否に大きな影響はありません。合否を決めるのは、「**解くのに迷う問題**」です。

「迷う」理由は様々ですが、そのひとつに「**細かい知識があやふや**になっているから」が挙げられます。心あたりはありませんか?

これを解決するために、「一問一答 Pocket」では、基本的な知識をばっちり押さえる問題はもちろん、その上で知識の補完となる細かい部分を問う問題をあえて多数掲載しています。

ぜひ、細かい知識を疎かにせず、丁寧に問題を解きながら、得点力をしっかり底上げしてください!

第3編

法令上の制限

1 都市計画区域・準都市計画区域

問1 Rank A **指定権者と指定手続** (H23-問16)

都市計画区域は、市又は人口、就業者数その他の要件に該当する町村の中心の市街地を含み、かつ、自然的及び社会的条件並びに人口、土地利用、交通量その他の現況及び推移を勘案して、一体の都市として総合的に整備し、開発し、及び保全する必要がある区域を当該市町村の区域の区域内に限り指定するものとされている。

問2 Rank A **指定権者と指定手続** (R2・12月-問15)

都市計画区域は、市町村が、市町村都市計画審議会の意見を聴くとともに、都道府県知事に協議し、その同意を得て指定する。

問3 Rank B **指定権者と指定手続** (H22-問16)

準都市計画区域は、都市計画区域外の区域のうち、新たに住居都市、工業都市その他の都市として開発し、及び保全する必要がある区域に指定するものとされている。

参考 基本書 第1章 都市計画法
1 都市計画の全体構造
2 都市計画区域・準都市計画区域の指定

答1 ×　（参考『パーフェクト宅建士　基本書』P.409）

都市計画区域は、必要があるときは、一つの市町村の区域内に限定されず、その市町村の区域外にわたり、指定することもできる（都市計画法５条）。

答2 ×　（P.410）

都市計画区域を指定するのは、原則として都道府県であり、都道府県は、都市計画区域を指定するときは、あらかじめ、関係市町村及び都道府県都市計画審議会の意見を聴き、国土交通大臣に協議し、その同意を得る必要がある（５条）。

答3 ×　（P.409）

都道府県は、都市計画区域外の区域のうち、そのまま放置すれば、将来における一体の都市としての整備、開発及び保全に支障が生じるおそれがあると認められる一定の区域に、準都市計画区域を指定できる（５条の２）。

2 都市計画の内容

問4 Rank A **都市計画区域マスタープラン** (H6-問17)

都市計画区域については、都市計画に、当該都市計画区域の整備、開発及び保全の方針を定めるものとする。

問5 Rank A **「区域区分」とは** (H17-問19)

区域区分は、都市計画区域について無秩序な市街化を防止し、計画的な市街化を図るため必要があるときに、都市計画に定める市街化区域と市街化調整区域との区分をいう。

問6 Rank A **「区域区分」とは** (H23-問16)

都市計画区域については、無秩序な市街化を防止し、計画的な市街化を図るため、都市計画に必ず市街化区域と市街化調整区域との区分を定めなければならない。

問7 Rank A **「市街化調整区域」とは** (R5-問15)

市街化調整区域は、土地利用を整序し、又は環境を保全するための措置を講ずることなく放置すれば、将来における一体の都市としての整備に支障が生じるおそれがある区域とされている。

答4 ○ （『パーフェクト宅建士 基本書』P.411）

都市計画区域については、**都市計画**に、当該**都市計画区域の整備、開発及び保全の方針**を**定める**。そして、その整備・開発・保全の方針には、区域区分の決定の有無と区域区分を定めるときはその方針を定めるとともに、都市計画の目標、土地利用、都市施設の整備及び市街地開発事業に関する主要な都市計画の決定の方針を定めるよう努めるものとする（都市計画法６条の２）。

答5 ○ （P.412）

区域区分とは、**無秩序な市街化を防止**し、**計画的な市街化を図る**ために、**都市計画区域**を**市街化区域と市街化調整区域**に**区分する都市計画**である（７条）。

答6 × （P.412）

区域区分は、**必要があれば定めることができる**のであって、必ず定めなければならないものではない（７条）。ただし、都市計画区域の中に指定都市の全部又は一部を含む等の場合は、区域区分しなければならない例外もある。

答7 × （P.412）

市街化調整区域は、**市街化を抑制すべき区域**である（７条）。本肢は、準都市計画区域の指定要件の記述である（５条の２）。

問8　Rank A「用途地域」とは　(H30-問16)

市街化区域については、少なくとも用途地域を定めるものとし、市街化調整区域については、原則として用途地域を定めないものとする。

問9　Rank A「用途地域」とは　(H23-問16)

都市計画区域については、区域内のすべての区域において、都市計画に、用途地域を定めるとともに、その他の地域地区で必要なものを定めるものとされている。

問10　Rank A 用途地域　(R2・10月-問15)

第二種住居地域は、中高層住宅に係る良好な住居の環境を保護するため定める地域とされている。

問11　Rank A 用途地域　(R4-問15)

工業地域は、主として工業の利便を増進するため定める地域とされている。

問12　Rank A 用途地域　(R1-問15)

準住居地域は、道路の沿道としての地域の特性にふさわしい業務の利便の増進を図りつつ、これと調和した住居の環境を保護するため定める地域とされている。

問13　Rank B 用途地域　(H27-問16)

工業専用地域は、工業の利便を増進するため定める地域であり、風致地区に隣接してはならない。

答8　○ (P.415)

市街化区域は、少なくとも用途地域を定めなければならないが、市街化調整区域については、原則として用途地域を定めない（13条）。

答9　× (P.415)

都市計画区域内の市街化区域には、必ず用途地域を定めなければならないが（13条）、都市計画区域内の市街化区域外には、必ずしも用途地域を定める必要はない。

答10　× (P.417)

第二種住居地域は、主として住居の環境を保護するため定める地域である（9条）。中高層住宅に係る良好な住居の環境を保護するため定める地域は、第一種中高層住居専用地域のことである。

答11　○ (P.417)

工業地域は、主として工業の利便を増進するため定める地域である（9条）。

答12　○ (P.417)

道路の沿道としての地域の特性にふさわしい業務の利便の増進を図りつつ、これと調和した住居の環境を保護するため定める地域とは、準住居地域の記述である（9条）。

答13　× (P.417)

前半の定義は正しい（9条）。しかし、風致地区に隣接してはならないとの規定は存在しない。

問14 Rank A **用途制限** (R2・12月-問18)

特別用途地区内においては、地方公共団体は、その地区の指定の目的のために必要と認める場合は、国土交通大臣の承認を得て、条例で、建築基準法48条１項から13項までの規定による用途制限を緩和することができる。

問15 Rank A **特定用途制限地域** (R5-問15)

特定用途制限地域は、用途地域が定められている土地の区域内において、都市計画に、制限すべき特定の建築物等の用途の概要を定める地域とされている。

問16 Rank A **高層住居誘導地区** (H26-問15)

高層住居誘導地区は、住居と住居以外の用途とを適正に配分し、利便性の高い高層住宅の建設を誘導するために定められる地区であり、近隣商業地域及び準工業地域においても定めることができる。

問17 Rank A **高度地区** (R1-問15)

高度地区は、用途地域内において市街地の環境を維持し、又は土地利用の増進を図るため、建築物の高さの最高限度又は最低限度を定める地区である。

答14 ○ (P.421)

特別用途地区内においては、**地方公共団体**は、その地区指定の目的を達成するために、**国土交通大臣の承認**を得て、**条例**で、建築基準法に定める**用途制限**を**緩和**することが**できる**(49条)。

答15 × (P.421)

特定用途制限地域は、「**用途地域が定められていない土地の区域**(市街化調整区域を除く)内」において、**制限すべき特定の建築物等の用途の概要を定める地域**である(9条)。「用途地域が定められている土地の区域」ではない。

答16 ○ (P.422)

高層住居誘導地区は、**住居と住居以外の用途とを適正に配分**し、**利便性の高い高層住宅の建設を誘導**するため、第一種住居地域、第二種住居地域、準住居地域、**近隣商業地域**又は**準工業地域**に**定めることができる**(9条)。

答17 ○ (P.422)

高度地区は、**用途地域**が定められた地区にのみ定めることができ、市街地の環境を維持し、又は土地利用の増進を図るため、**建築物の高さ**の**最高限度**又は**最低限度**を**定める地区**である(9条)。

問18 Rank A **高度利用地区** (R5-問15)

高度利用地区は、土地の合理的かつ健全な高度利用と都市機能の更新とを図るため、都市計画に、建築物の高さの最低限度を定める地区とされている。

問19 Rank B **特定街区** (R1-問15)

特定街区については、都市計画に、建築物の容積率並びに建築物の高さの最高限度及び壁面の位置の制限を定めるものとされている。

問20 Rank B **防火地域・準防火地域** (H28-問16)

準都市計画区域については、都市計画に準防火地域を定めることができる。

問21 Rank A **風致地区** (H30-問16)

風致地区内における建築物の建築については、一定の基準に従い、地方公共団体の条例で、都市の風致を維持するため必要な規制をすることができる。

答18 ×　(P.423)

高度利用地区とは、用途地域内の市街地における土地の合理的かつ健全な高度利用と都市機能の更新とを図るため、①建築物の容積率の最高限度及び最低限度、②建築物の建蔽率の最高限度、③建築物の建築面積の最低限度並びに④壁面の位置の制限を定める地区である（9条）。「高さの最低限度」は定めない。高さの最低限度（及び最高限度）等を定めるのは、高度地区である。

答19 ○　(P.423)

特定街区は、市街地の整備改善を図るため、都市計画に、その街区内における建築物の容積率並びに建築物の高さの最高限度及び壁面の位置の制限を定める街区である（9条）。

答20 ×　(参考P.409)

準都市計画区域には、用途地域、特別用途地区、特定用途制限地域等を定めることができるが、防火地域や準防火地域は定めることができない（8条）。

答21 ○　(P.424)

風致地区内における建築物の建築、宅地の造成、木竹の伐採等の行為については、一定の基準に従い、地方公共団体の条例で、都市の風致を維持するため必要な規制をすることができる（58条）。

問22 Rank A **都市施設の決定** (H14-問17)

都市計画は、都市計画区域内において定められるものであるが、道路や公園などの都市施設については、特に必要があるときは当該都市計画区域外においても定めることができる。

問23 Rank A **都市施設の決定** (R2・12月-問15)

市街化区域及び区域区分が定められていない都市計画区域については、少なくとも道路、病院及び下水道を定めるものとされている。

問24 Rank A **市街地開発事業の決定** (R2・12月-問15)

市街化調整区域内においては、都市計画に、市街地開発事業を定めることができないこととされている。

問25 Rank B **「地区計画」とは** (H25-問15)

一定の条件に該当する土地の区域における地区計画については、劇場、店舗、飲食店その他これらに類する用途に供する大規模な建築物の整備による商業その他の業務の利便の増進を図るため、一体的かつ総合的な市街地の開発整備を実施すべき区域である開発整備促進区を都市計画に定めることができる。

答22　○　(P.425)

　都市計画は、都市計画区域内に定めるのが原則であるが、道路・公園等の**都市施設**は、特に必要があるときは、**都市計画区域外**においても、**定めることができる**(11条)。

答23　×　(P.425)

　市街化区域及び**区域区分が定められていない都市計画区域**については、少なくとも**道路、公園**及び**下水道**を**定めなければならない**(13条)。しかし、病院は、定める必要はない。

答24　○　(P.427)

　市街地開発事業は、市街化区域又は区域区分が定められていない都市計画区域内において、一体的に開発し、又は整備する必要がある土地の区域について定める。**市街化調整区域**には**定めることができない**(13条)。

答25　○　(P.429)

　一定の条件に該当する土地の区域における**地区計画**については、劇場、店舗等の「特定大規模建築物」の整備による商業その他の業務の利便の増進を図るため、**開発整備促進区**を都市計画に**定めることができる**(12条の5)。これによって、用途制限上の難しい工業地域内の工場跡地に、ショッピングモール等の大規模集客施設の誘致が可能になる。

問26 Rank A **地区計画の決定権者** (H8-問19)

地区計画は、それぞれの区域の特性にふさわしい態様を備えた良好な環境の各街区を整備し、開発し、及び保全するための都市計画であり、すべて市町村が定めることとされている。

問27 Rank B **地区計画の指定基準** (R2・10月-問15)

市街化調整区域における地区計画は、市街化区域における市街化の状況等を勘案して、地区計画の区域の周辺における市街化を促進することがない等当該都市計画区域における計画的な市街化を図る上で支障がないように定めることとされている。

問28 Rank A **地区整備計画** (H1-問19)

地区計画については、地区整備計画等に建築物の容積率及び高さの最高限度等を定めることができる。

問29 Rank A **建築等の届出** (H29-問16)

地区整備計画が定められている地区計画の区域内において、建築物の建築を行おうとする者は、都道府県知事（市の区域内にあっては、当該市の長）の許可を受けなければならない。

問30 Rank B **田園住居地域内における建築等の規制** (H30-問16)

田園住居地域内の農地の区域内において、土地の形質の変更を行おうとする者は、一定の場合を除き、市町村長の許可を受けなければならない。

答26 ○ (P.428、429)

地区計画は、**それぞれの区域の特性にふさわしい態様を備えた良好な環境の各街区を整備し、開発し、及び保全するための計画**であり、**市町村が定める**（12条の5、15条）。

答27 ○ (P.430)

市街化調整区域における地区計画は、地区計画の区域の周辺における**市街化を促進することがない**等当該都市計画区域における**計画的な市街化を図る上で支障がないように定める**必要がある（13条）。

答28 ○ (P.430)

地区整備計画等には、**建築物の容積率の最高限度**や**高さの最高限度等**を**定めることができる**（12条の5）。

答29 × (P.431)

地区整備計画が定められている地区計画の区域内において、**建築物の建築**を行おうとする者は、当該行為に着手する日の30日前までに、**市町村長**に**届け出なければならない**（58条の2）。

答30 ○ (P.432)

田園住居地域内の農地の区域内において、**土地の形質の変更**又は建築物の建築等を行おうとする者は、一定の場合を除いて**市町村長の許可**を受けなければならない（52条）。

3 都市計画制限・都市計画事業制限

問31 Rank A **市街地開発事業等予定区域内の制限** (H24-問16)

市街地開発事業等予定区域に関する都市計画において定められた区域内において、非常災害のため必要な応急措置として行う建築物の建築であれば、都道府県知事（市の区域内にあっては、当該市の長）の許可を受ける必要はない。

問32 Rank A **建築物の建築の許可制** (H29-問16)

都市計画施設の区域又は市街地開発事業の施行区域内において建築物の建築をしようとする者は、一定の場合を除き、都道府県知事（市の区域内にあっては、当該市の長）の許可を受けなければならない。

問33 Rank B **建築物の建築の許可基準** (H9-問17)

都市計画施設の区域内において建築物の新築をしようとする者は、原則として都道府県知事の許可を受けなければならないが、階数が２以下の木造建築物で、容易に移転し、又は除却することができるものの新築であれば、許可が必要となることはない。

問34 Rank A **事業地内の制限** (R2・10月-問15)

都市計画事業の認可の告示があった後に当該認可に係る事業地内の土地建物等を有償で譲り渡そうとする者は、施行者の許可を受けなければならない。

問35 Rank B **事業地内の制限** (H21-問16)

都市計画事業においては、土地収用法における事業の認定の告示をもって、都市計画事業の認可又は承認の告示とみなしている。

参考

基本書　第１章　都市計画法

❹ 都市施設・市街地開発事業・予定区域と建築等の制限（都市計画制限・都市計画事業制限）

❺ 都市計画の決定

答31　〇　（『パーフェクト宅建士　基本書』P.435）

市街地開発事業等予定区域内において、建築物の建築を行おうとする者は、**都道府県知事等の許可**を受けなければならないが、**非常災害のため必要な応急措置**として行う場合は、**許可不要**となる（都市計画法52条の２）。

答32　〇　（P.437）

都市計画施設の区域又は市街地開発事業の施行区域内において**建築物の建築**をしようとする者は、**都道府県知事等の許可**を受けなければならない。ただし、政令で定める軽易な行為等については、許可は不要である（53条）。

答33　×　（P.438）

都市計画施設の区域内において、**２階以下の木造建築物**で、**容易に移転・除却できる**ものを**新築**しようとする場合、**知事**は原則として**「許可をしなければならない」**（53条、54条）。よって、許可が不要なわけではない。

答34　×　（参考P.439）

都市計画事業の認可の告示の公告日の翌日から起算して10日を経過した後に**事業地内の土地建物等を有償で譲り渡そうとする者**は、**施行者**に**届け出なければならない**（67条）。許可を受けるのではない。

答35　×　（P.439）

都市計画事業については、**土地収用法の規定による事業の認定は行わず**、**都市計画事業の認可又は承認**をもって**土地収用法**の規定による**事業の認定**があったと**みなす**（70条）。

問36 Rank A **都市計画の決定権者** (H8-問19)

市街地開発事業に関する都市計画は、すべて都道府県が定めることとされており、市町村は定めることができない。

問37 Rank A **都市計画の決定手続** (H9-問17)

公衆の縦覧に供された都市計画の案について、関係市町村の住民及び利害関係人は、都市計画の案の公告の日から２週間の縦覧期間の満了の日までに、意見書を提出することができる。

問38 Rank B **都市計画の決定** (H8-問19)

都道府県が都市計画を決定するときは、必ず関係市町村の意見を聴くとともに、都道府県都市計画審議会の議を経なければならない。

問39 Rank B **市町村のマスタープラン** (H10-問17)

市町村は、市町村における都市計画の総合的なマスタープランとして、都道府県知事の承認を得て、当該市町村の都市計画に関する基本的な方針を定めることができる。

問40 Rank A **都市計画の決定等の提案** (H24-問16)

都市計画の決定又は変更の提案は、当該提案に係る都市計画の素案の対象となる土地の区域について所有権又は借地権を有している者以外は行うことができない。

答36　×　(P.442)

市街地開発事業に関する都市計画は、原則として都道府県が定めるが、小規模な市街地開発事業に関する都市計画（土地区画整理事業、市街地再開発事業等）は、市町村が定めることができる（15条）。

答37　○　(P.444)

都市計画の案は公告の日から２週間公衆の縦覧に供せられ、関係市町村の住民及び利害関係人は、その２週間の縦覧期間中に限り、意見書を提出できる（17条）。

答38　○　(P.444)

都道府県は、関係市町村の意見を聴き、かつ、都道府県都市計画審議会の議を経て、都市計画を決定する（18条）。

答39　×　(P.445)

マスタープランは市町村の方向性を決するものであり、公聴会を開催する等して住民の意見を反映させ、住民が選挙で選んだ議員により構成される議会の議決を得て決定する。マスタープランが決まったら遅滞なくこれを公表するとともに、知事に通知する制度はあるが、知事の承認は不要である。

答40　×　(P.445、446)

都市計画の決定又は変更の提案は、対象となる土地の所有者や借地権者だけでなく、独立行政法人都市再生機構、地方住宅供給公社等も提案することができる（21条の２）。

4 開発許可制度

問41 Rank A **開発行為の定義** (R1-問16)

市街化調整区域において、野球場の建設を目的とした8,000㎡の土地の区画形質の変更を行おうとする者は、あらかじめ、都道府県知事の許可を受けなければならない。

問42 Rank A **開発行為の定義** (H21-問17)

区域区分の定められていない都市計画区域内の土地において、10,000㎡のゴルフコースの建設を目的とする土地の区画形質の変更を行おうとする者は、あらかじめ、都道府県知事の許可を受けなければならない。

問43 Rank A **開発許可の要否（小規模開発）** (H30-問17)

都市計画区域及び準都市計画区域外の区域内において、8,000㎡の開発行為をしようとする者は、都道府県知事の許可を受けなくてよい。

問44 Rank A **開発許可の要否（市街化区域）** (H29-問17)

市街化区域内において、農業を営む者の住居の用に供する建築物の建築の用に供する目的で行う1,000㎡の土地の区画形質の変更を行おうとする者は、あらかじめ、都道府県知事の許可を受けなければならない。

問45 Rank A **公益的建築物の建築のために行う開発行為** (R4-問16)

区域区分が定められていない都市計画区域内において、博物館法に規定する博物館の建築を目的とした8,000㎡の開発行為を行おうとする者は、都道府県知事の許可を受けなくてよい。

参考 基本書 第1章　都市計画法
❻ 開発許可制度
❼ 不服申立て（開発審査会への審査請求）

答41　×　（『パーフェクト宅建士　基本書』P.447）

10,000㎡以上の野球場を建設するための土地の区画形質の変更は開発行為に該当するが（都市計画法4条、令1条）、本問の8,000㎡の野球場を建設するためであれば、そもそも開発行為に該当しないので、開発許可は不要である（29条）。

答42　○　（P.447）

ゴルフコースを建設するための土地の区画形質の変更は、面積を問わず開発行為に該当する（4条、令1条）。なお、区域区分の定めのない都市計画区域内で3,000㎡以上の開発行為を行うには、開発許可が必要である（29条、令19条）。

答43　○　（P.448）

都市計画区域及び準都市計画区域外の区域内において10,000㎡未満の開発行為を行うには都道府県知事の許可は不要である（29条、令22条の2）。

答44　○　（P.449）

市街化区域以外であれば、農業を営む者の住居を建築する目的で行う開発行為は許可不要であるが、市街化区域の場合は、1,000㎡以上であれば開発許可を受ける必要がある（29条、令19条）。

答45　○　（P.449）

博物館の建築を目的とした開発行為は、公益上必要な一定の建築物の建築を目的とした開発行為に該当し、知事の許可は不要である（29条、令21条）。この点、「学校」や「医療施設」、「社会福祉施設」は、公益上必要な施設には該当しないので注意すること。

問46 Rank A 「～事業の施行」として行う開発行為 (H15-問18)

市街化区域における市街地再開発事業の施行として行う3,000㎡の土地の区画形質の変更には、常に開発許可が不要である。

問47 Rank B 開発許可の例外（国等の特例） (H26-問16)

市街化調整区域において、国が設置する医療法に規定する病院の建築の用に供する施設である建築物の建築の用に供する目的で行われる1,500㎡の開発行為は、都市計画法34条の２の規定に基づき協議する必要のある開発行為である。

問48 Rank A 開発許可の申請 (H13-問19)

都市計画法の開発許可申請書には、予定建築物の用途のほか、その構造、設備及び予定建築価額を記載しなければならない。

問49 Rank A 開発許可の申請 (R5-問16)

開発許可を申請しようとする者は、あらかじめ、開発行為に関係がある公共施設の管理者と協議し、その同意を得なければならない。

問50 Rank B 開発許可の審査 (H19-問19)

都道府県知事は、市街化区域内における開発行為について開発許可をする場合、当該開発区域内の土地について、建築物の建蔽率に関する制限を定めることができる。

答46　○　(P.450)

市街地再開発事業の施行として行う開発行為は、市街化区域であろうと、それ以外の区域であろうと面積を問わず許可は不要である（29条）。

答47　○　(P.450)

市街化調整区域では病院を建築するための開発行為は面積を問わず開発許可が必要である。国が開発行為を行う場合は、都道府県知事との協議が成立すれば許可があったものとみなされるため、協議を必要とする開発行為である（34条の２）。

答48　×　(P.454)

開発許可申請書には、予定建築物の用途は記載しなければならないが、構造、設備及び予定建築価額は記載する必要はない（30条）。

答49　○　(P.454)

開発許可を申請しようとする者は、あらかじめ、開発行為に「関係がある」公共施設の管理者と協議し、その同意を得なければならない（32条）。開発行為（またはその工事）により「設置される」公共施設を管理することとなる者とは協議のみであることと混同しないようにしよう。

答50　×　(P.457)

都道府県知事は、用途地域の定めのない土地の開発行為について開発許可をする場合、必要があるときは、建蔽率の制限を定めることができるが、市街化区域は用途地域の定めがあるので、制限を定めることはできない（41条）。

問51 Rank B **開発許可の審査** (H12-問20)

市街化調整区域内における開発行為であっても、その区域内で生産される農産物の加工に必要な建築物の建築の用に供する目的で行うものについては、開発許可を受けることなく、行うことができる。

問52 Rank A **開発許可の審査** (H28-問17)

都道府県知事は、用途地域の定められていない土地の区域における開発行為について開発許可をする場合において必要があると認めるときは、当該開発区域内の土地について、建築物の敷地、構造及び設備に関する制限を定めることができる。

問53 Rank A **（開発許可申請に対する）許可・不許可の処分** (H16-問18)

都道府県知事は、開発許可の申請があったときは、申請があった日から21日以内に、許可又は不許可の処分をしなければならない。

問54 Rank A **（開発許可申請に対する）許可・不許可の処分** (H12-問20)

都道府県知事は、市街化区域内の土地について開発許可をしたときは、当該許可に係る開発区域内において予定される建築物の用途、構造及び設備を開発登録簿に登録しなければならない。

問55 Rank B **（開発許可申請に対する）許可・不許可の処分** (H6-問20)

開発登録簿の写しの交付請求は、当該開発登録簿に登録された開発区域内の土地について相当の利害関係を有する者でなければ行うことはできない。

答51 ×　(P.457)

市街化調整区域において農林漁業用建築物を建築するための開発行為は許可不要であるが、農産物の加工に必要な建築物は、許可不要となる農林漁業用建築物に該当しないので、開発許可を受けなければならない（34条）。

答52 ○　(P.457)

開発許可をする場合に、建築物の建蔽率、建築物の高さ、壁面の位置その他建築物の敷地、構造及び設備に関する制限を定めることができるのは、用途地域の定められていない土地の区域における開発行為の場合である（41条）。

答53 ×　(P.458)

都道府県知事は、開発許可の申請があったときは、「遅滞なく」、許可又は不許可の処分をしなければならない（35条）。

答54 ×　(P.458)

開発登録簿には、建築物の用途は登録されるが、構造及び設備は登録されない（47条）。

答55 ×　(P.458)

都道府県知事は、開発登録簿を常に公衆の閲覧に供するように保管し、かつ、請求があったときは、その写しを交付しなければならない（47条）。写しの交付請求について、利害関係人に限定する規定は存在しない。

問56 Rank B **開発行為の着工** (H27-問15)

市街化区域内において開発許可を受けた者が、開発区域の規模を100㎡に縮小しようとする場合においては、都道府県知事の許可を受けなければならない。

問57 Rank A **開発行為の着工** (R2・10月-問16)

開発許可を受けた者から当該開発区域内の土地の所有権を取得した者は、都道府県知事の承認を受けて、当該開発許可を受けた者が有していた当該開発許可に基づく地位を承継することができる。

問58 Rank A **開発行為の着工** (H28-問17)

開発許可を受けた者は、開発行為に関する工事を廃止するときは、都道府県知事の許可を受けなければならない。

問59 Rank A **完了・検査・工事完了の公告** (H6-問20)

都道府県知事は、開発行為に関する工事の完了の届出があった場合において、当該工事が開発許可の内容に適合していると認めたときは、検査済証を交付しなければならない。

問60 Rank A **開発行為により設置された公共施設の管理等** (R2・10月-問16)

開発許可を受けた開発行為により公共施設が設置されたときは、その公共施設は、工事完了の公告の日の翌日において、原則としてその公共施設の存する市町村の管理に属するものとされている。

答56　×　(P.459)

開発許可を受けた者が、規模（面積）を変更する場合には、原則として、許可を受けなければならないが、**開発許可が必要な面積**（市街化区域では1,000㎡）**未満に縮小**する場合には、**許可**を受ける**必要はない**（35条の2、29条、令19条）。

答57　○　(P.459)

開発許可を受けた者から当該開発区域内の**土地の所有権を取得**した者は（**特定承継**）、**都道府県知事の承認**を受けて、当該開発許可を受けた者が有していた当該**開発許可に基づく地位**を**承継**することが**できる**（45条）。

答58　×　(P.460)

開発許可を受けた者は、開発行為に関する**工事を廃止**したときは、**遅滞なく**、その旨を**都道府県知事**に「**届け出なければならない**」（38条）。

答59　○　(P.460)

開発行為に関する**工事の完了の届出**があったときは、**知事**は、遅滞なく、**工事が開発許可の内容**に適合しているかを検査し、**適合している**と認めたときは、**検査済証**を**交付しなければならない**（36条）。

答60　○　(P.461)

開発許可を受けた開発行為により**公共施設**（公園等）が**設置**されたときは、その公共施設は、原則として、**工事完了の公告日の翌日**において、その**公共施設の存する市町村**が**管理者**となる（39条）。

問61 Rank A **開発区域内の建築制限** (H8-問21)

開発許可を受けた開発区域内の土地については、工事完了の公告があるまでの間は、都道府県知事の許可を受けなければ分譲することができない。

問62 Rank A **開発区域内の建築制限** (H30-問17)

用途地域等の定めがない土地のうち開発許可を受けた開発区域内においては、開発行為に関する工事完了の公告があった後は、都道府県知事の許可を受けなければ、当該開発許可に係る予定建築物以外の建築物を新築することができない。

問63 Rank A **開発区域以外の区域における建築制限** (R2・10月-問16)

都市計画事業の施行として行う建築物の新築であっても、市街化調整区域のうち開発許可を受けた開発区域以外の区域内においては、都道府県知事の許可を受けなければ、建築物の新築をすることができない。

問64 Rank B **不服申立て（開発審査会への審査請求）** (H6-問20)

知事が行った開発許可の処分に不服がある者は、都道府県都市計画審議会に対して審査請求をすることができる。

答61　×　（P.462）

工事完了の公告があるまでの間は、原則として、知事の許可なく建築物を建築等することはできないが、**土地の分譲**については、**制限は受けない**（37条）。

答62　○　（P.462、463）

工事完了公告後、用途地域の定めのない開発区域内では、**予定建築物以外の建築物**を**新築**することは**できない**が、**都道府県知事の許可**があれば**新築できる**（42条）。

答63　×　（P.464）

市街化調整区域のうち**開発許可を受けた開発区域以外の区域内**で**建築物を新築**する場合、**原則**として、**都道府県知事の許可**を受けなければならない。ただし、**例外**として、**都市計画事業の施行として新築**する場合には**許可不要で新築できる**（43条）。

答64　×　（P.465）

開発許可の処分に不服がある者は、**開発審査会**に対して**審査請求**ができる（50条）。都市計画審議会は、都市計画区域等の指定の際に意見をしたり、都市計画を決定する際にその議を経る都市計画に関する事項の調査審議を行う審議会である（5条、18条）。

1 建築確認と完了検査

問65 Rank B 用語 (H9-問24)

人口10万人以上の市は、その長の指揮監督の下に、建築確認に関する事務をつかさどらせるために、建築主事を置かなければならない。

問66 Rank A 既存不適格建築物 (R4-問17)

建築基準法の改正により、現に存する建築物が改正後の建築基準法の規定に適合しなくなった場合には、当該建築物は違反建築物となり、速やかに改正後の建築基準法の規定に適合させなければならない。

問67 Rank A 建築確認 (H24-問18)

建築主事は、建築主から建築物の確認の申請を受けた場合において、申請に係る建築物の計画が建築基準法令の規定に適合しているかを審査すれば足り、都市計画法等の建築基準法以外の法律の規定に適合しているかは審査の対象外である。

問68 Rank A 建築確認の要否（原則） (H27-問17)

事務所の用途に供する建築物をホテル（その用途に供する部分の床面積の合計が500㎡）に用途変更する場合、建築確認は不要である。

問69 Rank A 建築確認の要否（原則） (H27-問17)

都市計画区域外において、高さ12m、階数が３階の木造建築物を新築する場合、建築確認が必要である。

答65 ×　（『パーフェクト宅建士　基本書』P.468）

政令で指定する人口25万以上の市は、建築主事を置かなければならない（建築基準法４条）。

答66 ×　（P.468）

建築基準法の規定の適用の際、現に存する建築物が建築基準法の規定に適合しない場合は、当該建築物に対しては、当該規定は適用しない（３条）。したがって、所有者等は、改正後の規定に適合させる必要はない。このような建築物を既存不適格建築物という。

答67 ×　（P.469）

建築主事は、建築基準法だけでなく、都市計画法、消防法、水道法等の建築基準法以外の法律にも適合するかを審査する（６条、令９条）。

答68 ×　（P.470）

ホテルは特殊建築物である。床面積200㎡を超える特殊建築物に用途を変更する場合には、建築確認を受けなければならない（87条）。なお、類似の用途への変更の場合には確認は不要であるが、事務所は特殊建築物ではない。

答69 ○　（P.471）

階数３の木造は、木造の大規模建築物に該当する。木造の大規模建築物を新築する場合には、都市計画区域の内外を問わず建築確認が必要である（６条）。

問70 Rank A **建築確認の要否（原則）** （H21-問18）

準都市計画区域（都道府県知事が都道府県都市計画審議会の意見を聴いて指定する区域を除く）内に建築する木造の建築物で、２の階数を有するものは、建築確認を必要としない。

問71 Rank A **建築確認の要否（例外）** （H30-問18改）

防火地域内にある３階建ての木造の建築物を増築する場合、その増築に係る部分の床面積の合計が10㎡以内であれば、その工事が完了した際に、建築主事等又は指定確認検査機関の完了検査を受ける必要はない。

問72 Rank B **建築確認の手続と完了検査** （H22-問18）

３階建て、延べ面積600㎡、高さ10mで用途が共同住宅である建築物の工事を行う場合において、２階の床及びこれを支持するはりに鉄筋を配置する工事を終えたときは、中間検査を受ける必要がある。

問73 Rank A **建築確認の手続と完了検査** （H15-問20）

防火地域内において、地階を除く階数が５（高さ25m）、延べ面積が800㎡で共同住宅の用途に供する鉄筋コンクリート造の建築物で、その外壁が耐火構造であるものの建築物について確認をする場合は、建築主事は、建築物の工事施工地又は所在地を管轄する消防長又は消防署長へ通知しなければならない。

答70 ×　(P.471)

準都市計画区域内で建築物を建築（新築・増改築・移転）する場合は、建築確認を必要とする（6条）。

答71 ×　(P.472)

防火地域内にある建築物の増築は、10㎡以内であっても、建築確認を受けなければならない。そして、建築確認を受けた建築物は、その工事が完成すれば完了検査を受けなければならない（6条、7条）。

答72 ○　(P.475)

建築主は、建築確認に基づく建築工事が特定工程に係る工事を終えたときは、中間検査を受ける必要がある。階数が3以上である共同住宅の床及びはりに鉄筋を配置する工事の工程は特定工程に該当する（7条の3、令11条）。

答73 ×　(P.476)

建築主事は、防火地域内において建築確認をする場合には、当該確認に係る建築物の工事施工地又は所在地を管轄する消防長又は消防署長の「同意」を得なければ、建築確認をすることができない（93条）。

問74 Rank A **建築確認の手続と完了検査** (H14-問21)

建築主は、建築確認を受けた建築物の工事を完了した場合においては、工事が完了した日から３日以内に到達するように、建築主事に文書をもって届け出なければならない。

問75 Rank A **建築確認の手続と完了検査** (H29-問18)

鉄筋コンクリート造であって、階数が２の住宅を新築する場合において、特定行政庁が、安全上、防火上及び避難上支障がないと認めたときは、検査済証の交付を受ける前においても、仮に、当該建築物を使用することができる。

問76 Rank B **建築確認の手続と完了検査** (H8-問23)

木造３階建て、延べ面積300㎡の住宅を新築する場合、建築主は、新築工事に着手する前に建築主事の確認を受けるとともに、当該住宅を新築する旨を都道府県知事に届け出なければならない。

答74 ×　(P.476)

建築主は、建築確認を受けた**工事を完了**したときは、**工事が完了した日**から「**４日以内**」に建築主事に到達するように、「**建築主事の検査を申請**」**しなければならない**（７条）。

答75 ○　(P.477)

階数２の鉄筋コンクリート造は大規模建築物に該当する。大規模建築物は、検査済証の交付前は原則として使用することはできないが、**特定行政庁**が**仮使用の認定**をすれば**使用すること**が**できる**（７条の６）。

答76 ○　(P.477)

建築主は、建築確認を受けるとともに、建築主事を経由して、**新築する旨**を**都道府県知事**に**届け出なければならない**（15条）。届出情報は、最終的には国土交通省により集計され、建築着工統計として公表される。

問77 Rank A 防火壁・防火床 (R2・10月-問17)

延べ面積が1,000㎡を超える準耐火建築物は、防火上有効な構造の防火壁又は防火床によって有効に区画し、かつ、各区画の床面積の合計をそれぞれ1,000㎡以内としなければならない。

問78 Rank B 開口部 (H26-問17改)

住宅の地上階における居住のための居室には、採光のための窓その他の開口部を設け、その採光に有効な部分の面積は、原則として、その居室の床面積に対して７分の１以上としなければならない。

問79 Rank B 開口部 (H24-問18)

住宅の居室には、原則として、換気のための窓その他の開口部を設け、その換気に有効な部分の面積は、その居室の床面積に対して25分の１以上としなければならない。

問80 Rank A 衛生 (H25-問17)

石綿以外の物質で居室内において衛生上の支障を生ずるおそれがあるものとして政令で定める物質は、ホルムアルデヒドのみである。

答77　×　（『パーフェクト宅建士　基本書』P.481）

延べ面積が1,000㎡を超える建築物であっても、「**準耐火建築物**」である場合には、**防火上有効な構造の防火壁又は防火床によって有効に区画**し、かつ、**各区画の床面積の合計をそれぞれ1,000㎡以内**とする**必要はない**（建築基準法26条）。

答78　○　（P.482）

住宅の地上階の居住のための**居室**には、**採光のための窓その他の開口部**を設け、その採光に有効な部分の面積は、その**居室の床面積**に対して、原則として、**７分の１以上**としなければならない（28条、令19条）。

答79　×　（P.482）

居室には、政令で定める技術的基準に従って換気設備を設けた場合を除いて、**換気のための窓その他の開口部**を設け、その換気に有効な部分の面積は、その**居室の床面積**に対して、「**20分の１以上**」としなければならない（28条）。建築資材に含まれる化学物質過敏症対策のためである。

答80　×　（P.482）

居室を有する建築物にあっては、**石綿等以外の物質**でその居室内において**衛生上の支障を生ずるおそれがある**ものとして**政令で定める物質**は、「**クロルピリホス**」と「**ホルムアルデヒド**」である（28条の２、令20条の５）。

問81 Rank B **長屋の界壁** (H29-問18改)

長屋の各戸の界壁は、原則として、小屋裏又は天井裏に達するものとしなければならない。

問82 Rank A **天井の高さ** (R2・10月-問17)

居室の天井の高さは、一室で天井の高さの異なる部分がある場合、室の床面から天井の最も低い部分までの高さを2.1m以上としなければならない。

問83 Rank A **避雷設備** (R2・12月-問17)

高さ25mの建築物には、周囲の状況によって安全上支障がない場合を除き、有効に避雷設備を設けなければならない。

問84 Rank A **非常用昇降機** (R2・10月-問17)

高さ30mの建築物には、非常用の昇降機を設けなければならない。

問85 Rank B **階段の手すり** (R2・12月-問17)

高さ１m以下の階段の部分には、手すりを設けなくてもよい。

答81　○　(P.483)

長屋又は共同住宅の**各戸の界壁**は、原則として、**小屋裏又は天井裏に達するもの**であることが必要である。ただし、例外として、天井の構造が、生活音を遮る政令で定める技術的基準に適合するものは、小屋裏又は天井裏に達する必要はない（30条）。

答82　×　(P.483)

居室の**天井の高さ**は、**2.1m以上**でなければならないところ、**一室で天井の高さの異なる部分がある**場合においては、室の床面から測り、その「**平均**」**を天井の高さ**とする（令21条）。

答83　○　(P.483)

高さ20mを**超える建築物**には、有効に**避雷設備**を**設けなければならない**。ただし、周囲の状況によって安全上支障がない場合においては、設けなくてもよい（33条）。

答84　×　(P.483)

高さ31mを**超える建築物**は、政令で定めるものを除いて、**非常用の昇降機**を**設けなければならない**（34条、令129条の13の２）。

答85　○　(P.483)

階段には、**手すり**を**設けなければならない**が、**高さ１m以下**の階段の部分には、手すりを**設けなくてもよい**（令25条）。

問86 Rank A **非常用の進入口** (H30-問18)

建築物の高さ31m以下の部分にある全ての階には、非常用の進入口を設けなければならない。

問87 Rank A **条例による規制** (R4-問17)

地方公共団体は、条例で、建築物の敷地、構造又は建築設備に関して安全上、防火上又は衛生上必要な制限を附加することができる。

答86 × (P.483)

建築物の**高さ31m以下の部分**にある**3階以上の階**（火災の発生のおそれの少ない用途に供する階等を除く）には、**原則**として**非常用の進入口**を設けなければならない（令126条の6）。ここから、火事などの災害時に外部から消防隊が進入する。目印として、逆三角形の赤色のシール等が貼られている。

答87 ○ (P.484)

地方公共団体は、**条例**で、建築物の敷地、構造又は建築設備に関して安全上、防火上又は衛生上必要な**制限**を**附加できる**（40条）。なお、一定の場合、建築基準法の規定を**緩和**することもできるが、**市町村**が緩和するときは、**国土交通大臣の承認**が必要となる（41条）。

3 集団規定・建築協定

問88 Rank A **道路に関する制限** (H29-問19)

幅員4m以上であり、法が施行された時点又は都市計画区域若しくは準都市計画区域に入った時点で現に存在する道は、特定行政庁の指定がない限り、建築基準法上の道路とはならない。

問89 Rank A **道路に関する制限** (R4-問18)

建築基準法3章の規定が適用されるに至った際、現に建築物が立ち並んでいる幅員1.8m未満の道で、あらかじめ、建築審査会の同意を得て特定行政庁が指定したものは、同章の規定における道路とみなされる。

問90 Rank A **道路に関する制限（接道義務）** (H8-問25)

建築物の敷地は、原則として道路に2m以上接していなければならないが、その敷地の周囲に広い空地を有する建築物その他の国土交通省令で定める基準に適合する建築物で、特定行政庁が交通上、安全上、防火上及び衛生上支障がないと認めて建築審査会の同意を得て許可したときは、この限りではない。

問91 Rank B **道路に関する制限（接道義務）** (H25-問18)

地方公共団体は、延べ面積が1,000㎡を超える建築物の敷地が接しなければならない道路の幅員について、条例で、避難又は通行の安全の目的を達するために必要な制限を付加することができる。

参考　**基本書**　**第2章　建築基準法**
❹ 集団規定　❺ 建築協定
❻ 仮設建築物

答88　×　（『パーフェクト宅建士　基本書』P.485）

都市計画区域・準都市計画区域の指定、変更や、条例の制定又は改正により、建築基準法３章の規定が適用されるに至った際、**現に存在する幅員４m以上の道**は、特定行政庁の指定がなくても、**建築基準法上の道路**である（建築基準法42条）。

答89　○　（P.486）

建築基準法の**集団規定が適用**されるに至った際、**現に建築物が立ち並んでいる幅員４m未満の道**は**特定行政庁の指定**により道路とみなされる（２項道路）。なお、幅員が**1.8m未満の道**は、特定行政庁が指定する前にあらかじめ**建築審査会の同意**を得る必要がある（42条）。

答90　○　（P.487）

建築物の敷地は、**原則**として、**道路に２m以上接しなければならない**が、**例外**として、いわゆる消防用空地を有するなど、**特定行政庁**が**建築審査会の同意**を得て**許可**したときは、**この限りではない**（３条）。

答91　○　（P.487）

延べ面積が1,000㎡を超える建築物については、**地方公共団体**は、**条例**で、その敷地が接しなければならない道路の幅員その他その**敷地又は建築物と道路との関係**に関して**必要な制限を付加**することが**できる**（43条）。

問92 Rank A **道路に関する制限（道路内の建築制限）**（R5-問18）

建築物又は敷地を造成するための擁壁は、道路内に、又は道路に突き出して建築し、又は築造してはならず、地盤面下に設ける建築物においても同様である。

問93 Rank A **道路に関する制限（壁面線制限）**（R2・12月-問18）

建築物の壁又はこれに代わる柱は、地盤面下の部分又は特定行政庁が建築審査会の同意を得て許可した歩廊の柱その他これに類するものを除き、壁面線を越えて建築してはならない。

問94 Rank A **用途制限**（R4-問18）

第一種低層住居専用地域内においては、神社、寺院、教会を建築することはできない。

問95 Rank B **用途制限**（H26-問18）

店舗の用途に供する建築物で当該用途に供する部分の床面積の合計が10,000㎡を超えるものは、原則として工業地域内では建築することができない。

問96 Rank B **用途制限**（H26-問18）

学校を新築しようとする場合には、建築基準法48条の規定による用途制限に適合するとともに、都市計画により敷地の位置が決定されていなければ新築することができない。

答92 ×　(P.488)

建築物または**敷地を造成するための擁壁**は、**道路内**に、または**道路に突き出して建築**し、または**築造してはならない**。ただし、**地盤面下に設ける建築物**は、かかる**制限はない**(44条)。地盤面下に設けても、地上道路の通行の支障にはならないからである。

答93 ○　(P.489)

建築物の壁又はこれに代わる**柱**は、**壁面線を越えて建築してはならない**。ただし、**地盤面下の部分**又は**特定行政庁**が建築審査会の同意を得て**許可**した**歩廊の柱**その他これに類するものについては、**建築できる**(47条)。

答94 ×　(P.492)

第一種低層住居専用地域を含む**すべての用途地域内**では、**神社・寺院・教会**を**建築できる**(48条、別表２)。

答95 ○　(P.493)

床面積の合計が**10,000㎡を超える店舗**が**建築できる用途地域**は、**近隣商業地域、商業地域、準工業地域**であり、これら以外の用途地域では、原則、建築できない(48条、別表２)。

答96 ×　(P.492)

学校を**新築**する場合には、用途制限に適合（工業地域及び工業専用地域以外の用途地域に新築できる）することが必要であるが、**都市計画で敷地の位置が指定されていること**は特に**必要ではない**(48条、51条)。

問97 Rank B **用途制限** (H30-問19)

一の敷地で、その敷地面積の40％が第二種低層住居専用地域に、60％が第一種中高層住居専用地域にある場合は、原則として、当該敷地内には大学を建築することができない。

問98 Rank A **容積率の制限** (H28-問19)

前面道路の幅員による容積率制限は、前面道路の幅員が12m以上ある場合は適用されない。

問99 Rank B **容積率の制限** (R2・10月-問18)

建築物の容積率の算定の基礎となる延べ面積には、老人ホームの共用の廊下又は階段の用に供する部分の床面積は、算入しないものとされている。

問100 Rank A **容積率の制限** (H8-問24)

一定の建築物の地階で住宅の用途に供する部分の床面積については、当該建築物の住宅の用途に供する部分の床面積の合計の４分の１を限度として、容積率に係る建築物の延べ面積に算入しない。

答97 ×　(P.492、497)

第一種中高層住居専用地域には**大学**を**建築できる。敷地が二つの用途地域にわたる**場合は、**過半の用途地域の制限に従う**ので、第一種中高層住居専用地域の制限に従うことになり、大学を建築することができる(48条、91条)。

答98 ○　(P.499)

前面道路の幅員による容積率制限は、**前面道路の幅員**が12m以上の場合には適用がなく、幅員が**12m未満の場合に適用される**(52条)。

答99 ○　(P.501)

老人ホームや福祉ホームの**共用の廊下若しくは階段の用に供する部分の床面積**は、建築物の**容積率**の算定の基礎となる**延べ面積に算入しない**(52条)。

答100 ×　(P.502)

地下室の住宅等の用途に供する部分の床面積は、その建築物の**住宅の用途に供する部分の床面積の合計**の**3分の1を限度**に、建築物の**容積率**の算定の基礎となる**延べ面積に算入しない**(52条)。

問101 Rank B **容積率の制限** (H20-問20)

建築物の敷地が幅員15m以上の道路（以下「特定道路」という。）に接続する幅員６m以上12m未満の前面道路のうち、当該特定道路からの延長が70m以内の部分において接する場合における当該敷地の容積率の限度の算定にあたっては、当該敷地の前面道路の幅員は、当該延長及び前面道路の幅員を基に一定の計算により算定した数値だけ広いものとみなす。

問102 Rank B **総合設計制度** (R4-問18)

その敷地内に一定の空地を有し、かつ、その敷地面積が一定規模以上である建築物で、特定行政庁が交通上、安全上、防火上及び衛生上支障がなく、かつ、その建蔽率、容積率及び各部分の高さについて総合的な配慮がなされていることにより市街地の環境の整備改善に資すると認めて許可したものの建蔽率、容積率又は各部分の高さは、その許可の範囲内において、関係規定による限度を超えるものとすることができる。

問103 Rank A **建蔽率の制限** (H24-問19改)

街区の角にある敷地又はこれに準ずる敷地内にある建築物の建蔽率については、特定行政庁の指定がなくとも都市計画において定められた建蔽率の数値に10分の１を加えた数値が限度となる。

答101　○　(P.502)

建築物の前面道路が幅員15m以上の特定道路に接続する幅員６m以上12m未満の道路で、建築物の敷地が、特定道路からの距離が70m以内であるときは、その距離に応じて前面道路の幅員が広いものとみなされ、容積率が緩和されることがある（52条）。

答102　×　(P.502)

その敷地内に一定の空地を有し、かつ、その敷地面積が一定規模以上である建築物で、特定行政庁が交通上、安全上、防火上及び衛生上支障がなく、かつ、その建蔽率、容積率及び各部分の高さについて総合的な配慮がなされていることにより市街地の環境の整備改善に資すると認めて、建築審査会の同意を得て許可したものの「容積率又は各部分の高さ」は、その許可の範囲内において、容積率、高さ（絶対高さ制限、斜線制限）の規定による限度を超えることができるが（総合設計制度）、緩和の対象に建蔽率は含まない（59条の２）。

答103　×　(P.504)

街区の角にある敷地の建蔽率が10分の１加算される、いわゆる角地加算は、特定行政庁の指定が必要である（53条）。

問104 Rank A **建蔽率の制限** (H25-問18改)

建蔽率の限度が10分の８とされている地域内で、かつ、防火地域内にある耐火建築物又はこれと同等以上の延焼防止性能を有する一定の建築物については、建蔽率の制限は適用されない。

問105 Rank A **建築物の敷地面積の最低限度の制限** (H24-問19)

用途地域に関する都市計画において建築物の敷地面積の最低限度を定める場合においては、その最低限度は200㎡を超えてはならない。

問106 Rank A **第一種・第二種低層住居専用地域、田園住居地域内の制限** (H30-問19改)

田園住居地域内においては、建築物の高さは、一定の場合を除き、原則として、10m又は12mのうち当該地域に関する都市計画において定められた建築物の高さの限度を超えてはならない。

問107 Rank B **第一種・第二種低層住居専用地域、田園住居地域内の制限** (H28-問19)

第一種住居地域内における建築物の外壁又はこれらに代わる柱の面から敷地境界線までの距離は、当該地域に関する都市計画においてその限度が定められた場合には、当該限度以上でなければならない。

問108 Rank A **高さ制限** (R2・12月-問18)

田園住居地域内の建築物に対しては、建築基準法56条１項３号の規定（北側斜線制限）は適用されない。

答104 ○ (P.504)

建蔽率の限度が10分の８とされている地域内で、かつ、防火地域内にある耐火建築物又はこれと同等以上の延焼防止性能を有する一定の建築物（延焼防止建築物）については、建蔽率の制限は適用されない（53条）。

答105 ○ (P.507)

用途地域の定めのある地域には、建築物の敷地面積の最低限度を定めることができ、その最低限度は200㎡を超えてはならない（53条の２）。

答106 ○ (P.508)

田園住居地域内にある建築物の高さは、原則として、10m又は12mのうち当該地域に関する都市計画において定められた建築物の高さの限度を超えてはならない（55条）。

答107 × (P.508)

外壁後退距離（１m又は1.5m）を定めることができる地域は、第一種低層住居専用地域、第二種低層住居専用地域又は田園住居地域である。第一種住居地域には定めることができない（54条）。

答108 × (P.509)

北側斜線制限の適用がある地域は、第一種低層住居専用地域、第二種低層住居専用地域若しくは田園住居地域又は第一種中高層住居専用地域若しくは第二種中高層住居専用地域である（56条）。

問109 Rank B 高さ制限 (H25-問18)

建築物が第二種中高層住居専用地域及び近隣商業地域にわたって存する場合で、当該建築物の過半が近隣商業地域に存する場合には、当該建築物に対して建築基準法56条1項3号の規定（北側斜線制限）は適用されない。

問110 Rank B 高さ制限 (R2・10月-問18)

日影による中高層の建築物の高さの制限に係る日影時間の測定は、夏至日の真太陽時の午前8時から午後4時までの間について行われる。

問111 Rank A 高さ制限 (H7-問24)

日影規制の対象となる区域については、その区域の存する地方の気候及び風土、土地利用の状況等を勘案して、都市計画で定められている。

問112 Rank A 高さ制限 (H21-問19)

商業地域内にある建築物については、建築基準法56条の2第1項の規定による日影規制は適用されない。ただし、冬至日において日影規制の対象区域内の土地に日影を生じさせる、高さ10mを超える建築物については、この限りでない。

問113 Rank A 高さ制限 (H7-問24)

建築物の敷地が道路、水面、線路敷その他これらに類するものに接する場合であっても、日影規制の緩和に関する措置はない。

答109 ×
(P.509)

建築物が２つの用途地域にわたる場合、建築物の部分ごとに制限を受けるのであって、過半の用途地域の制限に従うのではない。したがって、第二種中高層住居専用地域の部分には北側斜線制限が適用されるが、近隣商業地域の部分には適用がない（56条）。

答110 ×
(P.512)

日影制限における日影時間の測定は、「冬至日」の真太陽時による午前８時から午後４時まで（道の区域内にあっては、午前９時から午後３時まで）の間で行う（56条の２）。

答111 ×
(P.512)

日影規制の対象区域は、地方公共団体の条例で定める（56条の２）。日影規制は都市計画のメニューではなく、都市計画で定めるのではない。

答112 ○
(P.513)

商業地域内の建築物は、原則として、日影規制の対象にはならないが、10mを超える建築物で、冬至日において対象区域内の土地に日影を生じさせるものは、日影規制の対象となる（56条の２）。

答113 ×
(P.513)

建築物の敷地が道路、水面、線路敷等に接する場合などは、日影規制が緩和される（56条の２）。

問114 Rank A **防火地域・準防火地域の制限** (H23-問18改)

防火地域内においては、３階建て、延べ面積が200㎡の住宅は、耐火建築物等又は準耐火建築物等としなければならない。

問115 Rank A **防火地域・準防火地域の制限** (H28-問18)

防火地域にある建築物で、外壁が耐火構造のものについては、その外壁を隣地境界線に接して設けることができる。

問116 Rank A **防火地域・準防火地域の制限** (H26-問17)

準防火地域内において建築物の屋上に看板を設ける場合は、その主要な部分を不燃材料で造り、又は覆わなければならない。

問117 Rank A **防火地域・準防火地域の制限** (R2・12月-問17)

建築物が防火地域及び準防火地域にわたる場合においては、その全部について、敷地の属する面積が大きい方の地域内の建築物に関する規定を適用する。

問118 Rank A **建築協定の効力** (H21-問19)

認可の公告のあった建築協定は、その公告のあった日以後に協定の目的となっている土地の所有権を取得した者に対しても、効力がある。

答114 ×　(P.514)

防火地域内においては、**階数が３以上**、**又は、延べ面積が100㎡を超える建築物**は、原則として、「**耐火建築物等**」**としなければならない**（61条、令136条の２）。

答115 ○　(P.515)

防火地域内にある建築物で、**外壁が耐火構造**であれば、延焼の危険性は少ないので、その外壁を**隣地境界線に接して設けることができる**（63条）。すなわち、隣地境界線から50cm以上離す必要（民法234条）がなくなる。

答116 ×　(P.515)

建築物の屋上に設ける看板で、その主要な部分を**不燃材料で造り、又は覆わなければならない**のは、「**防火地域内**」**の制限**であって、準防火地域内では、このような制限は適用されない（建築基準法64条）。

答117 ×　(P.515)

建築物が、**防火地域と準防火地域にわたる**場合は、制限の厳しい**防火地域の規定が適用**される。敷地面積の大きい方の地域の規定が適用されるのではない（65条）。

答118 ○　(P.519)

建築協定は、その認可の**公告のあった日以後**において、当該建築協定区域内の**土地の所有権を取得した者**（買主）に対しても、その**効力がある**（75条）。

1 盛土規制法

問119 Rank A **宅地造成工事の許可制** (H20-問22改)

宅地造成等工事規制区域内において、森林を宅地にするために行う切土であって、高さ３mの崖を生ずることとなるものに関する工事を行う場合には、工事主は、都市計画法29条１項又は２項の許可を受けて行われる当該許可の内容に適合した工事を除き、工事に着手する前に、都道府県知事の許可を受けなければならない。

問120 Rank A **一定の工事の届出制** (H23-問20改)

宅地造成等工事規制区域外において行われる宅地造成等に関する工事については、工事主は、工事に着手する前に都道府県知事に届け出ればよい。

問121 Rank A **一定の工事の届出制** (R1-問19改)

宅地造成等工事規制区域の指定の際に、当該宅地造成等工事規制区域内において行われている宅地造成等に関する工事の工事主は、当該工事について都道府県知事の許可を受ける必要はない。

問122 Rank A **一定の工事の届出制** (H22-問20改)

宅地造成等工事規制区域内の土地（公共施設用地を除く。）において、地表水等を排除するための排水施設の除却工事を行おうとする者は、宅地造成等に関する工事の許可を受けた場合を除き、工事に着手する日までにその旨を都道府県知事に届け出なければならない。

参考 基本書 第3章　宅地造成及び特定盛土等規制法

1 定義　2 基本方針及び基礎調査
3 規制区域内における宅地造成等に関する工事等の規制
4 造成宅地防災区域内の制限

答119　○　（『パーフェクト宅建士　基本書』P.523、525）

宅地にするための**切土**で**高さ２mを超える崖**を生じる**工事**は宅地造成等に関する工事に該当するので、**都市計画法**29条の**開発許可を受けている場合**を除き、都道府県**知事の許可**が**必要**となる（盛土規制法12条、施行令３条）。

答120　×　（P.523）

宅地造成等工事規制区域外で、**宅地造成等に関する工事**を行う場合、**都道府県知事への届出**は**不要**であり、また、許可を受ける必要もない（12条、21条）。

答121　○　（P.528）

宅地造成等工事規制区域の指定の際、その工事規制区域内で**行われている宅地造成等に関する工事**の**工事主**は、その**指定があった日**から**21日以内**に、**都道府県知事**に**届出**が必要なのであって、「許可を受ける」必要はない（21条）。

答122　×　（P.528）

宅地造成等工事規制区域内の**土地**において、地表水等を排除するための**排水施設の除却工事を行おうとする者**は、その**工事に着手する日**の**14日前まで**に、その旨を**都道府県知事**に**届け出なければならない**（21条、令26条）。

問123 Rank A **一定の工事の届出制** (H28-問20改)

宅地造成等工事規制区域内において、公共施設用地を宅地又は農地等に転用した者は、一定の場合を除き、その転用した日から14日以内にその旨を都道府県知事に届け出なければならない。

問124 Rank A **土地の保全義務等** (H22-問20改)

宅地造成等工事規制区域内の土地の所有者、管理者又は占有者は、宅地造成等に伴う災害が生じないよう、その土地を常時安全な状態に維持するように努めなければならない。

問125 Rank A **土地の保全義務等** (R4-問19改)

宅地造成等工事規制区域内で過去に宅地造成等に関する工事が行われ、現在は工事主とは異なる者がその工事が行われた土地を所有している場合において、当該土地の所有者は宅地造成等に伴う災害が生じないよう、その土地を常時安全な状態に維持するよう努めなければならない。

問126 Rank A **土地の保全義務等** (H27-問19改)

都道府県知事は、宅地造成等工事規制区域内の土地について、宅地造成等に伴う災害の防止のために必要があると認める場合には、その土地の所有者に対して、擁壁等の設置等の措置をとることを勧告することができる。

答123 ○ (P.528)

宅地造成等工事規制区域内において、公共施設用地を宅地または農地等に転用した者は、その転用した日から14日以内に、その旨を都道府県知事に届け出なければならない（21条）。

答124 ○ (P.528)

宅地造成等工事規制区域内の土地の所有者、管理者又は占有者は、宅地造成等（工事規制区域の指定前に行われたものを含む）に伴う災害が生じないよう、その土地を常時安全な状態に維持するように努めなければならない（22条）。

答125 ○ (P.528)

宅地造成等工事規制区域内の土地の所有者は、宅地造成等に伴う災害が生じないよう、その土地を常時安全な状態に維持するように努めなければならない。工事主とは異なる者が所有している場合も同様である（22条）。

答126 ○ (P.528)

都道府県知事は、宅地造成等工事規制区域内の土地について、宅地造成等に伴う災害の防止のため必要であれば、その土地の所有者等に対し、擁壁等の設置等の必要な措置をとることを勧告することができる（22条）。

問127 Rank A **土地の保全義務等** (H29-問20改)

都道府県知事は、宅地造成等工事規制区域内の土地で、宅地造成又は特定盛土等に伴う災害の防止のため必要な擁壁が設置されていないために、これを放置するときは、宅地造成等に伴う災害の発生のおそれが大きいと認められる場合、一定の限度のもとに、当該土地の所有者、管理者又は占有者に対して、擁壁の設置等を命じることができる。

問128 Rank A **造成宅地防災区域の指定** (H24-問20改)

都道府県知事は、宅地造成等工事規制区域内で、宅地造成又は特定盛土等に伴う災害で相当数の居住者等に危害を生ずるものの発生のおそれが大きい一団の造成宅地の区域であって一定の基準に該当するものを、造成宅地防災区域として指定することができる。

問129 Rank B **造成宅地防災区域の指定基準** (R4-問19改)

宅地造成等工事規制区域外に盛土によって造成された一団の造成宅地の区域において、造成された盛土の高さが5m未満の場合は、都道府県知事は、当該区域を造成宅地防災区域として指定することができない。

問130 Rank A **災害防止のための措置等** (H20-問22)

都道府県知事は、造成宅地防災区域内の造成宅地について、宅地造成に伴う災害で、相当数の居住者その他の者に危害を生ずるものの防止のため必要があると認める場合は、その造成宅地の所有者のみならず、管理者や占有者に対しても、擁壁等の設置等の措置をとることを勧告することができる。

答127 ○ (P.529)

都道府県知事は、宅地造成等工事規制区域内の土地で、災害防止に必要な擁壁等が設置されていないときは、これを放置すると宅地造成等に伴う災害発生のおそれが大きいと認められる場合、一定の限度のもとに、当該土地の所有者、管理者又は占有者に対して、相当の猶予期限を付けて、擁壁等の設置工事を命ずることができる（23条）。

答128 × (P.530)

「宅地造成等工事規制区域外」で、宅地造成に伴う災害で相当数の居住者等に危害を生ずるおそれが大きい一団の造成宅地の区域に造成宅地防災区域を指定することができる（45条）。

答129 × (P.530)

造成宅地防災区域の指定基準は、①盛土面積が3,000㎡以上である一定の造成宅地、又は、②盛土の高さが５m以上の一定の造成宅地なので、盛土面積が3,000㎡以上ある一定の造成宅地ならば、盛土の高さが５m未満であっても、造成宅地防災区域として指定できる（令35条）。

答130 ○ (P.530)

都道府県知事は、造成宅地防災区域内の造成宅地について、その造成宅地の所有者、管理者又は占有者に対し、擁壁等の設置等の災害の防止のため必要な措置をとることを勧告することができる（46条）。

1 土地区画整理法

問131 Rank B **土地区画整理事業** (H30-問21)

土地区画整理事業とは、公共施設の整備改善及び宅地の利用の増進を図るため、土地区画整理法で定めるところに従って行われる、都市計画区域内及び都市計画区域外の土地の区画形質の変更に関する事業をいう。

問132 Rank B **事業の施行者** (H24-問21)

土地区画整理組合は、土地区画整理事業について都市計画に定められた施行区域外において、土地区画整理事業を施行することはできない。

問133 Rank A **事業の施行者** (H25-問20)

個人施行者は、換地計画において、保留地を定めようとする場合においては、土地区画整理審議会の同意を得なければならない。

問134 Rank A **事業の施行者** (H29-問21)

土地区画整理組合を設立しようとする者は、事業計画の決定に先立って組合を設立する必要があると認める場合においては、７人以上共同して、定款及び事業基本方針を定め、その組合の設立について都道府県知事の認可を受けることができる。

問135 Rank B **事業の施行者** (H24-問21)

土地区画整理組合が施行する土地区画整理事業に係る施行地区内の宅地について所有権又は借地権を有する者は、すべてその組合の組合員とする。

参考

基本書　**第4章　土地区画整理法**

1 土地区画整理事業
2 仮換地　3 換地処分

答131　×　（『パーフェクト宅建士　基本書』P.533）

土地区画整理事業とは、公共施設の整備改善及び宅地の利用の増進を図るための**土地の区画形質の変更**及び公共施設の新設又は変更に関する事業であり、**都市計画区域内**で行い、**都市計画区域外では行わない**（土地区画整理法２条）。

答132　×　（参考なし）

都市計画事業である土地区画整理事業が行われる場所を施行区域といい、**土地区画整理組合**は、施行区域でも**施行区域外**でも**施行できる**（２条、３条）。

答133　×　（参考P.535）

施行者が個人である場合、**土地区画整理審議会**は**設置されない**ので、**保留地を定める場合、審議会の同意**は**不要**である（96条）。

答134　○　（P.535）

事業計画の決定に先立って**組合を設立**する必要があると認める場合においては、**７人以上共同**して、**定款及び事業基本方針を定め**、その**土地区画整理組合の設立**について**都道府県知事の認可を受けることができる**（14条）。

答135　○　（P.535）

土地区画整理組合が施行する土地区画整理事業に係る**施行地区内の宅地**について**所有権又は借地権を有する者**は、**すべて**強制加入の**土地区画整理組合の組合員**となる（25条）。

問136 Rank B **換地計画** (R1-問20)

個人施行者以外の施行者は、換地計画を定めようとする場合においては、その換地計画を２週間、公衆の縦覧に供しなければならない。

問137 Rank A **仮換地の指定** (H28-問21)

施行者は、換地処分を行う前において、換地計画に基づき換地処分を行うため必要がある場合においては、施行地区内の宅地について仮換地を指定することができる。

問138 Rank A **指定の方法** (H27-問20)

仮換地の指定は、その仮換地となるべき土地の所有者及び従前の宅地の所有者に対し、仮換地の位置及び地積並びに仮換地の指定の効力発生の日を通知してする。

問139 Rank A **仮換地指定の効果** (H28-問21)

仮換地が指定された場合においては、従前の宅地について権原に基づき使用し、又は収益することができる者は、仮換地の指定の効力発生の日から換地処分の公告がある日まで、仮換地について、従前の宅地について有する権利の内容である使用又は収益と同じ使用又は収益をすることができる。

問140 Rank A **仮換地指定の効果** (H28-問21)

施行者は、仮換地を指定した場合において、特別の事情があるときは、その仮換地について使用又は収益を開始することができる日を仮換地の指定の効力発生日と別に定めることができる。

答136 ○ (参考P.537)

個人施行者以外の施行者は、換地計画を定めようとする場合においては、政令で定めるところにより、その換地計画を2週間公衆の縦覧に供しなければならない（88条）。

答137 ○ (P.539)

施行者は、換地処分を行う前に、換地計画に基づき換地処分を行うために必要がある場合には、施行地区内の宅地について仮換地を指定することができる（98条）。

答138 ○ (P.539)

仮換地の指定は、その仮換地となるべき土地の所有者及び従前の宅地の所有者に対し、通知して行う。通知の内容は、仮換地の位置及び地積並びに仮換地の指定の効力発生の日である（98条）。

答139 ○ (P.540)

具体的に本問を説明すると、従前の宅地甲のための仮換地として宅地乙が指定されると、宅地甲の所有者は、仮換地の指定の効力発生日から換地処分の公告日まで、宅地甲を使用・収益することができなくなり、宅地乙を使用・収益できるという意味である（99条）。

答140 ○ (P.541)

施行者は、仮換地を指定する場合、特別の事情があるときは、その仮換地について使用又は収益を開始することができる日を仮換地の指定の効力発生の日と別に定めることができる（99条）。

問141 Rank A **仮換地指定の効果** (R4-問20)

仮換地を指定したことにより、使用し、又は収益することができる者のなくなった従前の宅地については、当該宅地を使用し、又は収益することができる者のなくなった時から換地処分の公告がある日までは、施行者が当該宅地を管理する。

問142 Rank B **建築物の建築等の制限** (H30-問21)

土地区画整理事業の施行者は、仮換地を指定した場合において、従前の宅地に存する建築物を移転し、又は除却することが必要となったときは、当該建築物を移転し、又は除却することができる。

問143 Rank A **建築物の建築等の制限** (R4-問20)

土地区画整理組合の設立の認可の公告があった日後、換地処分の公告がある日までは、施行地区内において、土地区画整理事業の施行の障害となるおそれがある建築物の新築を行おうとする者は、土地区画整理組合の許可を受けなければならない。

問144 Rank A **換地処分** (H25-問20)

換地処分は、施行者が換地計画において定められた関係事項を公告して行うものとする。

答141 ○ (P.542)

従前の宅地のために**仮換地が指定**された結果、使用・収益する者のなくなった**従前の宅地**は、換地処分の公告日までは、**施行者が管理する**（100条の２）。

答142 ○ （参考なし）

施行者は、**仮換地を指定**した場合、**従前の宅地に存する建築物**その他の工作物又は竹木土石等を移転し、又は除却することが必要となったときは、これらの建築物等を**移転し、又は除却**することが**できる**（77条）。

答143 × (P.547)

組合設立の認可の公告日から**換地処分の公告日**までは、施行地区内で、事業の施行の障害となるおそれがある**建築物**その他の工作物の**新築**を行おうとする者は、原則として**知事の許可**を受けなければならない（76条）。「組合」の許可ではない。

答144 × (P.543)

換地処分は、公告によって行うのではなく、**関係権利者**に換地計画において定められた関係事項を**通知することによって行う**（103条）。

問145 Rank A **換地処分** (H25-問20)

個人施行者は、規準又は規約に別段の定めがある場合においては、換地計画に係る区域の全部について土地区画整理事業の工事が完了する以前においても換地処分をすることができる。

問146 Rank A **換地処分の効果** (R1-問20)

換地処分の公告があった場合においては、換地計画において定められた換地は、その公告があった日の翌日から従前の宅地とみなされ、換地計画において換地を定めなかった従前の宅地について存する権利は、その公告があった日が終了した時において消滅する。

問147 Rank A **換地処分の効果** (H27-問20)

施行地区内の宅地について存する地役権は、土地区画整理事業の施行により行使する利益がなくなった場合を除き、換地処分があった旨の公告があった日の翌日以降においても、なお従前の宅地の上に存する。

問148 Rank A **換地処分の効果** (R5-問20)

換地計画において定められた清算金は、換地処分の公告があった日の翌日において確定する。

問149 Rank A **換地処分の効果** (H27-問20)

換地計画において定められた保留地は、換地処分があった旨の公告があった日の翌日において、施行者が取得する。

答145 ○ （P.543）

換地処分は、区域の全部について工事が完了した後に行うのが原則であるが、**規準、規約等に別段の定め**がある場合には、**区域の全部**について**工事が完了する以前**においても**換地処分**をすることが**できる**（103条）。

答146 ○ （P.544）

換地処分の公告があった場合、換地計画で定められた**換地**は、その**公告日の翌日**から**従前の宅地とみなされる**。換地計画において**換地を定めなかった従前の宅地について存する権利**は、**公告日が終了した時**に**消滅する**（104条）。

答147 ○ （P.544）

施行地区内の宅地について存する**地役権**は、**換地処分の公告日の翌日以後**においても、なお**従前の宅地の上に存する**が、行使する利益がなくなった地役権は、換地処分の公告日が終了した時において消滅する（104条）。

答148 ○ （P.544）

清算金は、**換地処分の公告日の翌日**に**確定**する（104条、110条）。清算金は、従前の宅地と換地が**換地照応の原則**に照らして条件が良くなったり悪くなったりした場合に清算金を徴収したり交付したりして権衡を図るものであるので、**換地が確定しないと清算金も確定しない**のである。

答149 ○ （P.545）

換地計画において定められた**保留地**は、**換地処分の公告日の翌日**において、**施行者**が所有権を**取得する**（104条）。

問150 Rank A **換地処分に伴う登記** (R1-問20)

仮換地の指定があった日後、土地区画整理事業の施行による施行地区内の土地及び建物の変動に係る登記がなされるまでの間は、登記の申請人が確定日付のある書類によりその指定前に登記原因が生じたことを証明した場合を除き、施行地区内の土地及び建物に関しては他の登記をすることができない。

答150 ×　(P.546)

登記が制限されるのは、「**換地処分の公告後**」から**変動の登記がなされるまでの間**であり、仮換地の指定後から変動の登記がなされるまでの間ではない（107条）。

1 農地法

問151 Rank A **農地法の規制の対象** (R2・12月-問21)

山林を開墾し、農地として耕作している土地であっても、土地登記簿上の地目が山林であれば、農地法の適用を受ける農地に該当しない。

問152 Rank A **農地・採草放牧地の権利移動の制限** (R1-問21)

金融機関からの資金借入れのために農地に抵当権を設定する場合、農地法３条１項の許可が必要である。

問153 Rank A **農地・採草放牧地の権利移動の制限** (R2・10月-問21)

相続により農地を取得することとなった場合には、農地法３条１項の許可を受ける必要がある。

問154 Rank A **株式会社の３条許可** (R4-問21)

農地法２条３項の農地所有適格法人の要件を満たしていない株式会社は、耕作目的で農地を借り入れることはできない。

問155 Rank B **農地の転用の制限** (H21-問22)

土地区画整理法に基づく土地区画整理事業により道路を建設するために農地を転用しようとする者は、農地法４条１項の許可を受けなければならない。

答151　×　（『パーフェクト宅建士　基本書』P.549）

「**農地**」とは、**耕作の目的に供される土地をいい**、土地登記簿上の地目は考慮する必要がない。したがって、「**農地として耕作している土地**」であれば、農地法の適用を受ける**農地に該当する**（農地法２条）。

答152　×　（P.551）

農地に**抵当権を設定**しても、抵当権者は農地の使用・収益権の移転を受けるわけではないので、**農地法３条１項の許可**は**不要**である（３条）。

答153　×　（P.551）

相続による**農地の取得**は、法は家庭に入らずの見地より、**農地法３条１項の許可を受ける必要がない**（３条）。ただし、原則として、取得後、遅滞なく農業委員会に届出をしなければならない（３条の３）。

答154　×　（P.550）

農地所有適格法人の要件を満たしていない**株式会社**は、**農地**の所有はできないが、**借入れはできる**（２条、３条）。

答155　×　（P.554）

農地を転用するには、農地法４条１項の許可を受けなければならないが、土地区画整理法に基づく**土地区画整理事業の施行により道路を建設**するために**農地を転用**する場合は、**許可不要**である（４条、施行規則29条）。

問156 Rank A **農地の転用の制限** (R1-問21)

市街化区域内の農地を自家用駐車場に転用する場合、農地法４条１項の許可が必要である。

問157 Rank A **相続又は特定遺贈と３条許可** (R5-問21)

相続により農地を取得する場合は、農地法第３条第１項の許可を要しないが、相続人に該当しない者が特定遺贈により農地を取得する場合は、同項の許可を受ける必要がある。

問158 Rank A **農地・採草放牧地の権利移動の制限** (H29-問15)

市街化区域内の農地を耕作のために借り入れる場合、あらかじめ農業委員会に届出をすれば、農地法３条１項の許可を受ける必要はない。

問159 Rank A **農地・採草放牧地の転用のための権利移動の制限** (H25-問21改)

国又は都道府県若しくは農林水産大臣が指定する市町村が市街化調整区域内の農地（１ヘクタール）を取得して学校を建設する場合、都道府県知事（指定市町村の区域内では、指定市町村長）との協議が成立しても農地法５条１項の許可を受ける必要がある。

答156　×　(P.554)

市街化区域内にある農地を自家用駐車場に転用する場合、あらかじめ農業委員会に届け出ればよく、農地法４条１項の許可を受ける必要はない（４条）。

答157　○　(P.552)

相続による農地の取得は、法は家庭に入らずの見地より、３条１項の許可（農業委員会の許可）は不要である（３条の３、３条）。しかし、相続人でない者が特定遺贈により農地を取得する場合は、家庭内の農業の承継とは異なる場面であるから、３条１項の許可を受ける必要がある。

答158　×　(P.540、552)

農地を耕作のために借り入れる場合には、農地法３条１項により農業委員会の許可を受けなければならない（３条）。農地が市街化区域にあったとしても農業委員会への届出でよいという制度はない。

答159　×　(P.556)

国、都道府県又は指定市町村が、農地を農業用施設を建設する目的で取得するには、そもそも農地法５条１項の許可は不要だが、学校などを建設する目的による取得では、国又は都道府県等と知事（指定市町村では、指定市町村の長）との協議が成立すれば許可があったとみなされるので、改めて許可を受ける必要はない（５条）。

問160 Rank A **3条・4条・5条違反の効果** (H28-問22)

農地法3条1項又は5条1項の許可が必要な農地の売買について、これらの許可を受けずに売買契約を締結しても、その所有権の移転の効力は生じない。

問161 Rank A **3条・4条・5条違反の効果** (R4-問21)

農地法4条1項、5条1項の違反について原状回復等の措置に係る命令の対象となる者（違反転用者等）には、当該規定に違反した者又はその一般承継人は含まれるが、当該違反に係る土地について工事を請け負った者は含まれない。

問162 Rank B **3条・4条・5条違反の効果** (H22-問22)

会社の代表者が、その会社の業務に関し、農地法の規定に違反して転用行為をした場合は、その代表者が罰せられるのみならず、その会社も1億円以下の罰金刑が科せられる。

答160　○　(P.556)

農地法３条１項又は農地法５条１項の許可を受ける必要のある売買契約であるにもかかわらず、これらの許可を受けないで売買契約を締結した場合は、その所有権の移転は効力を生じない（３条、５条）。

答161　×　(参考P.556)

４条及び５条違反について原状回復等の措置に係る命令を受ける者は、①当該規定に違反した者やその一般承継人以外に、②違反に係る土地についての工事の請負人（下請負人）や、③許可の条件に違反した者、④不正の手段により許可を受けた者等が含まれる（51条）。

答162　○　(P.556、557)

法人の代表者が、その業務に関し、農地法に違反して農地を転用したときは、その代表者は、３年以下の懲役又は300万円以下の罰金に処せられるほか（64条）、法人は、１億円以下の罰金刑に処せられる（67条）。

1 土地取引の規制

問163 Rank A 「土地取引」とは (H21-問15)

宅建業者Aが所有する市街化調整区域内の6,000㎡の土地について、宅建業者Bが購入する旨の予約をした場合、Bは当該予約をした日から起算して2週間以内に国土利用計画法23条の届出（以下、「事後届出」）を行わなければならない。

問164 Rank A 「土地取引」とは (R2・10月-問22)

Aが所有する都市計画区域外の10,000㎡の土地とBが所有する市街化調整区域内の10,000㎡の土地を交換した場合、A及びBは事後届出を行う必要はない。

問165 Rank A 「土地取引」とは (R2・12月-問22)

個人Aが所有する都市計画区域外の11,000㎡の土地について、個人BがAとの間で対価を支払って地上権設定契約を締結した場合、Bは事後届出を行う必要がある。

問166 Rank A 「土地取引」とは (R2・10月-問22)

Aが所有する都市計画区域外の15,000㎡の土地をBに贈与した場合、Bは事後届出を行う必要がある。

答163　○　（『パーフェクト宅建士　基本書』P.560～563）

市街化調整区域内における届出が必要な土地は**5,000㎡以上**である。また、**売買の予約**は**届出必要な取引に該当**するので、当該**予約をした日から**起算して**２週間以内**に**事後届出をしなければならない**（国土利用計画法23条）。

答164　×　（P.560～563）

交換契約は、**届出必要な取引に該当**する。Ａは、**市街化調整区域内**の届出必要面積**5,000㎡以上の土地を取得**し、Ｂは、**都市計画区域外**の届出必要面積**10,000㎡の土地を取得**するので、**ＡもＢも事後届出**が**必要**である（23条）。

答165　○　（P.560～563）

都市計画区域外の届出必要面積は**10,000㎡以上**であり、**対価を支払う地上権設定契約**は**届出必要**な取引に該当する。したがって、**権利取得者であるＢは事後届出を行う必要**がある（23条）。

答166　×　（P.561）

都市計画区域外における届出必要面積は10,000㎡以上であるが、**贈与契約**は、**届出必要な取引**には**該当しない**。したがって、贈与によって権利を取得するＢは事後届出をする必要はない（23条、14条）。

問167 Rank A 「土地取引」とは　(R5-問22)

市街化区域を除く都市計画区域内において、Aが所有する7,000㎡の土地をBが相続により取得した場合、Bは事後届出を行う必要がある。

問168 Rank A 「土地取引」とは　(H21-問15)

宅建業者Aが都市計画区域外の10,000㎡の土地を時効取得した場合、Aは、その日から起算して２週間以内に事後届出を行わなければならない。

問169 Rank A 「土地取引」の例外　(H27-問21)

市街化調整区域に所在する農地法３条１項の許可を受けた面積6,000㎡の農地を購入したAは、事後届出を行わなければならない。

問170 Rank A 「土地取引」の例外　(R5-問22)

都市計画区域外において、国から一団の土地である6,000㎡と5,000㎡の土地を購入した者は、事後届出を行う必要はない。

答167 ×

(P.561)

市街化区域を除く都市計画区域内の届出必要面積は、5,000㎡以上であるが、**相続による取得**は、**届出が必要な取引**には**該当しない**（23条）。したがって、Bは事後届出を行う必要はない。

答168 ×

(P.561)

都市計画区域外における届出必要面積は10,000㎡以上であるが、**時効**による**土地の取得**は、**届出必要な取引**には**該当しない**ので、事後届出は不要である（23条、14条）。

答169 ×

(P.561)

市街化調整区域の5,000㎡以上の土地を購入した場合には事後届出が必要であるのが原則であるが、**農地法３条１項の許可**を受けて**取得**した場合には、**事後届出**は**不要**である（令17条、６条）。

答170 ○

(P.561)

売買契約の一方当事者である売主が**国**の場合、買主は**届出不要**である（23条）。なお、仮に本問のケースで売主が国や地方公共団体等でない場合は、都市計画区域外の一団の土地であり、面積を合算すれば10,000㎡以上となるので、買主は事後届出を行う必要があることにも注意しよう。

2 事後届出制・事前届出制等

問171 Rank A 事後届出制 (R2・10月-問22)

Aが所有する市街化区域内の2,000㎡の土地をBが購入した場合、Bは、当該土地の所有権移転登記を完了した日から起算して2週間以内に事後届出を行う必要がある。

問172 Rank A 事後届出制 (H24-問15)

Aが、市街化区域内に所有する2,500㎡の土地について、Bが銀行から購入資金を借り入れることができることを停止条件とした売買契約を、AとBとの間で締結した場合、Bが銀行から購入資金を借り入れることができることが確定した日から起算して、2週間以内に、Bは事後届出を行わなければならない。

問173 Rank A 事後届出制 (H30-問15)

指定都市（地方自治法に基づく指定都市をいう）の区域以外に所在する土地について、事後届出を行うに当たっては、市町村の長を経由しないで、直接都道府県知事に届け出なければならない。

問174 Rank A 届出の適用除外 (H20-問17)

宅建業者Aが所有する市街化区域内の1,500㎡の土地について、宅建業者Bが購入する契約を締結した場合、Bは、その契約を締結した日から起算して2週間以内に、事後届出を行わなければならない。

参考 基本書 第6章 国土利用計画法

2 事後届出制
3 事前届出制（注視区域制度・監視区域制度）
4 土地取引の許可制

答171 ×（『パーフェクト宅建士 基本書』P.563、564）

市街化区域内の**2,000㎡以上**の**土地を購入**した場合には、権利取得者（買主）は、「**売買契約を締結した日**」から**2週間以内**に、**事後届出**を**しなければならない**（国土利用計画法23条）。

答172 ×（P.563、564）

市街化区域において届出必要面積は**2,000㎡以上**である。市街化区域の2,500㎡の土地の**停止条件付の売買契約**を締結した場合、「**契約を締結した日から２週間以内**」に**事後届出が必要**である（23条）。

答173 ×（P.563）

指定都市の区域以外の土地の売買等の契約を締結した場合には、当該土地が所在する**市町村の長**を**経由**して、**都道府県知事に事後届出**を**しなければならない**（23条）。なお、指定都市の場合は、市の長に届出をする。

答174 ×（P.564）

市街化区域における届出必要面積は**2,000㎡以上**なので、1,500㎡の土地の売買契約を締結しても、事後届出は不要である（23条）。

問175 Rank A 届出の適用除外 (H20-問17)

個人Aが所有する市街化調整区域内の6,000㎡の土地について、宅建業者Bが購入する契約を締結した場合、Bは、その契約を締結した日から起算して2週間以内に、事後届出を行わなければならない。

問176 Rank A 届出の適用除外 (H28-問15)

市街化区域内の甲土地（面積3,000㎡）を購入する契約を締結した者が、その契約締結の1か月後に甲土地と一団の土地である乙土地（面積4,000㎡）を購入することとしている場合においては、甲土地の事後届出は、乙土地の契約締結後に乙土地の事後届出と併せて行うことができる。

問177 Rank B 届出期間等 (H22-問15)

宅建業者Aが、自ら所有する市街化区域内の5,000㎡の土地について、宅建業者Bに売却する契約を締結した場合、Bが契約締結日から起算して2週間以内に事後届出を行わなかったときは、A及びBは、6月以下の懲役又は100万円以下の罰金に処せられる場合がある。

問178 Rank A 知事の勧告 (R2・12月-問22)

都道府県知事は、事後届出に係る土地の利用目的及び対価の額について、届出をした宅建業者に対し勧告することができ、都道府県知事から勧告を受けた当該宅建業者が勧告に従わなかった場合、その旨及び勧告の内容を公表することができる。

答175 ○ （P.563、564）

市街化調整区域における届出必要面積は5,000㎡以上である。市街化調整区域の6,000㎡の土地の売買契約を締結した場合には、買主Bは、契約締結日から起算して２週間以内に、事後届出をしなければならない（23条）。

答176 × （P.565）

甲土地と乙土地を一団の土地として購入する意図があっても、最初に2,000㎡以上の甲土地を購入する契約を締結したら２週間以内に事後届出が必要である（23条）。

答177 × （P.564、566）

市街化区域内の2,000㎡以上の土地の売買契約を締結した場合、権利取得者Ｂが２週間以内に事後届出をしなければならず、届出をしなければ、Ｂが６か月以下の懲役又は100万円以下の罰金に処せられる（47条、23条）。

答178 × （P.566、567）

事後届出に対する勧告は、利用目的についてだけであって、対価の額については、勧告の対象にはならない（26条）。

問179 Rank B **知事の勧告** (H22-問15)

事後届出に係る土地の利用目的について、甲県知事から勧告を受けた宅建業者Aが勧告に従わなかった場合、甲県知事は、その旨及びその勧告の内容を公表しなければならない。

問180 Rank A **助言** (H21-問15)

宅建業者Aが行った事後届出に係る土地の利用目的について、都道府県知事が適正かつ合理的な土地利用を図るために必要な助言をした場合、Aがその助言に従わないときは、当該知事は、その旨及び助言の内容を公表しなければならない。

問181 Rank A **土地取引の事前届出** (H28-問15)

Aが所有する監視区域内の土地（面積10,000㎡）をBが購入する契約を締結した場合、A及びBは、事後届出を行わなければならない。

問182 Rank C **土地取引の許可制** (H23-問15)

都道府県知事が、監視区域の指定について、土地利用審査会の確認を受けられなかったときは、その旨を公告しなければならない。なお、監視区域の指定は、当該公告があったときは、その指定の時にさかのぼって、その効力を失う。

答179　×　(P.567)

事後届出をした者に対して、**都道府県知事**が**勧告**をしたが、勧告を受けた者がその**勧告に従わない**ときは、その旨及びその勧告の内容を**公表することが「できる」**(26条)。

答180　×　(P.568)

事後届出に対し助言をするという制度はあるが、事後届出をした者が、その**助言に従わない**ときに都道府県知事が**公表する**という**制度はない**(27条の2)。

答181　×　(P.569)

監視区域内の**届出必要面積**は**都道府県規則で定める**が、少なくとも10,000㎡であれば、**どの区域**であっても**届出必要面積**になる。**監視区域**においては、**両当事者**は、「**契約を締結する前**」に、**届出**をする**必要**がある(27条の7)。

答182　×　(参考P.569)

都道府県知事は、**監視区域を指定**する場合には、あらかじめ、**土地利用審査会**及び関係市町村長の**意見を聴かなければならない**(27条の6)のであり、「確認を受けなければならない」旨の規定や、「公告する」旨の規定はない。なお、本問の後段の記述は、「**規制区域**」についての規定である(12条)。

1 その他の法令上の制限

問183 Rank B **協定について** (H5-問24)

建築協定は、当該協定区域内の土地の所有者が１人の場合でも、定めることができる。

問184 Rank A **協定について** (H27-問18)

建築協定の目的となっている建築物に関する基準が建築物の借主の権限に係る場合においては、その建築協定については、当該建築物の借主は、土地の所有者等とみなす。

問185 Rank A **自然公園法** (H20-問25)

自然公園法によれば、風景地保護協定は、当該協定の公告がなされた後に当該協定の区域内の土地の所有者となった者に対しても、その効力が及ぶ。

問186 Rank A **河川法** (H25-問22)

河川法によれば、河川区域内の土地において工作物を新築し、改築し、又は除却しようとする者は、河川管理者と協議しなければならない。

問187 Rank A **海岸法** (H26-問22)

海岸法によれば、海岸保全区域内において土地の掘削、盛土又は切土を行おうとする者は、一定の場合を除き、海岸管理者の許可を受けなければならない。

参考 基本書 第7章 その他の法令上の制限
1 原則
2 例外

答183 ○ (『パーフェクト宅建士 基本書』P.519)

建築協定は、**協定区域内の土地の所有者等**が**1人の場合**でも**定めることができる**(建築基準法76条の3)。なお、一人協定を定めた場合、協定の認可の日から**3年以内**に、**土地の所有者等**が**2人以上**となった時から**協定の効力が発生する**。

答184 ○ (P.518)

建築協定が**建築物の借主の権限**に係る場合、その建築協定については、当該建築物の借主は、**土地の所有者等とみなされて**所有者等と同じく**建築協定**の**効力が及ぶ**(77条)。

答185 ○ (参考P.577)

自然公園法によれば、**風景地保護協定**は、**協定の公告がなされた後**に協定の区域内の**土地の所有者等**となった者に対しても、**効力**を**及ぼす**(自然公園法48条)。

答186 × (P.577)

河川法によれば、河川区域内の土地において工作物を新築し、改築し、又は除却しようとする者は、国土交通省令で定めるところにより、**河川管理者の許可**を受けなければならない(河川法26条)。協議ではない。

答187 ○ (P.578)

海岸法によれば、海岸保全区域内において、土石を採取し、土地の掘削、盛土、切土をしようとする者は、主務省令で定めるところにより、**海岸管理者の許可**を受けなければならない(海岸法8条)。

問188 Rank B **道路法** (H29-問22)

道路法によれば、道路の区域が決定された後、道路の供用が開始されるまでの間であっても、道路管理者が当該区域についての土地に関する権原を取得する前であれば、道路管理者の許可を受けずに、当該区域内において工作物を新築することができる。

問189 Rank A **津波防災地域づくりに関する法律** (H29-問22)

津波防災地域づくりに関する法律によれば、津波防護施設区域内において土地の掘削をしようとする者は、一定の場合を除き、津波防護施設管理者の許可を受けなければならない。

問190 Rank A **景観法** (H29-問22)

景観法によれば、景観計画区域内において建築物の新築、増築、改築又は移転をした者は、工事着手後30日以内に、その旨を景観行政団体の長に届け出なければならない。

答188 ×　(P.578)

道路法によれば、道路の区域が決定された後、道路の供用が開始されるまでの間に、区域内で**工作物を新築する場合**、**道路管理者の許可**を受ける必要がある。これは、道路管理者が土地に関する権原を取得する前でも同じである（道路法91条）。

答189 ○　(P.578、579)

津波防災地域づくりに関する法律によれば、**津波防護施設区域内**において**土地の掘削等**をする場合には、**津波防護施設管理者の許可**を受ける必要がある（津波防災地域づくり法23条）。ただし、津波防護施設の保全に支障を及ぼすおそれがないものは、この限りでない。

答190 ×　(P.580)

景観法によれば、**景観計画区域内**において**建築物の新築、増築、改築若しくは移転しようとする者**は、「**工事着手前**」に、行為の種類、場所、設計又は施行方法、着手予定日等を**景観行政団体の長**に**届け出なければならない**（景観法16条）。

パーフェクト宅建士

一問一答 Pocketのヒ・ミ・ツ!

Q. **本試験は「権利関係14問」「宅建業法20問」ですよね? この本に収録されている問題数の比率と違いませんか?**

A. **いい質問です! そのヒミツは「権利関係」という分野の特徴にあります。**

本書では、権利関係分野と宅建業法分野の問題は、ほぼ同じくらいの数を収録しています。配点に対し、権利関係分野が多すぎると思われる方もいるかもしれません。

この理由は、**権利関係**分野の**出題テーマの幅広さ**です。権利関係の大部分を占める民法は、「一問一答Pocket」でも17項目に分けているくらい、テーマが多彩で、その上、毎年必ず出題されるのは「相続」などの一部のテーマに限られ、他は、**毎年出題テーマが入れ替わります**。つまり、カバーすべき範囲が広いので、権利関係分野、特に民法はたくさん問題が掲載されているのです。

ただし、**宅建業法**分野では出題テーマが絞られる代わりに、**正確性が重視される**ことに注意が必要です。設問に該当する肢の数を答える"個数問題"や、該当する肢のマッチングを答える"組合せ問題"など、ひとつひとつの肢の正誤を正確に答える力が求められます。

範囲が広い権利関係、正確性が大事な宅建業法、どちらも得点力を上げるには、各テーマを丁寧に学習できる本書が必須。うまく活用してください!

第4編

税・その他

1 不動産取得税

問1 Rank A 不動産取得税 (R5-問24)

不動産取得税は、不動産の取得に対し、当該不動産所在の市町村及び特別区において、当該不動産の取得者に課する。

問2 Rank A 不動産取得税の課税対象 (H5-問29)

不動産取得税は、不動産を取得すれば、登記をしていなくても、課税される。

問3 Rank A 不動産取得税の課税対象 (R2・10月-問24)

不動産取得税は、不動産の取得に対して課される税であるので、家屋を改築したことにより、当該家屋の価格が増加したとしても、不動産取得税は課されない。

問4 Rank A 不動産取得税の課税対象 (H8-問30)

不動産取得税は、相続、贈与、交換及び法人の合併により不動産を取得した場合には課せられない。

問5 Rank A 不動産取得税の免税点 (H24-問24)

不動産取得税の課税標準となるべき額が、土地の取得にあっては10万円、家屋の取得のうち建築に係るものにあっては１戸につき23万円、その他のものにあっては１戸につき12万円に満たない場合においては、不動産取得税が課されない。

参考

基本書　第1章　土地・建物に関する税

1 土地・建物に関する税制の概要

2 不動産取得税

答1　×　(P.585)

不動産取得税は、不動産の取得に対し、その取得者に対し、不動産所在の都道府県において課する（地方税法73条の2、1条）。

答2　○　(P.585)

不動産取得税は、不動産を取得すれば、登記を具備していなくても、課税される（73条の2）。

答3　×　(P.585)

家屋改築により家屋の価値が増加すれば、その増加した価格を課税標準として、不動産取得税が課される（73条の2）。

答4　×　(P.585)

不動産取得税は、相続や法人の合併による不動産の取得には課されないが、贈与や交換については、課される（73条の2）。

答5　○　(P.585、586)

不動産取得税が課されないのは、課税標準となるべき額が、土地の取得は10万円未満、家屋の取得のうち建築に係るものは23万円未満、その他のものは12万円未満の場合である（73条の15の2）。

問6 Rank B 不動産取得税の免税点 (H6-問28)

不動産取得税における「住宅」には、別荘は、含まれない。

問7 Rank A 納税の原則と特例 (H28-問24)

家屋が新築された日から３年を経過して、なお、当該家屋について最初の使用又は譲渡が行われない場合においては、当該家屋が新築された日から３年を経過した日において家屋の取得がなされたものとみなし、当該家屋の所有者を取得者とみなして、これに対して不動産取得税を課する。

問8 Rank A 徴収の方法 (R5-問24)

不動産取得税の徴収については、特別徴収の方法によることができる。

問9 Rank A 不動産取得税の税率 (R2・10月-問24改)

個人が購入した住宅及び住宅用地に係る不動産取得税の税率は３％であるが、住宅用以外の土地に係る不動産取得税の税率は４％である。

答6　○　(P.586)

「**住宅**」とは、人の居住の用に供する家屋又は家屋のうち人の居住の用に供する部分で、**別荘以外のもの**をいう（73条、令36条）。

答7　×　(P.586)

家屋が新築された日から「**6か月**（**宅建業者が販売**する場合は**1年**）」**を経過**して、なお当該家屋について**最初の使用又は譲渡が行われない**場合は、「**6か月**（**宅建業者が販売**する場合は**1年**）」**を経過した日**に家屋の所有者により最初の取得がなされたものとみなして、**不動産取得税が課される**（73条の2）。

答8　×　(P.587)

不動産取得税の徴収については、都道府県から交付された納税通知書に応じて徴収する方法（**普通徴収の方法**）**によって行う**（73条の17、1条）。給与所得者の住民税のように、第三者（会社）が納税義務者から預かり納付する方式（特別徴収）によることはできない。

答9　×　(P.587)

住宅又は土地を取得した場合の税率は**3%**とされている（附則11条の2）。**4%**とされるのは、**住宅以外の**「**家屋**」**を取得した場合**である。

問10 Rank A 住宅及び宅地の取得に関する特例 (H24-問24改)

床面積250㎡である新築住宅に係る不動産取得税の課税標準の算定については、当該新築住宅の価格から1,200万円が控除される。

問11 Rank A 住宅及び宅地の取得に関する特例 (H19-問28改)

令和５年４月に建築された床面積200㎡の中古住宅を法人が取得した場合の当該取得に係る不動産取得税の課税標準の算定については、当該住宅の価格から1,200万円が控除される。

問12 Rank A 住宅及び宅地の取得に関する特例 (H24-問24改)

宅地の取得に係る不動産取得税の課税標準は、当該宅地の価格の４分の１の額とされる。

答10　×　(P.588、589)

新築住宅に係る課税標準の特例により1,200万円が控除されるのは、床面積50㎡以上240㎡以下の新築住宅である（73条の14、令37条の17）。したがって、250㎡である新築住宅には適用されない。

答11　×　(P.588)

課税標準の特例は、既存住宅の取得の場合、法人には適用されない（73条の14）。

答12　×　(P.589)

宅地の課税標準は、当該宅地の価格（固定資産課税台帳に登録されている価格）の４分の１ではなく、２分の１の額とされている（附則11条の５）。

2 固定資産税

問13 Rank A 固定資産税の課税対象 (H9-問26)

固定資産税の課税客体は、土地、家屋及び償却資産である。

問14 Rank A 固定資産税の納税義務者 (R1-問24)

固定資産税は、固定資産の所有者に対して課されるが、質権又は100年より永い存続期間の定めのある地上権が設定されている土地については、所有者ではなくその質権者又は地上権者が固定資産税の納税義務者となる。

問15 Rank A 固定資産税の納税義務者 (R4-問24)

固定資産税は、固定資産の所有者に課するのが原則であるが、固定資産が賃借されている場合は、当該固定資産の賃借権者に対して課される。

問16 Rank B 固定資産税の納税義務者 (H27-問24)

区分所有家屋の土地に対して課される固定資産税は、各区分所有者が連帯して納税義務を負う。

問17 Rank A 固定資産税の納税義務者 (H15-問28)

固定資産税の徴収方法は、申告納付によるので、納税義務者は、固定資産を登記した際に、その事実を市町村長に申告又は報告しなければならない。

参考 基本書 第１章　土地・建物に関する税
3 固定資産税

答13　○　（『パーフェクト宅建士　基本書』P.590）

　固定資産税の課税客体（課税対象）は、**土地、家屋及び償却資産**である（地方税法341条、342条）。

答14　○　（P.590、591）

　所有者が**納税義務者**となるのが原則であるが、**質権**又は**100年を超える地上権が設定されている土地**については、**例外的に質権者**又は**地上権者**が**納税義務者**となる（343条）。

答15　×　（P.590、591）

　固定資産税は、固定資産の**所有者等**（質権者、100年超の存続期間の定めのある地上権者）に**課する税**であり、**賃借権者**には**課されない**（343条）。

答16　×　（P.592）

　区分所有家屋の敷地については、原則として、各区分所有者は、当該土地に対して有する**共有持分の割合であん分した額**を**納税する義務**を負う（352条の２）。

答17　×　（P.592）

　固定資産税の徴収は、納税者が自ら申告して納付するのではなく、市町村から交付された納税通知書に応じて納付する方法（**普通徴収**）によって行われる（364条）。

問18 Rank A **固定資産税の納税義務者** (R1-問24)

固定資産税の納期は、他の税目の納期と重複しないようにとの配慮から、4月、7月、12月及び2月と定められており、市町村はこれと異なる納期を定めることはできない。

問19 Rank B **固定資産税の課税標準** (H20-問28)

固定資産税の課税標準は、原則として固定資産の価格であるが、この価格とは「適正な時価」をいうものとされており、固定資産の価格の具体的な求め方については、都道府県知事が告示した固定資産評価基準に定められている。

問20 Rank A **固定資産税の課税標準** (H29-問24)

家屋に対して課する固定資産税の納税者が、その納付すべき当該年度の固定資産税に係る家屋について家屋課税台帳等に登録された価格と当該家屋が所在する市町村内の他の家屋の価格とを比較することができるよう、当該納税者は、家屋価格等縦覧帳簿をいつでも縦覧することができる。

問21 Rank A **固定資産税の税率** (R2・12月-問24)

固定資産税の税率は、1.7%を超えることができない。

問22 Rank A **住宅に関する特例** (R1-問24)

住宅用地のうち、小規模住宅用地に対して課する固定資産税の課税標準は、当該小規模住宅用地に係る固定資産税の課税標準となるべき価格の3分の1の額とされている。

答18　×　(P.592)

固定資産税の納期は、原則として、４月、７月、12月及び２月中に、市町村の条例で定めるが、特別の事情のあるときは、これと異なる納期を定めることができる（362条）。

答19　×　(P.593)

固定資産の価格は、原則として、総務大臣が定めて告示した固定資産評価基準に基づいて決定する（388条）。都道府県知事が告示するのではない。

答20　×　(P.593)

家屋価格等縦覧帳簿を縦覧できる期間は、原則として毎年４月１日から４月20日又は当該年度の最初の納期限の日のいずれか遅い日以後の日までの間に制限されている（416条）。

答21　×　(P.594)

固定資産税の標準税率は1.4％であるが（350条）、市町村は、財政上その他の理由があるときは、条例で1.7％を超えた税率に変更することができる。

答22　×　(P.594)

固定資産税の課税標準は、敷地面積の200㎡以下の部分（小規模住宅用地）は課税標準となるべき価格の６分の１、200㎡超の部分は３分の１とされている（349条の３の２）。

問23 Rank A **住宅に関する特例** (H11-問27)

新築住宅に対しては、その課税標準を、中高層耐火住宅にあっては５年間、その他の住宅にあっては３年間その価格の３分の１の額とする特例が講じられている。

問24 Rank B **都市計画税** (H9-問26)

固定資産税と都市計画税とは、あわせて賦課徴収することができる。

問25 Rank B **都市計画税** (H6-問28)

都市計画税の税率は、0.3/100を超えることができない。

答23　×　(P.594、595)

新築住宅に対しては、新築後３年間（中高層耐火住宅は５年間）、固定資産税の税額の２分の１が減額され、「税額控除」される（附則15条の６）。課税標準の３分の１の額とするのではない。

答24　○　(P.596)

市町村は、固定資産税と都市計画税をあわせて賦課徴収できる（364条）。

答25　○　(P.596)

都市計画税の制限税率は、0.3/100（0.3％）であり、これを超える税率とすることはできない（702条の４）。

第1章 土地・建物に関する税

3 印紙税

問26 Rank A **印紙税の納税義務者及び課税の範囲** (H21-問24)

土地の売却の代理を行ったＡ社が「Ａ社は、売主Ｂの代理人として、土地代金5,000万円を受領した」旨を記載した領収書を作成した場合、当該領収書は、売主Ｂを納税義務者として印紙税が課される。

問27 Rank A **印紙税の納税義務者及び課税の範囲** (R2・10月-問23)

国を売主、株式会社Ａを買主とする土地の売買契約において、共同で売買契約書を２通作成し、国とＡ社がそれぞれ１通ずつ保存することとした場合、Ａ社が保存する契約書には印紙税は課されない。

問28 Rank A **印紙税の納税義務者及び課税の範囲** (H28-問23改)

売上代金に係る金額の受取書（領収書）は記載された受取金額が３万円未満の場合、印紙税が課されないことから、不動産売買の仲介手数料として、現金49,500円（消費税及び地方消費税を含む。）を受け取り、それを受領した旨の領収書を作成した場合、受取金額に応じた印紙税が課される。

問29 Rank A **印紙税の納税義務者及び課税の範囲** (R4-問23)

土地を8,000万円で譲渡することを証した覚書を売主Ａと買主Ｂが作成した場合、本契約書を後日作成することを文書上で明らかにしていれば、当該覚書には印紙税が課されない。

答26　×　（『パーフェクト宅建士　基本書』P.597）

印紙税の納税義務者は、課税文書の作成者である（印紙税法3条）。本問の事例では、売主Bの代理人であるA社が代金を受領し領収書を作成したのだから、A社が納税義務者となる。

答27　○　（P.598）

国等が作成する文書は、非課税である（5条）。国等と国等以外の者が共同で作成した場合、国等以外の者が保存する文書は国等が作成したものとみなされるので（4条）、A社が保存する契約書には印紙税は課されない。

答28　×　（P.598）

売上代金に係る受取書（領収書）に印紙税が課されないのは、記載金額が「5万円」未満の場合である（別表第1・17号文書・非課税物件1）。本問の場合、49,500円を受取金額とする領収書なので、印紙税は課税されない。

答29　×　（P.599）

覚書も、契約の成立等について証明する文書であり、印紙税が課される（別表第1、通則5）。

問30 Rank A 印紙税の納税義務者及び課税の範囲 (H23-問23)

当初作成した土地の賃貸借契約書において記載がされていなかった「契約期間」を補充するために「契約期間は10年とする」旨が記載された覚書を作成したが、当該覚書にも印紙税が課される。

問31 Rank A 印紙税の納税義務者及び課税の範囲 (R4-問23)

駐車場経営者Aと車両所有者Bが、Bの所有する車両を駐車場としての設備のある土地の特定の区画に駐車させる旨の賃貸借契約書を作成した場合、土地の賃借権の設定に関する契約書として印紙税が課される。

問32 Rank A 印紙税の納税義務者及び課税の範囲 (R5-問23)

当初作成の「土地を１億円で譲渡する」旨を記載した土地譲渡契約書の契約金額を変更するために作成する契約書で、「当初の契約書の契約金額を1,000万円減額し、9,000万円とする」旨を記載した変更契約書について、印紙税の課税標準となる当該変更契約書の記載金額は、1,000万円である。

問33 Rank A 印紙税の納税義務者及び課税の範囲 (H25-問23)

一の契約書に土地の譲渡契約（譲渡金額4,000万円）と建物の建築請負契約（請負金額5,000万円）をそれぞれ区分して記載した場合、印紙税の課税標準となる当該契約書の記載金額は、5,000万円である。

答30　○　(P.599)

元の契約の内容を確認・変更する文書である**覚書**も、**契約の重要な事項を確認・変更する場合**は、**印紙税**の**課税文書に該当**する。賃貸借契約の契約期間は、契約の重要な事項であるから、本問の覚書には、印紙税が課される。

答31　×　(P.598)

更地の駐車場の賃貸借契約書は、土地の賃借権の設定に関する契約書に該当する場合があるが、**駐車場としての設備**のある**土地の特定の区画に駐車**させる旨の**賃貸借契約書**は**施設の賃貸借契約書**となり、**印紙税**は**課税されない**。（2条、別表第1）。

答32　×　(P.599)

契約金額を減額する変更契約書は、**記載金額のない文書**として扱うのであり、減額される1,000万円が記載金額とはならない。そして、**記載金額のない課税文書**には、最低額の**200円の印紙税**が課されることになる（2条、別表表1・1号文書、別表第1・課税物件表・課税物件表の適用に関する通則4ニ）。

答33　○　(P.599)

1通の契約書に、**不動産譲渡契約**と**請負契約**が**併記**されている場合、**全体**を**不動産譲渡契約書として扱う**のが原則ではあるが、**請負金額のほうが不動産譲渡金額より多いとき**は、全体を請負契約書として扱い、**請負金額の5,000万円**が当該**契約書の記載金額**とされる（別表第1・課税物件表の適用に関する通則3ロ）。

問34 Rank A **印紙税の納付** (H25-問23)

土地譲渡契約書に課税される印紙税を納付するため当該契約書に印紙をはり付けた場合には、課税文書と印紙の彩紋とにかけて判明に消印しなければならないが、契約当事者の従業者の印章又は署名で消印しても、消印したことにはならない。

問35 Rank A **印紙税の納付** (H28-問23)

印紙税の課税文書である不動産譲渡契約書を作成したが、印紙税を納付せず、その事実が税務調査により判明した場合は、納付しなかった印紙税額と納付しなかった印紙税額の10%に相当する金額の合計額が過怠税として徴収される。

答34　×　(P.600)

印紙に消印を行う場合は、課税文書の作成者本人だけでなく、その代理人（法人の代表者を含む）、使用人その他の従業者の印章又は署名でもよい（令5条）。

答35　×　(P.600)

印紙税を納付しなかった場合は、納付しなかった印紙税額とその２倍に相当する金額の合計額（合計３倍）が過怠税として徴収される（20条）。

第1章 土地・建物に関する税

4 登録免許税

問36 Rank A 登録免許税の納税義務者 (H8-問29)

A（個人）は、自己を権利者とする地上権の設定の登記がされている土地をその土地の所有者Bから売買により取得した。この場合におけるBからAへの当該土地の所有権の移転の登記に係る登録免許税に関する納税義務を負うのは、Aのみである。

問37 Rank A 登録免許税の納付 (H8-問29)

A（個人）は、自己を権利者とする地上権の設定登記がされている土地をその土地の所有者Bから売買により取得した。この場合におけるBからAへの当該土地の所有権の移転の登記に係る登録免許税の当該登記を受ける場合の納税地は、A又はBのいずれかの住所を選択することができる。

問38 Rank A 登録免許税の納付 (H14-問27)

土地の所有権移転登記に係る登録免許税の納期限は、登記を受ける時である。

問39 Rank A 登録免許税の課税標準・税率 (R2・12月-問23)

住宅用家屋の所有権の移転登記に係る登録免許税の税率の軽減措置に係る登録免許税の課税標準となる不動産の価額は、売買契約書に記載されたその住宅用家屋の実際の取引価格である。

答36　×　(『パーフェクト宅建士　基本書』P.601)

土地の売買による所有権移転登記についての登録免許税は、売主と買主が連帯して納付義務を負う（登録免許税法３条）。

答37　×　(P.602)

登録免許税の納税地は、納税義務者が受ける登記の事務をつかさどる登記所である（８条）。

答38　○　(P.602)

登録免許税の納期限は、登記を受ける時である（27条）。

答39　×　(P.602、603)

所有権移転登記等の場合、登録免許税の課税標準となる不動産の価額は、実際の取引価格ではなく、固定資産課税台帳に登録された価格である。

問40 Rank A **住宅に対する税率の軽減** (H10-問26)

住宅用家屋の所有権の保存登記に係る登録免許税の税率の軽減措置は、従業員の社宅として新築した住宅用家屋について法人が受ける登記には適用されない。

問41 Rank A **住宅に対する税率の軽減** (R2・12月-問23)

住宅用家屋の所有権の移転登記に係る登録免許税の税率の軽減措置の適用を受けるためには、やむを得ない事情がある場合を除き、その住宅用家屋の取得後１年以内に所有権の移転登記を受けなければならない。

問42 Rank A **住宅に対する税率の軽減** (H26-問23改)

住宅用家屋の所有権移転登記に係る登録免許税の税率の軽減措置は、所有権移転登記に係る住宅用家屋が、一定の新耐震基準に適合（登記簿上の建築日付が昭和57年１月１日以降の家屋は、新耐震基準に適合している住宅用家屋とみなされる。）していても、床面積が50㎡未満の場合には適用されない。

問43 Rank A **住宅に対する税率の軽減** (R2・12月-問23)

住宅用家屋の所有権の移転登記に係る登録免許税の税率の軽減措置は、過去にこの税率の軽減措置の適用を受けたことのある者は、再度この措置の適用を受けることはできない。

問44 Rank A **住宅に対する税率の軽減** (H26-問23)

住宅用家屋の所有権移転登記に係る登録免許税の税率の軽減措置は、一定の要件を満たせば、その住宅用家屋の敷地の用に供されている土地に係る所有権移転登記にも適用される。

答40　○　(P.604)

税率の軽減措置は、個人が取得する住宅用家屋にのみ適用される（租特法73条）。

答41　○　(P.604)

個人が、売買又は競売により取得した住宅に居住した場合で、取得後１年以内に（やむを得ない事情がある場合を除く）所有権移転登記をするときは、登録免許税の税率が軽減される（73条）。

答42　○　(P.605)

住宅用家屋の所有権移転登記の税率軽減措置は、一定の新耐震基準に適合（登記簿上の建築日付が昭和57年１月１日以降の家屋は、新耐震基準に適合している住宅用家屋とみなす）し、かつ、「床面積が50㎡以上」でなければ、適用されない（73条、令42条）。

答43　×　(参考P.605)

住宅用家屋の所有権移転登記の税率軽減措置は、過去に適用を受けたことがある者でも、再度適用を受けることができる（73条）。

答44　×　(P.605)

住宅用家屋の所有権移転登記の税率軽減措置は、家屋の登記についてのみ適用され、その家屋の敷地の登記には適用されない（73条）。

5 土地・建物の譲渡所得税

問45 Rank B 土地・建物の譲渡所得税 (H17-問26)

譲渡所得とは、資産の譲渡による所得をいうので、個人の宅建業者が販売目的で所有している土地を譲渡した場合には、譲渡所得として課税される。

問46 Rank B 土地・建物の譲渡所得の計算方法 (H20-問26)

譲渡所得の金額の計算上、資産の譲渡に係る総収入金額から控除する資産の取得費には、その資産の取得時に支出した購入代金や購入手数料等の金額は含まれるが、その資産の取得後に支出した設備費、改良費の額は含まれない。

問47 Rank A 特別控除 (H15-問26)

居住用財産の譲渡所得の特別控除の適用については、居住用財産をその譲渡する時において自己の居住の用に供している場合に限り適用することができる。

問48 Rank A 特別控除 (R1-問23)

居住用財産の譲渡所得の3,000万円特別控除は、その個人がその個人と生計を一にしていない孫に譲渡した場合には、適用を受けることができない。

問49 Rank A 特別控除 (H10-問27)

その土地が居住用財産に該当するなど所定の要件を満たせば、前々年に特定の居住用財産の買換えの場合の課税の特例の適用を受けているときでも、居住用財産を譲渡した場合の3,000万円特別控除の適用を受けることができる。

参考 基本書 第1章　土地・建物に関する税
6 土地・建物の譲渡所得税

答45　×　（『パーフェクト宅建士　基本書』P.606）

宅建業者（事業所得者）が、棚卸資産である**商品を譲渡**した場合、譲渡所得ではなく**事業所得**として**課税される**（所得税法33条）。

答46　×　（P.607）

譲渡所得税は、総収入金額から取得費・譲渡費用を差し引いた残りに課され、**取得費**には**設備費や改良費**も**含まれる**（38条）。

答47　×　（P.609）

居住の用に供しなくなった日から**3年経過日の属する年の12月31日までに譲渡**すれば、**居住用財産の3,000万円特別控除**の**適用がある**（租特法35条）。

答48　○　（P.609、610）

譲渡の相手方が譲渡者の配偶者及び直系血族並びに**生計を一にする親族等**の場合には、居住用財産を譲渡した場合の3,000万円特別控除は**適用されない**（35条）。孫は、そもそも直系血族に当たるので、生計を一にしていなくても適用されない。

答49　×　（P.609、610）

譲渡した年の1月1日において所有期間が10年を超える居住用財産を譲渡した場合であっても、**譲渡した前年又は前々年に特定の買換え特例の適用を受けている**と、**居住用財産の3,000万円特別控除**を**受けることはできない**（35条）。

問50 Rank B **長期譲渡所得の課税の特例** (H10-問27)

土地が収用事業のために買い取られた場合において、収用交換等の場合の5,000万円特別控除の適用を受けるときは、特別控除後の譲渡益について優良住宅地の造成等のために土地等を譲渡した場合の軽減税率の特例の適用を受けることができる。

問51 Rank A **長期譲渡所得の課税の特例** (R1-問23改)

居住用財産を譲渡した場合の軽減税率の特例は、その個人が前々年において既にその特例の適用を受けている場合であっても、本年中の譲渡による譲渡益について適用を受けることができる。

問52 Rank B **収用等に伴い代替資産を取得した場合の課税の特例** (R1-問23改)

所有期間が10年を超える居住用財産を譲渡した場合のその譲渡について、収用等に伴い代替資産を取得した場合の課税の特例の適用を受ける場合には、その特別控除後の譲渡益について、居住用財産を譲渡した場合の軽減税率の特例の適用を受けることはできない。

問53 Rank A **居住用財産の買換特例** (H19-問26)

租税特別措置法36条の２の特定の居住用財産の買換えの場合の長期譲渡所得の課税の特例に関し、買換資産とされる家屋については、その床面積のうち自己の居住の用に供する部分の床面積が50㎡以上のものであることが、適用要件とされている。

答50 ×

(P.611)

収用交換等の5,000万円特別控除と優良住宅地の造成等のために土地等を譲渡した場合の軽減税率の特例は、両立できない。両方の要件を満たす場合、どちらかを選んで適用を受けることになる（31条の2）。

答51 ×

(P.611)

前年又は前々年に、居住用財産を譲渡した場合の軽減税率の特例の適用を受けている場合は、再度特例の適用を受けることはできない（31条の3）。

答52 ○

(P.612)

収用等に伴い代替資産を取得した場合の課税の特例の適用を受ける場合、居住用財産を譲渡した場合の軽減税率の適用を受けることはできない（31条の3）。

答53 ○

(P.613)

買換資産である家屋の自己の居住の用に供する部分の床面積要件は、50㎡以上である（令24条の2）。

問54 Rank B **住宅借入金等を有する場合の所得税額の特別控除** (H18-問26改)

本年中に居住用家屋を居住の用に供した場合において、その前年において居住用財産を譲渡した場合の3,000万円特別控除の適用を受けているときであっても、本年分以後の所得税について住宅ローン控除の適用を受けることができる。

答54 × （P.614）

居住用財産の3,000万円特別控除の適用を受けた場合、住宅ローン控除を受けることはできない（41条、35条）。

6 贈与税

問55 Rank A 贈与税額の計算 (H22-問23)

相続時精算課税の適用を受けた贈与財産の合計が2,500万円以下であれば、贈与時には贈与税は課されないが、相続時には一律20%の税率で相続税が課税される。

問56 Rank A 贈与税額の計算 (H27-問23)

直系尊属から住宅取得等資金の贈与を受けた場合の贈与税の非課税について、直系尊属から住宅用の家屋の贈与を受けた場合でも、この特例の適用を受けることができる。

問57 Rank A 贈与税額の計算 (H27-問23)

直系尊属から住宅取得等資金の贈与を受けた場合の贈与税の非課税について、受贈者について、住宅取得等資金の贈与を受けた年の所得税法に定める合計所得金額が2,000万円を超える場合でも、この特例の適用を受けることができる。

答55　×　（『パーフェクト宅建士　基本書』P.616）

相続時精算課税の適用を受けた**贈与財産の合計が2,500万円以下**であれば、**贈与時には贈与税は課税されない**とする点は正しい（相続税法21条の12）。しかし、**相続時**には、一律20％ではなく、**本来の相続税の税率**（10～55％）**が課される**（21条の15、16条）。

答56　×　（P.618）

直系尊属から住宅取得等資金の贈与を受けた場合の贈与税の非課税特例は、**直系尊属**から「**住宅取得等資金**」**の贈与**を受けた場合に適用され、**住宅用家屋そのものの贈与**を受けた場合には**適用されない**（租特法70条の２）。

答57　×　（P.618）

住宅取得等資金の贈与を受けた年の受贈者の**合計所得金額が2,000万円超**の場合は、直系尊属から住宅取得等資金の贈与を受けた場合の贈与税の非課税の特例の適用を**受けることはできない**（70条の２）。

1 地価公示法と土地・建物の鑑定評価

問58 Rank B **地価公示** (H25-問25)

地価公示法の目的は、都市及びその周辺の地域等において、標準地を選定し、その周辺の土地の取引価格に関する情報を公示することにより、適正な地価の形成に寄与することである。

問59 Rank A **地価公示の手続** (R4-問25)

公示区域とは、都市計画法４条２項に規定する都市計画区域その他の土地取引が相当程度見込まれるものとして国土交通省令で定める区域のうち、国土利用計画法12条１項の規定により指定された規制区域を除いた区域をいう。

問60 Rank B **地価公示の手続** (H21-問25)

地価公示の標準地は、自然的及び社会的条件からみて類似の利用価値を有すると認められる地域において、土地の利用状況、環境等が最も優れていると認められる一団の土地について選定するものとする。

問61 Rank B **地価公示の手続** (H27-問25)

正常な価格とは、土地について、自由な取引が行われるとした場合におけるその取引において通常成立すると認められる価格をいい、この「取引」には住宅地とするための森林の取引も含まれる。

問62 Rank B **地価公示の手続** (R2・12月-問25)

土地鑑定委員会は、標準地の正常な価格を判定したときは、標準地の単位面積当たりの価格のほか、当該標準地の価格の総額についても官報で公示しなければならない。

参考 基本書 第2章 地価公示法と土地・建物の鑑定評価
1 地価公示
2 土地・建物の鑑定評価

答58 ×　（『パーフェクト宅建士 基本書』P.619）

地価公示法の目的は、都市及びその周辺の地域等において、標準地を選定し、その標準地自体の正常な価格を公示することにより、適正な地価の形成に寄与することである（地価公示法１条）。標準地の周辺の土地の取引価格ではない。

答59 ○　（P.619、620）

公示区域とは、都市計画法に定める都市計画区域その他の土地取引が相当程度見込まれるものとして国土交通省令で定める区域（国土利用計画法に定める土地取引に許可が必要な規制区域を除く）をいう（２条）。公示区域は、必ずしも都市計画区域内に限定されないことに注意。

答60 ×　（P.620）

地価公示の標準地は、自然的及び社会的条件からみて類似の利用価値を有すると認められる地域において、土地の利用状況、環境等が「通常と認められる」一団の土地について選定するものとされている（３条）。

答61 ○　（P.620）

正常な価格とは、土地について、自由な取引が行われるとした場合に通常成立すると認められる取引価格をいうが、この「取引」には、住宅地とするための森林の取引も含まれている（２条）。

答62 ×　（P.621）

官報で標準地の単位面積当たりの価格は公示されるが、標準地の価格の総額まで公示する必要はない（６条、規則５条参照）。

問63 Rank A **地価公示の手続** (H6-問34)

土地鑑定委員会は、標準地の価格を公示したときは、速やかに、都道府県知事に対し、公示した事項のうち当該都道府県に存する標準地に係る部分を記載した書面を送付しなければならない。

問64 Rank A **公示価格の効力** (H15-問29)

不動産鑑定士は、公示区域内の土地について鑑定評価を行う場合において、当該土地の正常な価格を求めるときは、公示価格と実際の取引価格のうちいずれか適切なものを規準としなければならない。

問65 Rank A **公示価格の効力** (R2・12月-問25)

土地収用法その他の法律によって土地を収用することができる事業を行う者は、標準地として選定されている土地を取得する場合において、当該土地の取得価格を定めるときは、公示価格と同額としなければならない。

問66 Rank A **公示価格の効力** (H29-問25)

土地の取引を行う者は、取引の対象となる土地が標準地である場合には、当該標準地について公示された価格により取引を行う義務を有する。

答63　×　(P.621)

土地鑑定委員会は、標準地の価格を公示したときは、速やかに、「**関係市町村の長**」に対し、その**市町村が属する都道府県に存する標準地に係る部分を記載した書面**を**送付しなければならない**（7条）。

答64　×　(P.622)

不動産鑑定士は、**公示価格**を規準として正常な価格を求めなければならない（8条）。

答65　×　(P.622)

土地収用法等による公共事業を行う者が、公示区域内で、**公共事業用地を取得**する場合は、**公示価格**を「**規準**」**としなければならない**（9条）。「**規準**」とは、**公示価格との間に均衡を保たせること**をいい、公示価格と**同額とすることまでは意味しない**。

答66　×　(P.622)

土地の取引を行う者は、**標準地について公示された価格**を「**指標**」**として取引を行う**よう**努めなければならない**（1条の2）。公示価格を目安にして取引するよう努力すればよいのであって、公示価格そのもので取引を行う義務まではない。

問67 Rank A **鑑定評価の基本的事項** (H22-問25)

正常価格とは、市場性を有する不動産について、現実の社会経済情勢の下で合理的と考えられる条件を満たす市場で形成されるであろう市場価値を表示する適正な価格をいう。

問68 Rank B **鑑定評価の基本的事項** (H28-問25)

不動産の鑑定評価によって求める価格は、基本的には正常価格であるが、市場性を有しない不動産については、鑑定評価の依頼目的及び条件に応じて限定価格、特定価格又は特殊価格を求める場合がある。

問69 Rank A **不動産の価格を求める鑑定評価の3手法** (H30-問25)

鑑定評価の基本的な手法は、原価法、取引事例比較法及び収益還元法に大別され、実際の鑑定評価に際しては、地域分析及び個別分析により把握した対象不動産に係る市場の特性等を適切に反映した手法をいずれか1つ選択して、適用すべきである。

問70 Rank A **不動産の価格を求める鑑定評価の3手法** (R2・10月-問25)

原価法は、対象不動産が建物及びその敷地である場合において、再調達原価の把握及び減価修正を適切に行うことができるときに有効な手法であるが、対象不動産が土地のみである場合には、この手法を適用することはできない。

答67　○　(P.624)

記述のとおりである（鑑定評価基準総論５章３節）。要するに、**正常価格**とは、売り急ぎや買い進めがない**普通の取引での価格**をいう。

答68　×　(P.624)

市場性を有しない不動産について、鑑定評価の依頼目的及び条件に応じて求める価格は、**特殊価格**であり、限定価格、特定価格は該当しない（５章３節）。

答69　×　(P.625)

鑑定評価の手法の適用に当たっては、当該案件に即し、地域分析及び個別分析により把握した対象不動産に係る市場の特性等を適切に反映した「**複数の**」**鑑定評価の手法を適用すべき**である（８章７節）。

答70　×　(P.627)

対象不動産が土地のみである場合においても、その土地が造成宅地や埋立地である場合のように、**再調達原価**を適切に求めることができるときは、**原価法**を**適用**することが**できる**（7章1節）。

問71 Rank A **不動産の価格を求める鑑定評価の3手法**（H24-問25）

不動産の鑑定評価における各手法の適用に当たって必要とされる事例は、鑑定評価の各手法に即応し、適切にして合理的な計画に基づき、豊富に秩序正しく収集、選択されるべきであり、例えば、投機的取引と認められる事例は用いることはできない。

問72 Rank A **不動産の価格を求める鑑定評価の3手法**（H20-問29）

収益還元法は、対象不動産が将来生み出すであろうと期待される純収益の現在価値の総和を求めることにより、対象不動産の試算価格を求める手法であることから、賃貸用不動産の価格を求める場合に有効であり、自用の不動産には適用すべきでない。

答71 ○ (P.625)

記述のとおりである（7章1節）。**鑑定評価**をするために**収集・選択する取引事例**は、**投機的取引**（転売等による利益を目的とする取引）であると認められる事例のように**適正さを欠くもの**であってはならない。

答72 × (P.628)

収益還元法は、賃貸用不動産の価格を求める場合に特に有効ではあるが、**自用の不動産**であっても**賃貸を想定**することにより**適用できる**（7章1節）。

1 住宅金融支援機構

問73 Rank A **業務の範囲** (H30-問46)

独立行政法人住宅金融支援機構（以下「機構」とする。）は、金融機関による住宅資金の供給を支援するため、金融機関が貸し付けた住宅ローンについて、住宅融資保険を引き受けている。

問74 Rank A **業務の範囲** (H20-問46)

機構は、災害復興融資、財形住宅融資、子育て世帯向け・高齢者世帯向け賃貸住宅融資など、政策上重要で一般の金融機関による貸付けを補完するための融資業務を行っている。

問75 Rank A **業務の範囲** (R4-問46)

機構は、証券化支援事業（買取型）において、MBS（資産担保証券）を発行することにより、債券市場（投資家）から資金を調達している。

問76 Rank A **業務の範囲** (R4-問46)

機構は、団体信用生命保険業務において、貸付けを受けた者が死亡した場合のみならず、重度障害となった場合においても、支払われる生命保険の保険金を当該貸付けに係る債務の弁済に充当することができる。

問77 Rank A **業務の範囲** (H19-問46改)

機構は、事業主又は事業主団体から独立行政法人勤労者退職金共済機構の行う転貸貸付に係る住宅資金の貸付けを受けることができない勤労者に対し、勤労者財政形成促進法10条1項の規定による財形住宅貸付業務を行う。

答73 ○ （『パーフェクト宅建士 基本書』P.631）

機構は、金融機関が貸し付けた住宅ローンについて、**ローンの返済がなかった場合に備える保険**（**住宅融資保険**）を**引き受ける**ことにより、住宅ローンの円滑な供給を促進している（住宅金融支援機構法13条）。

答74 ○ （P.632）

機構は、住宅取得資金の**直接融資**は**原則として行わない。**しかし、**災害復興融資**など一般の金融機関では融資が困難な場合には、**例外的**に**直接融資を行っている**（13条）。

答75 ○ （P.631）

機構は、**証券化支援事業**（**買取型**）において、民間金融機関から買い取った住宅ローン債権を担保に**MBS**（**資産担保証券**）**を発行**し、債券市場（投資家）から**資金を調達**している（13条、19条）。

答76 ○ （P.633）

機構の**団体信用生命保険業務**においては、貸付けを受けた者が**死亡**又は**重度障害**となった場合の**保険金**を債務の**弁済に充当**できる（13条）。

答77 ○ （P.633）

機構は、事業主等から独立行政法人勤労者退職金共済機構の行う転貸貸付に係る住宅資金の貸付けを受けることができない**勤労者**に、直接融資として、**財形住宅貸付業務**を**行う**（勤労者財産形成促進法10条）。

問78 Rank A 業務方法書 (R2・10月-問46)

機構は、証券化支援事業（買取型）において、賃貸住宅の建設又は購入に必要な資金の貸付けに係る金融機関の貸付債権については譲受けの対象としていない。

問79 Rank B 業務方法書 (H24-問46)

機構は、証券化支援事業（買取型）における民間金融機関の住宅ローンについて、借入金の元金の返済を債務者本人の死亡時に一括して行う高齢者向け返済特例制度を設けている。

答78　○　(P.634)

証券化支援事業（買取型）において、譲受け対象となる貸付債権は、「自己居住用又は親族居住用」住宅を建設・購入するための貸付債権であり、「賃貸用」の住宅を建設・購入するための貸付債権は譲受け対象とならない（業務方法書3条）。

答79　×　(P.635)

高齢者向け返済特例制度は、証券化支援事業として行われているものではなく、機構の直接融資制度の一環として行われているものである（24条）。

第4章 取引の実務

1 景表法・景品規約・表示規約

問80 Rank A **措置命令** (H6-問32改)

内閣総理大臣は、景表法４条（不当な表示の禁止）の規定に違反する行為があるときは、当該事業者に対して措置命令をすることができるが、当該違反行為が既になくなっているときは、することができない。

問81 Rank A **景品類の提供の制限に関する公正競争規約** (H12-問47)

懸賞によらないで提供する景品類の最高額は、景表法に基づき、一般的には、取引価額の10分の１の範囲内と定められているが、不動産業においては、取引価額の10分の１又は50万円のいずれか低い金額の範囲内と定められている。

問82 Rank A **特定事項の明示義務** (H21-問47)

建築基準法で規定する道路に２m以上接していない土地に建築物を建築しようとしても、原則として建築基準法６条１項の確認を受けることはできないため、「建築不可」又は「再建築不可」と明示しなくてもよい。

問83 Rank A **特定事項の明示義務** (H26-問47)

建築工事に着手した後に、その工事を相当の期間にわたり中断していた新築分譲マンションについては、建築工事に着手した時期及び中断していた期間を明瞭に表示しなければならない。

答80 ×　（『パーフェクト宅建士　基本書』P.637）

措置命令は、違反行為が既になくなっているときでも、することができる（景表法7条）。

答81 ×　（P.637）

不動産業において、懸賞によらないで提供する景品類の最高額は、取引価額の10分の1又は「100万円」のいずれか低い金額の範囲内と定められている（景品規約3条）。

答82 ×　（P.638）

建築基準法に規定する道路に2m以上接していない土地については、原則として、「再建築不可」又は「建築不可」と明示しなければならない（5条、表示規約13条、施行規則8条）。

答83 ○　（P.639）

建築工事着手後、工事を相当の期間にわたり中断していた新築住宅又は新築分譲マンションについては、建築工事着手時期及び中断期間を明示しなければならない（5条、表示規約13条、施行規則8条）。

問84 Rank A **交通の利便性** (H20-問47)

最寄りの駅から特定の勤務地までの電車による通勤時間を表示する場合は、通勤時に電車に乗車している時間の合計を表示し、乗換えを要することや乗換えに要する時間を含んでいないことを表示する必要はない。

問85 Rank A **各施設までの距離又は所要時間** (R3・10月-問47改)

団地（一団の宅地又は建物をいう。）と駅との間の道路距離又は所要時間は、取引する区画のうちそれぞれの施設ごとにその施設から最も近い区画を起点として算出した数値とともに、その施設から最も遠い区画を起点として算出した数値も表示しなければならない。

問86 Rank A **各種施設までの距離又は所要時間** (R2・10月-問47)

新築住宅を販売するに当たり、当該物件から最寄り駅まで実際に歩いたときの所要時間が15分であれば、物件から最寄駅までの道路距離にかかわらず、広告中に「最寄駅まで徒歩15分」と表示することができる。

問87 Rank A **物件の形質** (H26-問47)

建築基準法28条の居室の採光及び換気の規定に適合した採光及び換気のための窓等がなくても、居室として利用できる程度の広さがあれば、広告において居室として表示できる。

答84　×　(P.640)

電車による通勤時間を表示する場合で、乗換えを要するときは、その旨及び乗換えにおおむね要する時間を明示しなければならない（5条、表示規約15条、施行規則9条）。

答85　○　(P.640)

団地と駅との間の道路距離・所要時間は、その施設から最も近い区画（マンション等にあっては、建物の出入口。以下同じ）を起点として算出した数値とともに、その施設から最も遠い区画を起点として算出した数値も表示しなければならない（5条、表示規約15条、施行規則9条）。

答86　×　(P.641)

徒歩による所要時間は、道路距離80mにつき1分間を要するものとして算出した数値を表示しなければならない（5条、表示規約15条、施行規則9条）。なお、1分に満たない端数は切り上げる。

答87　×　(P.642)

建築基準法に定める居室としての採光及び換気基準に適合していない場合、「居室」と表示することはできず、「納戸」等と表示しなければならない（5条、表示規約15条、施行規則9条）。

問88 Rank A 物件の形質 (H25-問47)

宅地の販売広告における地目の表示は、登記簿に記載されている地目と現況の地目が異なる場合には、登記簿上の地目のみを表示すればよい。

問89 Rank A 物件の形質 (H17-問47)

建売住宅を販売するに当たり、当該住宅の壁に遮音性能が優れている壁材を使用している場合、完成した住宅としての遮音性能を裏付ける試験結果やデータがなくても、広告において、住宅としての遮音性能が優れているかのような表示をすることが、不当表示に該当することはない。

問90 Rank A 写真・絵図 (H29-問47)

新築の建売住宅について、建築中で外装が完成していなかったため、当該建売住宅と規模、外観等は同一ではないが、同じ施工業者が他の地域で手掛けた建売住宅の外観写真を、施工例である旨を明記して掲載した。この広告表示が不当表示に問われることはない。

問91 Rank A 写真・絵図 (H25-問47)

新築分譲マンションの販売広告で完成予想図により周囲の状況を表示する場合、完成予想図である旨及び周囲の状況はイメージであり実際とは異なる旨を表示すれば、実際に存在しない箇所に商業施設を表示するなど現況と異なる表示をしてもよい。

答88 ×　(P.642)

地目は、**登記簿に記載されているものを表示**する必要があるが、**現況の地目と異なる**ときは、**現況の地目を併記**しなければならない（5条、表示規約15条、施行規則9条）。

答89 ×　(参考P.642)

建物の壁の遮音性等の居住性能について、たとえ**遮音性能に優れた壁材を使用**しても、**完成した住宅としての遮音性能を裏付ける試験結果やデータがなければ**、実際のものよりも優良であると誤認されるおそれのある表示となり、**不当表示に該当**することがある（表示規約23条）。

答90 ×　(P.642)

同じ施工業者が手掛けた物件であっても、規模、外観等が異なるものを表示したのでは、広告を見た者が誤解してしまう。よって、**規模、外観等が同一でないものを表示**すると、**不当表示に問われる**（5条、表示規約15条、施行規則9条）。

答91 ×　(P.642)

宅地又は建物の見取図、完成図又は**完成予想図**は、**その旨を明示**すれば用いることができるが、当該物件の周囲の状況について**現況に反する表示**は**できない**（5条、表示規約15条、施行規則9条）。

問92 Rank B **生活関連施設** (H24-問47)

取引しようとする物件の周辺に存在するデパート、スーパーマーケット等の商業施設については、現に利用できるものでなければ、広告に表示することはできない。

問93 Rank A **価格・賃料** (R1-問47)

新聞折込チラシにおいて新築賃貸マンションの賃料を表示するに当たり、すべての住戸の賃料を表示することがスペース上困難な場合は、標準的な１住戸１か月あたりの賃料を表示すれば、不当表示に問われることはない。

答92 ×　(P.643)

現に利用できないものであっても、工事中である等その施設が**将来確実に利用できると認められるもの**であれば、その**整備予定時期を明示**して**表示**することが**できる**（5条、表示規約15条、施行規則９条）。

答93 ×　(P.644)

新築賃貸マンション・アパートの**賃料**について、**すべての住戸の賃料を表示することが困難な場合**は、**1住戸あたりの最低賃料及び最高賃料を表示**することとされている（5条、表示規約15条、施行規則９条）。標準的な１住戸の賃料ではない。

1 土地・建物

問94 Rank A **宅地としての条件** (H25-問49)

低地は、日本の国土面積の約25%であり、洪水や地震による液状化などの災害危険度は低い。

問95 Rank A **宅地としての条件** (H30-問49)

低地の中で特に災害の危険度の高い所は、扇状地の中の微高地、自然堤防、廃川敷となった旧天井川等であり、比較的危険度の低い所が沿岸部の標高の低いデルタ地域、旧河道等である。

問96 Rank A **建築物の材料・工法等** (H30-問50)

木造建築物を造る際には、強度や耐久性において、できるだけ乾燥している木材を使用するのが好ましい。

問97 Rank A **建築物の材料・工法等** (H30-問50)

鉄骨構造は、不燃構造であり、耐火材料による耐火被覆がなくても耐火構造にすることができる。

問98 Rank B **建築物の材料・工法等** (H26-問50)

モルタルは、一般に、水、セメント及び砂利を練り混ぜたものである。

問99 Rank A **耐震構造** (R1-問50)

制震は、制振ダンパーなどの制振装置を使用し、地震等の周期に建物が共振することで起きる大きな揺れを制御する技術である。

参考 基本書 第5章　土地・建物
1 土地
2 建物

答94 ×　（『パーフェクト宅建士　基本書』P.648）

低地は、国土面積の約「**13%**」であり、洪水や地盤の液状化等の**災害の危険度は**「**高い**」。

答95 ×　（P.649）

内容が逆である。**扇状地の中の微高地、自然堤防、廃川敷となった旧天井川等**は、**比較的危険度が低く**、**沿岸部の標高の低いデルタ地域、旧河道等**は、**危険度が高い**。

答96 ○　（P.654）

建築物に用いる**木材**は、湿潤状態に比べて気乾状態のほうが強度が大きいので、**できるだけ乾燥**している木材を**使用するのが好ましい**。

答97 ×　（P.654）

鉄骨構造は不燃構造ではあるが、火熱に遭うと軟化し耐力が著しく減少するので、**耐火構造**にするためには、**耐火材料で被覆**する必要がある。

答98 ×　（P.654）

モルタルとは、一般に**水**、**セメント**のほか、砂利ではなく、「**砂**」を**練り混ぜたもの**をいう。

答99 ○　（P.656）

制震は、建物の内部に**制振ダンパー**（振動軽減装置）を設置し、地震のエネルギーをダンパーに吸収させることによって、**大きな揺れを制御**する技術である。

問100 Rank A **木造建築と耐震性向上の方法** (H10-問48)

木造建築物は、鉄筋コンクリート造の布基礎とすれば、耐震性を向上させることができる。

問101 Rank B **建物の構造** (R2・10月-問50)

建物の構成は、大きく基礎構造と上部構造からなっており、基礎構造は地業と基礎盤から構成されている。

答100　○　(P.657)

木造建築物は、鉄筋コンクリート造の布基礎（連続基礎）とすることによって、耐震性を向上させることができる。

答101　○　(P.653)

建物の構成は、大きく基礎構造と上部構造からなっているが、基礎構造は地業（地盤に対して行う基礎工事）と基礎盤（上部構造を支える水平面）から構成されている。

〈本書へのお問い合わせ〉

本書の記述に関するご質問等は、**文書**にて下記あて先にお寄せください。お寄せいただきましたご質問等への回答は、若干お時間をいただく場合もございますので、あらかじめご了承ください。また、**電話でのお問い合わせはお受けいたしかねます**。

なお、当編集部におきましては記述内容をこえるご質問への回答および受験指導等は行っておりません。なにとぞご了承の程お願いいたします。

郵送先　〒171-0014

東京都豊島区池袋2－38－1

㈱住宅新報出版

FAX　(03) 5992-5253

法改正等による修正の情報に関しては、下記ウェブサイトでご確認いただけます。情報の公開は2025年版発行までとさせていただきます。ご了承ください。

https://www.jssbook.com/

2024年版　パーフェクト宅建《たっけん》士《し》一問一答《いちもんいっとう》Pocket《ぽけっと》

2021年１月22日　2021年版（改題版）発行

（旧書名 パーフェクト宅建士一問一答）

2022年３月28日　2022年版（改題版）発行

2024年２月１日　2024年版発行

編　者　住宅新報出版

発行者　馬 場 栄 一

発行所　㈱住宅新報出版

〒171-0014 東京都豊島区池袋2－38－1

電話 (03) 6388－0052

https://www.jssbook.com/

印刷・製本／㈱ワコー

落丁本・乱丁本はお取り替えいたします。

Printed in Japan

ISBN978－4－910499－81－9 C2032